EN TOUTE CONFIDENCE

DU MÊME AUTEUR

Bonsoir mes souvenirs
Flammarion, 1963

Les Brumes d'où je viens
Éditions n° 1, 1989
et « Le Livre de poche », n° 6871

Maman
Rocher, 1996

Les Rencontres de ma vie
Chêne, 2008

Mes années Las Vegas
La Martinière, 2018

EN COLLABORATION AVEC BERNARD STORA

Et mes secrets aussi
Robert Laffont, 2013
et « Points Documents », n° P3288

Une drôle d'histoire
Robert Laffont, 2017
et « J'ai lu », n° 12086

Line Renaud
avec Bernard Stora

EN TOUTE CONFIDENCE

Éditions Denoël

ISBN 978-2-7578-8967-1

À la vie...

1

10 avril 2019, sept heures du matin

Chaque soir, quelle que soit l'heure à laquelle je me couche, souvent fort tard si je rentre d'un dîner ou d'un spectacle, deux de mes chiens m'attendent. Les élus. Ceux qui ont le droit de dormir dans ma chambre. Pirate et Oscar.

Pirate, six ans, un cavalier king-charles.

Oscar, un an à peine, le bichon havanais dont on m'a fait la surprise à mon dernier retour de Las Vegas pour me consoler de la perte de Voyou et de Câline, tant aimés, tant pleurés, disparus peu avant Noël 2018. Voyou emporté par un cancer généralisé, Câline – qui n'avait que six ans et était en bonne forme – morte de chagrin quatre jours plus tard. Ils avaient été élevés ensemble et ne s'étaient jamais quittés.

Comme à la cour, sous nos rois, il y a les élus parmi les élus, les privilégiés suprêmes. S'ils ont tous deux accès à ma chambre, un seul, Pirate, peut dormir sur mon lit. Oscar doit se contenter d'un panier – très confortable, qu'on se rassure – posé à terre, près de la porte de la salle de bains. La règle est établie, il ne viendrait pas à l'idée d'Oscar de disputer sa place à Pirate, pas plus que Pirate n'envisagerait de la lui céder.

Je me suis toujours endormie aux petites heures du jour, à trois ou quatre heures du matin, et j'aurais bien du mal à trouver le sommeil sans le secours d'un somnifère. Mon métier l'a voulu. Quand on est sur scène le soir, qu'on connaît le trac, cette affreuse paralysie qui vous saisit avant le lever du rideau, puis l'exaltation, la chaleur du public, le succès, les bravos, comment aller se coucher sitôt les lumières éteintes ? Il faut décompresser, rire, faire la fête, bavarder à n'en plus finir avec les copains. Et rentrer chez soi quand beaucoup d'autres se lèvent pour partir au travail.

Comme bien des artistes, je fais ma nuit le matin.

Mais laissez-moi vous expliquer comment je vis à La Jonchère, la propriété que nous avons bâtie peu à peu avec Loulou, mon mari, sur le terrain – un maquis inextricable – acheté en 1949. C'est une vaste demeure qui nécessite du personnel. Il y a tant à faire. Deux couples y vivent en permanence avec moi. Marie-Annick depuis vingt ans, avec Jacques, son mari. Jacinthe et Luis depuis neuf ans.

Marie-Annick et Jacinthe sont devenues au fil des années des compagnes de route, pour ne pas dire des amies. Ce sont elles qui se relaient, chaque matin, pour venir entrouvrir la porte de ma chambre et libérer les chiens, qui, malgré toute leur bonne volonté, ont du mal à se plier à mes horaires décalés. Peut-on leur en vouloir s'ils ont envie, quand pointe le jour, de se dégourdir les pattes ? Aussitôt Oscar, le plus jeune et le plus impatient, se faufile entre leurs jambes et dévale l'escalier. Pirate, tout aussi pressé mais plus digne, lui emboîte le pas peu après.

Ce mercredi 10 avril, c'est Jacinthe qui grimpe silencieusement l'escalier et, à pas feutrés, vient entrouvrir la porte. Marie-Annick est partie la veille dans le Loiret pour marier son fils. Selon son habitude, Oscar s'échappe aussitôt et disparaît vers le rez-de-chaussée. Pirate, lui, se fait attendre. Jacinthe l'appelle à mi-voix. *Pirate ! Pirate !...* Pas de réaction. Aucun mouvement dans la pièce plongée dans l'obscurité. *Pirate !* appelle encore Jacinthe. Qu'il prenne son temps, qu'il se conduise en chien adulte et réfléchi, c'est tout à son honneur. Mais de là à la faire poireauter, il exagère. Jacinthe est une personne active, elle a hâte de commencer sa journée. Sortir les chiens, les nourrir n'est que la première des mille tâches qu'elle accomplit quotidiennement. Ouvrant un peu plus la porte, elle fait un pas vers l'intérieur de la pièce, décidée à presser le mouvement. Un pinceau de lumière vient éclairer la zone du lit où se trouve Pirate. Il la regarde fixement.

Qu'il n'ait pas bougé a été ma chance. S'il s'était hâté de sortir comme les autres matins, Jacinthe n'aurait pas pénétré dans la pièce et ne m'aurait pas découverte. Il m'a sauvée. C'est son immobilité qui a alerté Jacinthe. Elle réalise alors qu'il se passe quelque chose d'inhabituel. Jusqu'ici, son attention était entièrement concentrée sur le chien. Il s'agissait de le faire sortir le plus rapidement et le plus silencieusement possible pour vite refermer la porte et me laisser dormir. Mais soudain son champ de vision s'élargit, elle regarde le lit, je n'y suis pas. Elle regarde la porte de la salle de bains, elle est fermée et nulle lumière ne filtre au-dessous.

Tout à coup elle perçoit un vague mouvement au sol, tandis qu'une plainte vient rompre le silence.

« Jacinthe… Approchez… Jacinthe, aidez-moi… »

Elle se précipite.

« Aidez-moi à me relever.

– Qu'est-ce qui vous est arrivé ?

– Je ne sais pas. »

Et de fait, entre le moment où je suis sortie du lit et celui où je me suis retrouvée couchée au sol, il y a un blanc, une saute, à la manière d'un film auquel il manquerait quelques images. Je ne me suis pas vue tomber, je n'ai pas eu le sentiment de glisser, de buter sur un obstacle, de perdre l'équilibre. J'étais assise sur le bord du lit, prenant appui pour me lever, et puis soudain j'étais à terre sans savoir comment.

Je me disais : « Lève-toi ! Lève-toi donc, idiote ! Qu'est-ce que tu fais par terre ? » Mais c'était impossible. Comme dans ces rêves épouvantables, quand une force mystérieuse vous paralyse alors même qu'il serait urgent de fuir. Plus je me débattais, moins j'arrivais à un résultat. Ma jambe droite semblait irrémédiablement coincée entre le cadre du lit et le plancher. Je ne me souviens pas d'avoir ressenti la moindre douleur, alors même, je le comprendrai plus tard, que mes efforts désordonnés pour dégager ma jambe occasionnaient les fractures dont je mettrais cinq mois à guérir.

Jacinthe me garantit qu'elle m'a entendue implorer : « Maman, je veux mourir ! » Je n'ai aucune raison de mettre en doute sa parole, mais j'en suis surprise. Envie de mourir ? Voilà bien une idée qui ne m'a jamais effleurée, du plus loin que je me souvienne. Envie de vivre, encore et bien plus, oui. Crainte que le temps ne me manque, crainte de laisser échapper, par lassitude ou inattention, des moments rares, des expériences inédites, des rencontres essentielles.

Quels que soient les difficultés, les chagrins, les échecs, non, vraiment, je n'ai jamais éprouvé l'envie de mourir.

Brièvement peut-être, après la disparition de Loulou, ou lorsque Simone, ma mère, est partie à son tour, quatre ans plus tard. Pensée vite écartée. L'un et l'autre, de là où ils étaient, se disputaient pour veiller sur moi. Je leur devais de vivre.

Non, si j'ai souhaité mourir ce matin-là, je ne m'en souviens pas et j'en ignore la raison. Ou peut-être la douleur était-elle si violente, si insupportable, qu'elle ne parvenait pas à franchir le seuil de ma conscience et s'exprimait seulement par ces pauvres mots « Je veux mourir » ? Comme si l'excès de souffrance annulait la souffrance.

J'étais plongée dans une sorte de stupeur. La seule question qui me préoccupait était de savoir ce que je faisais par terre, pourquoi j'étais tombée. Je pensais : « C'est trop fort ! Qu'est-ce qui m'arrive ? »

Qu'est-ce qui m'arrivait ? Je l'apprendrais quelques heures plus tard, à l'hôpital Foch où j'avais été transportée d'urgence.

Je venais de faire un accident vasculaire cérébral.

Un AVC.

*

En France en 2019, on a dénombré plus de cent quarante mille accidents vasculaires cérébraux, soit un toutes les quatre minutes. Comme dans la plupart des pays occidentaux, l'AVC est la première cause de handicap physique de l'adulte et la deuxième cause de décès.

L'AVC n'est pas une maladie moderne. Il n'y a sans doute pas plus de victimes d'AVC à notre époque qu'il y a un siècle ou mille ans. Mais aujourd'hui on diagnostique et on nomme, alors qu'avant, lorsque au beau milieu d'un discours un homme politique s'effondrait sur son pupitre, ou qu'un paysan restait soudain figé, sa faux levée, puis s'écroulait d'un bloc au milieu des blés, on disait : il a eu une attaque, il a fait une apoplexie, une congestion cérébrale. Et on enterrait le malheureux sans plus se poser de questions.

Dans la majorité des cas, l'AVC provient de l'obstruction d'un vaisseau par un caillot, réduisant l'irrigation sanguine dans une zone cérébrale. Plus le temps pendant lequel le cerveau est mal irrigué se prolonge, plus les conséquences risquent d'être graves, depuis le décès dans environ un tiers des cas jusqu'à l'absence totale de séquelles dans l'hypothèse la plus favorable, en passant par des atteintes plus ou moins profondes et plus ou moins temporaires.

Ne croyez pas que je fasse ma maligne en étalant mon peu de science, mais vous comprendrez que je me sois intéressée au sujet. M'étonnant au passage que nous soyons si peu informés sur une menace qui nous concerne tous, nous et nos proches.

La rapidité d'intervention joue un rôle essentiel pour limiter les conséquences d'un AVC. Chaque seconde compte. Or il arrive souvent que les témoins immédiats, parents, collègues, passants, ne se rendent pas compte que la personne qui vient de perdre connaissance sous leurs yeux et recouvre ses esprits peu après vient en réalité d'être victime d'un AVC. On dit : il a fait un malaise, il a eu un étourdissement, c'est la chaleur, c'est le froid, c'est la chute elle-même, etc. Un verre d'eau, quelques tapes dans le dos, des paroles de réconfort, « Vous nous avez fait peur », « Allez, c'est rien, vous avez eu de la chance », et les minutes tombent pendant lesquelles le cerveau est mal irrigué, aggravant inexorablement les conséquences de l'accident cérébral.

Il existe pourtant quelques tests simples qui permettent, sans connaissances médicales particulières, de repérer les premiers symptômes. Par exemple : demander à la personne de sourire, de lever les deux bras ou de répéter une phrase après vous. Si elle n'y parvient pas, il faut appeler sans hésiter un service de secours.

Une douleur dans la poitrine, un mal de tête brutal ou une perte de vision doivent également vous alerter.

Les pompiers, le SAMU ne vous feront jamais le reproche de les avoir dérangés pour rien.

*

Jacinthe ne m'a pas demandé de sourire, ni de tendre les bras paumes vers le ciel, elle ne m'a pas demandé si je me souvenais de mon nom ni si j'étais capable de répéter une phrase simple. Elle a compris d'instinct ce qui était l'essentiel : ne pas perdre une seconde. Elle s'est ruée sur le téléphone et a appelé les pompiers.

Puis elle a entrepris de délivrer ma jambe emprisonnée sous le sommier. J'étais toujours étendue au sol, il n'était pas question de pouvoir me relever. En me soulevant à demi, je pouvais entrevoir mon pied droit, et ma cheville qui paraissait avoir beaucoup enflé. Mais, bizarrement, je n'éprouvais toujours aucune douleur et je ne me sentais pas trop mal. Par contre, j'avais la bouche sèche, et cette sensation ne diminuait pas malgré les quelques gorgées d'eau que me donnait Jacinthe.

Les pompiers sont arrivés. Ils ont placé tout un tas d'appareils autour de moi, ont procédé aux premiers examens, m'ont posé des questions pour tester ma mémoire. C'étaient deux garçons qui paraissaient tout jeunes, presque des enfants. Loin de les vieillir, leur uniforme les rajeunissait encore, comme s'ils s'étaient déguisés par jeu. À mon avis, ni l'un ni l'autre n'avaient jamais dû m'entendre chanter la *Cabane au Canada* ou *Ma petite folie*. Mais la Line Renaud de la lutte contre le sida ou des *Ch'tis* leur parlait. Ils m'avaient reconnue, je le voyais à leurs regards surpris.

Ils s'exprimaient à voix basse, lentement, en articulant soigneusement chaque syllabe. On avait dû leur apprendre ça, au cours de leur formation. Ne pas paraître alarmé quel que soit l'état du patient. Ne pas cesser de parler, pour que la victime reste consciente. Et je leur ai répondu, en effet. Nous avons discuté tranquillement, comme si de rien n'était, comme si je n'étais pas étendue par terre de tout mon long, avec ma cheville qui avait doublé de volume et cette interrogation qui m'obsédait : que m'est-il arrivé ?

Ensuite ils ont été rejoints par des camarades, on m'a placée sur un brancard avec d'infinies précautions, puis descendue et installée dans l'ambulance qui stationnait dans la cour. Après quoi nous avons pris la route de l'hôpital Foch à Suresnes. Pendant tout le trajet, nous avons continué à bavarder. De quoi, je ne me souviens plus très bien. De leur métier, peut-être, ou bien je leur ai demandé leur âge, je me suis renseignée sur leur parcours, est-ce qu'ils étaient mariés, des choses de ce genre. J'ai toujours été curieuse des autres, et lorsque je suis en compagnie, je n'aime pas le silence. Peut-être un effet des maximes de Loulou, qui professait qu'on ne devait jamais laisser s'installer un temps mort dans une conversation. Il est vrai qu'il parlait du rôle de la maîtresse de maison soucieuse de ses invités et non du comportement à observer dans une ambulance qui vous transporte à l'hôpital toutes sirènes hurlantes.

Suresnes n'est pas loin de Rueil, nous avons rapidement fait la route. L'ambulance s'est arrêtée devant l'entrée des urgences et, à partir de ce moment, j'ai brutalement perdu la mémoire de ce qui s'est passé.

*

Lorsque j'ai repris conscience quelques heures plus tard, les premiers visages que j'ai aperçus, penchés sur moi, étaient ceux de Claude et de Muriel, qui guettaient mon réveil.

Claude Chirac et Muriel Robin, mes filles de cœur, accourues au premier appel de Jacinthe.

« Line, vous avez fait un tout petit AVC, m'a annoncé Claude, de sa voix douce et posée. Vous avez eu beaucoup de chance. »

Un tout petit AVC... Elle se voulait rassurante et, dans sa bouche, le terrible choc qui aurait pu m'emporter prenait les dimensions d'une appendicite.

« C'est un signe de votre maman. “Line, tu en fais trop” », a-t-elle ajouté.

Je l'ai fixée sans comprendre.

« C'est bien ce que vous disait votre maman, n'est-ce pas ? »

Brusquement, j'ai saisi. Bien sûr, Claude avait raison ! Maman avait voulu me donner une bonne leçon en m'envoyant ce *tout petit AVC*. J'en avais trop fait, j'étais allée jusqu'à la limite de mes forces. D'ailleurs moi-même, quelques jours plus tôt, alors que l'enregistrement de la soirée du Sidaction venait de prendre fin, rentrant à La Jonchère brisée de fatigue, n'avais-je pas dit à Marie-Annick : « Ça ne peut plus durer. Il faut que je me calme. Il est temps que je réalise que je vais avoir quatre-vingt-onze ans. »

Mais si cet accident n'avait pas mis un coup d'arrêt brutal à la cavalcade effrénée qu'était ma vie, que serait-il advenu de mes bonnes résolutions ?

Arrivée à ce point de mon récit, je comprends la stupéfaction de ceux d'entre vous qui, par la presse ou la télévision, ont appris en son temps la nouvelle de mon accident.

Un AVC ? Mais de quoi Line nous parle-t-elle ?

Certains journaux, il est vrai, avaient évoqué à l'époque un possible accident vasculaire cérébral. Mais la rumeur avait été aussitôt démentie. Nicole Sonneville, mon amie très chère et mon attachée de presse, avait délivré la version officielle : j'avais fait une chute dans mon jardin en jouant avec mes chiens. Conséquence, une mauvaise fracture de la cheville et plusieurs mois d'hospitalisation forcée. Version confirmée et authentifiée par moi depuis, à de nombreuses reprises.

Je plaide coupable.

Avec circonstances atténuantes.

Et avant toute chose, je présente mes excuses sincères, à mon public d'abord, de qui j'ai reçu à cette occasion tant et tant de marques d'affection, et ensuite à Nicole, qui, selon mes instructions et pour me protéger, a défendu une présentation des faits qu'elle savait inexacte. Je sais à quel point ce fut difficile pour elle de mentir à la presse et je lui suis reconnaissante d'y avoir consenti pour moi. À mes amis enfin, Claude, Muriel, Dominique Besnehard et bien d'autres, qui ont respecté ma volonté de déguiser la réalité, quoi qu'ils puissent en penser.

Mais des excuses ne suffisent pas. Je dois m'en expliquer.

*

En septembre 1945, à peine arrivée à Paris, j'ai rencontré un homme et j'en suis tombée amoureuse. J'avais dix-sept ans, lui trente-sept. Il s'appelait Loulou Gasté. Avant d'être mon amant, puis mon mari, il était mon idole, celui dont chez moi, dans le Nord, j'écoutais avec ravissement les chansons à la radio.

Nous avons vécu cinquante ans ensemble. Il m'a tout appris, de la vie et de mon métier. Aujourd'hui encore, vingt-cinq ans après sa disparition, il n'est pas une décision que je prenne sans que je m'interroge : « Qu'aurait dit Loulou ? Qu'aurait fait Loulou ? » Il reste ma boussole, mon conseiller, mon guide. Je ne suis pas toujours de son avis, parfois je n'en fais qu'à ma tête. Pourtant, certains principes qu'il m'a inculqués m'ont si profondément structurée qu'ils déterminent sans que je le veuille, de façon quasi automatique, mon comportement.

Par exemple, j'ai vécu toute ma vie avec une hantise : « Qu'est-ce que je vais faire après ? » Pour un artiste, chanteur, comédien, dont la survie est soumise à l'incertitude des contrats, à peine a-t-on entamé une tournée, un film, un spectacle, qu'il faut penser au suivant. Le présent est déjà du passé.

Aujourd'hui, à mon âge, n'ayant plus de gros soucis matériels – sauf si je suis encore vivante à cent vingt ans –, je pourrais envisager mon avenir professionnel avec un certain détachement. Eh bien, non. La nuit, moment propice à toutes les angoisses, je récapitule mes projets, je les classe, les plus certains, les plus fragiles, ceux auxquels je tiens, ceux que j'accepterais faute de mieux. Je m'embrouille, je compte sur mes doigts, je ressasse et m'affole s'il m'en manque un. C'est un peu ridicule, j'en conviens, mais j'ai été façonnée ainsi.

À tel point que Loulou lui-même, bien qu'il soit en partie responsable de cette obsession, avait fini par s'en inquiéter. Il me disait : « Détends-toi, ça va venir, on va trouver… » Mais rien n'y faisait. J'étais si inquiète du lendemain que lorsque Flammarion m'a demandé d'écrire un livre, mon premier, je l'ai intitulé *Bonsoir mes souvenirs*, comme si ma carrière était achevée. J'avais trente-cinq ans, bien peu de souvenirs et un bel avenir devant moi.

Deuxième principe, intangible selon Loulou et comme tel greffé dans mes gènes : « Un artiste n'a pas le droit d'être malade. » Les artistes, selon lui, étaient au-dessus de la maladie. Le public n'avait pas à connaître les petits ou les gros bobos dont ils souffraient. Rien ne devait altérer leur image.

Et il est certain, je l'ai maintes fois expérimenté, qu'on parvient à chanter ou à jouer la comédie dans des états incroyables, comme si la scène ou le plateau permettaient d'effacer magiquement douleurs et afflictions.

Je me souviens d'un soir, au Casino de Paris, pendant les représentations de *Désirs de Paris*. Il y avait un tableau où je dansais en chantant *Hurrah Nevada* dans un décor de saloon. On entrait et on sortait par une porte à battants style western. Dans mes allées et venues, je ne sais comment, l'un des battants s'est refermé sur mes doigts, me pinçant cruellement. Je n'ai pas ressenti la moindre douleur, j'ai continué à danser et à chanter avec le même entrain, accompagnée par mes banjoïstes, mais soudain j'ai vu mon gant blanc se teinter de rouge. Je saignais sans doute abondamment, car le gant s'imbibait à vue d'œil, comme une éponge trempée dans un bac de teinture. Le numéro se termine, je regagne ma loge, Jacqueline, mon habilleuse, retire le gant avec précaution. L'ongle vient avec, j'éprouve une douleur atroce, Michel, le coiffeur, tombe dans les pommes. Mais la voix du régisseur grésille dans le haut-parleur : « Line, en scène dans une minute ! » Vite, je passe le costume du tableau suivant, cours sur le plateau et prends ma place parmi mes boys. Le rideau se lève, la douleur a disparu, comme si j'étais sous anesthésie. Je m'élance dans la lumière des projecteurs, ressuscitée. J'attendrai la fin du spectacle pour être conduite à l'hôpital.

Une seule fois, j'ai contrevenu à la règle édictée par Loulou. C'était à Roanne, pendant la longue tournée du *Line Renaud Las Vegas Show*. J'avais attrapé froid dans l'autobus qui nous transportait d'une ville à l'autre. Extinction de voix, le nez qui coule, les yeux qui pleurent, impossible de me maquiller. Je dis à Loulou : « Écoute, je ne peux pas chanter dans ces conditions, il faut annuler le spectacle. »

Pour nous c'était un drame. Il y avait six mille spectateurs, parfois venus de loin, qui m'attendaient sous le chapiteau dressé pour l'occasion, c'était un crève-cœur de les décevoir.

Cette tournée, ma première en France après la longue parenthèse américaine, suscitait un formidable engouement. Je me produisais dans des stades, des gymnases, sous des halles gigantesques. C'étaient de vraies fêtes populaires, je retrouvais l'atmosphère de mon enfance, ces *ducasses* où les gens qui trimaient dur venaient, une fois dans l'année, se payer un peu de bon temps.

J'ai réfléchi, hésité, puis finalement la raison l'a emporté : je n'étais pas en capacité de chanter. Mais je tenais à expliquer moi-même la situation au public. À entendre ma voix, il comprendrait tout de suite. « Non, me dit Loulou, on va faire une annonce. Les gens ne doivent pas te voir dans cet état ! »

Malgré son insistance, je suis venue sur scène et je me suis adressée aux spectateurs. Presque aphone, j'ai réussi à dire que, si je chantais malgré tout, j'offrirais un bien piteux spectacle. Que, pour mon retour sur scène, ce serait vraiment dommage de gâcher nos retrouvailles et que je préférais revenir à Roanne dans quelques mois et offrir à ceux qui s'étaient déplacés pour rien un grand concert gratuit. On m'applaudit, je crus avoir gagné la partie et rentrai me mettre au chaud la conscience en paix.

« Le public ne te le pardonnera pas », prédit Loulou d'une voix lugubre. Je haussai les épaules.

Pourtant c'est lui qui avait raison. À l'automne suivant, je revins à Roanne pour tenir ma promesse. Gratuit ou pas, le concert fit un bide. La salle était à moitié vide, l'ambiance morne. Le public ne m'avait pas pardonné. J'étais Line Renaud, je n'avais pas le droit d'être malade comme tout le monde.

*

Qu'on le croie ou non, passé le premier choc, à peine quelques heures après mon hospitalisation à Suresnes, ma première préoccupation fut de savoir si je pourrais travailler à nouveau. Si j'en serais capable physiquement et intellectuellement, si ma mémoire, indispensable outil, ne serait pas affectée. De ce côté, les examens étaient rassurants. Une certaine gêne dans le bras droit, mais pas de paralysie faciale. Une élocution satisfaisante. Une capacité de réflexion et de raisonnement apparemment intacte.

Mais oserait-on à nouveau me confier un rôle ? Je voyais d'ici les mines apitoyées des *décideurs*, ainsi qu'on nomme aujourd'hui ceux qui tiennent les artistes en leur pouvoir. « Line a eu un AVC, elle est très diminuée… En apparence ça va, mais si on l'observe un peu… Et puis n'oublions pas qu'elle va avoir quatre-vingt-onze ans. À son âge, ça ne pardonne pas… »

Immobilisée par une double fracture de la cheville, bloquée sur un lit d'hôpital, réduite à l'inaction, n'ayant rien d'autre à faire que de contempler le plafond et de ruminer des journées entières, on a vite fait de voir la vie en noir. De quelque façon que je retourne le problème, j'arrivais à la même conclusion. Avec l'étiquette *Victime d'un AVC* collée sur le front, j'étais fichue. Autant mettre un terme définitif à ma carrière.

Très vite, l'idée s'est imposée : il fallait à tout prix éviter que la nouvelle se répande. Prévenir les fuites, colmater les brèches, aller au-devant des questions des journalistes. Faute de pouvoir dissimuler mon hospitalisation, donner une version rassurante des faits : j'avais été victime d'un stupide accident, je m'étais fracturé la cheville en tombant, etc. Fâcheux mais parfaitement banal.

Pourquoi dire aujourd'hui ce que j'ai caché hier ?

Sans doute parce que, les mois passant, emportant le souvenir des rudes épreuves que j'ai traversées, je suis pleinement rassurée sur mon état de santé. Parce que j'ai repris le chemin des plateaux, que les projets m'arrivent nombreux, que la confiance est revenue, que je mesure à leur juste valeur l'affection et la bienveillance à mon égard du public et des gens du métier, producteurs, auteurs, réalisateurs, camarades comédiennes et comédiens.

Et quitte à vivre une expérience douloureuse, autant qu'elle profite, modestement, à tous ceux qui sont victimes, chaque jour, d'un AVC et se demandent comment va se poursuivre leur vie.

2

Line, tu en fais trop

J'ai eu quatre-vingt-dix ans le 2 juillet 2018.

On reproche aux journalistes de manquer parfois d'imagination mais, en cette occasion, que pouvaient-ils me poser comme question hormis le sempiternel : « Line, quel effet ça vous fait d'avoir quatre-vingt-dix ans ? »

Quel effet ? À vrai dire aucun.

Je n'ai jamais tenu compte de mon âge, ni pour dire je suis trop jeune, ni pour penser je suis trop âgée. À seize ans, dans les derniers mois de la guerre, je signai mon premier contrat et commençai à chanter à Radio Lille ainsi que dans les grandes brasseries de la ville, au Strasbourg, au Bellevue. Je n'étais déjà plus Jacqueline Ente, j'étais devenue Jacqueline Ray, mon nom de scène. Un an plus tard, je passai une audition aux Folies-Belleville à Paris et décrochai un contrat pour trois soirs. C'est à ce moment que je rencontrai Loulou, qui me rebaptisa peu après Line Renaud. À dix-huit ans, j'enregistrai *Ma cabane au Canada*. La chanson rencontra un immense succès. Ma carrière était lancée.

Soixante-dix années s'étaient écoulées depuis. Je travaillais toujours autant sinon plus. Mes agendas étaient gribouillés dans tous les sens, surchargés, page après page, jour après jour, heure après heure, de rajouts et de post-it. Avec la meilleure volonté, on ne serait pas parvenu à y trouver le moindre instant de répit. L'année 2018 n'en était encore qu'à la moitié et j'avais déjà tourné un téléfilm, *Meurtres à Brides-les-Bains*, j'avais participé à un épisode de l'excellente série *Dix pour cent* de Dominique Besnehard et au film de Ladislas Chollat, *Let's Dance*. Aux côtés de Dany Boon, j'avais assuré la promotion, particulièrement dans le Nord, de *La Ch'tite Famille*, tourné l'été précédent. Enfin, j'avais enregistré pour France 2 le show *Bon anniversaire Line* diffusé le 3 juillet.

Activités auxquelles il convenait d'ajouter une liste impressionnante de déjeuners, de dîners, de fêtes, de cérémonies et d'inaugurations, de jurys que j'avais présidés, de prix que j'avais remis ou reçus. Activités mondaines futiles et superflues ? On pourrait le croire. Mais chacune d'entre elles représentait un engagement tenu, une fidélité assumée, un témoignage d'amitié renouvelé.

Ainsi de mon action, extrêmement prenante, au sein de Sidaction. La disparition de Pierre Bergé, au mois de septembre précédent, avait laissé un vide immense. Je parlerai plus loin de l'homme qu'il était. Peu avant sa mort, à l'issue d'un conseil d'administration, Pierre m'avait prise à part et confié qu'il se savait condamné. Sa myopathie avait atteint un stade avancé. Depuis quelque temps déjà, il ne se déplaçait qu'en fauteuil roulant. Je lui dis alors : « Pierre, sans vous, je ne me vois pas continuer Sidaction. » Il me fit promettre de poursuivre aussi longtemps que je m'en sentirais capable.

Je ne me contrains pas, je ne m'impose pas de corvées. C'est sans doute ma force et ce qui explique que j'ai participé à tant d'aventures exaltantes, fréquenté tant de milieux différents, du plus humble au plus favorisé, rencontré tant de gens extraordinaires. Nul calcul, nul plan de carrière, nulle stratégie alambiquée. J'écoute mon instinct et, lorsque je promets, j'y vais à fond.

Quatre-vingt-dix ans, pour moi, ce n'était rien qu'un an de plus. Un an de bonheur en plus. Voilà ce que j'ai répondu de bonne foi aux journalistes qui m'interrogeaient.

Moi qui crois aux présages, qui suis attentive aux signes, les bons et les mauvais, comment ne me suis-je pas aperçue que je provoquais le destin ?

Je m'étais persuadée que le cap symbolique des quatre-vingt-dix ans n'aurait aucun effet sur moi. Pourquoi serais-je différente le 2 juillet au matin du 1er au soir ? Mais les symboles ont des pouvoirs insoupçonnés. Sans doute à mon insu étais-je hantée par cette échéance. Crainte de n'être plus sollicitée, crainte que brusquement tout s'arrête, qu'on m'oublie, que les lumières s'éteignent à jamais. Pour lutter contre l'angoisse qui me gagnait insidieusement, je m'étourdissais de travail, je multipliais les activités, je les superposais, je ne laissais pas le moindre interstice entre deux occupations. Et lorsque par hasard je courais le risque de me retrouver en tête à tête avec moi-même, je comblais le vide en téléphonant. J'étais devenue *addict* au portable. « Madame, se plaignait Marie-Annick, lâchez un peu votre portable ! C'est pas bon pour vous, ça… »

La machine s'était emballée. J'en faisais trop.

*

Rembobiner sa vie, juger du passé en fonction de ce qu'on a vécu plus tard, est un exercice trompeur. *Si j'avais su…* Heureusement, je ne savais pas. J'en faisais trop sans doute, mais est-il une seule chose que je doive regretter en ce début d'été, si plein d'amitié et d'événements joyeux, où j'ai fêté mes quatre-vingt-dix ans ?

Depuis plusieurs mois, avec l'aide de Nicole Sonneville, je préparais l'événement. J'avais dit pas de fête colossale, les intimes, les proches. Nous avions fait liste sur liste, compté et recompté. Les indispensables, ceux dont je n'aurais pas pu envisager de me passer ce jour-là, étaient tout de même plus de deux cents. Où les réunir ? À La Jonchère ? S'il faisait beau, pas de problème, mais en cas d'intempéries la maison serait trop petite pour abriter tout le monde. Et puis trop attendu. Il fallait quelque chose de spécial, quelque chose qui marque.

Nous nous sommes mises en quête d'un lieu. Ce genre d'espaces dédiés aux réceptions est souvent anonyme, bêtement solennel, un peu lugubre. Finalement notre choix se fixa sur une péniche amarrée sur la Seine, face à la tour Eiffel. C'était à la fois simple – aussi bien aménagée soit-elle, une péniche reste un lieu épuré et fonctionnel – et grandiose, car la perspective des quais, à cet endroit de Paris, est absolument sublime.

Pour ce bateau nouvellement construit, cette fête marquerait la première croisière sur la Seine. Son baptême en même temps que mon anniversaire.

Les premiers invités arrivèrent vers vingt heures. J'avais un peu le trac. On servit l'apéritif sur le pont, il faisait une température idéale, le soleil couchant dorait la tour Eiffel et la perspective du fleuve, les bruits de la ville, qui pourtant nous environnait, nous parvenaient assourdis, le temps était comme suspendu. C'était magique. Je ressentis profondément, à cet instant, la chance que j'avais d'être parvenue à mon âge et d'avoir mené une vie aussi extraordinaire.

D'organisatrice inquiète du bon déroulement de la soirée, je devins, apaisée, celle qu'on fêtait et qu'on entourait d'affection.

Je ne peux citer tous ceux qui, ce soir-là, me firent l'amitié de leur présence. Anne Hidalgo, la maire de la capitale, prononça quelques mots et me remit la médaille Grand Vermeil de la Ville de Paris. Venu spécialement de Las Vegas avec son épouse, Peggy, Gary Selesner, le patron des hôtels-casinos Caesars Palace et Paris Hotel, avait apporté dans ses bagages une proclamation signée de Carolyn Goodman, la maire de Las Vegas, qui instituait le 2 juillet comme le *Line Renaud Day* dans cette ville si chère à mon cœur. Arrivée un peu plus tard, Brigitte Macron me transmit les vœux du Président. Qu'elle soit là me touchait particulièrement.

J'adore cette femme. Notre amitié, bien que récente, est très forte. Je l'ai rencontrée pour la première fois au cours d'un dîner, alors que son mari était ministre de l'Économie dans le gouvernement de Manuel Valls. On nous avait assises l'une à côté de l'autre. Tout de suite, elle m'a tutoyée, comme l'avait fait Jacques Chirac au Palais des Congrès, en 1975, alors que nous venions à peine de faire connaissance. Entre la professeure de lettres classiques et l'ancienne meneuse de revue, la conversation aurait pu languir. Bien au contraire, nous avons bavardé toute la soirée, riant beaucoup, échangeant des confidences, comparant nos parcours, si différents et qui pourtant, sur bien des points, se rejoignaient. Même ténacité, même optimisme, et surtout même souci des autres, même respect des différences. Drôle, intelligente, simple, c'est ainsi qu'elle m'apparut et ainsi qu'elle demeure à mes yeux, et bien plus encore, aujourd'hui que je la connais mieux.

Notre long aparté, au cours de ce dîner, ne m'empêcha pas d'observer son époux, Emmanuel Macron, qui paraissait si brillant, qui faisait preuve d'une telle maîtrise des dossiers les plus complexes et manifestait tant d'autorité lorsqu'il détaillait ses propositions. Il fascinait son auditoire et je voyais dans son regard la jubilation – que j'avais bien connue chez d'autres – de ceux qui aiment le pouvoir, se savent capables de l'exercer et ne doutent pas d'y accéder un jour. Si bien qu'à la fin de la soirée, au moment de le saluer, je m'entendis lui dire, en lui serrant la main : « Vous serez notre prochain président. » Intuition soudaine, irréfléchie, prédiction de voyante plus que d'analyste politique. Et de fait, quelques mois plus tard, Emmanuel Macron était élu par les Français président de la République.

Qu'a-t-il fait de ce pouvoir conquis avec panache ? Chacun peut en penser ce qu'il veut et j'ai trop de respect pour mon public, je suis trop consciente de sa diversité pour lui assener mes opinions. Puis-je dire que je lui conserve ma confiance et souhaite qu'il réussisse ?

*

Est-ce l'effet de l'âge ? Tant de choses me reviennent à l'esprit que j'ai peur de manquer de temps pour les dire toutes. Comme à mon habitude, je fais des listes dans les marges de mon agenda : *Ne pas oublier de raconter ci ou ça, ai-je parlé d'untel ou d'unetelle ?* Une idée en appelle une autre, dans le plus grand désordre. Si je passe un peu brusquement d'un sujet à l'autre, c'est de crainte d'oublier.

Ainsi, j'ai omis de dire que j'avais prévenu tout le monde que je ne voulais pas de cadeau pour mon anniversaire. En revanche, ceux qui le souhaitaient pourraient faire un don au fonds de dotation pour la recherche médicale que je venais de créer.

Il vient un temps, dans la vie, où l'on pense à l'après. L'après-vous. Que se passera-t-il lorsque vous disparaîtrez ? Pour la plupart des gens, l'après n'est pas vraiment une rupture. Un conjoint, des enfants, toute une parenté vous survivra. Mais pour moi qui suis veuve, qui n'ai pas eu d'enfants, pas de frère, pas de sœur, pas de nièce ou de neveu ? Où iront mes biens, c'est-à-dire principalement La Jonchère ? Pour l'entretenir, pour la maintenir en ordre de marche, j'y ai investi l'essentiel de mes revenus. Je n'en ai aucun regret. Cette maison a été mon port d'attache, l'élément de stabilité qui m'a tenue d'aplomb dans les périodes les plus agitées de ma vie. Parfois des amis surmenés vous avouent : « Je ne sais plus où j'habite ! » Moi j'ai toujours su.

Mais que deviendra La Jonchère lorsque je ne serai plus là ? Pour le dire clairement, qui va en hériter, à qui profitera-t-elle ? J'ai bien pensé la léguer à mes filles de cœur, Claude et Muriel, mais ce serait un cadeau empoisonné. Trop de charges, trop de frais, trop de soucis. Ces propriétés immenses sont d'un autre temps.

C'est pourquoi j'ai décidé de créer ce fonds de dotation pour la recherche médicale, que j'ai baptisé *Fonds Line Renaud-Loulou Gasté*. Nous avons, Loulou et moi, bâti La Jonchère ensemble et nous y avons été heureux pendant cinquante ans. Depuis son départ, je n'ai cessé de l'agrandir et de l'embellir. S'il voyait la propriété aujourd'hui, je doute qu'il la reconnaîtrait. Mais elle reste notre maison à tous deux et il me semble juste que l'institution qui en héritera porte nos deux noms. Qu'elle décide de vendre, de louer ou toute autre solution, le produit alimentera le fonds chargé de récompenser chaque année une avancée scientifique majeure, tous domaines confondus, cancérologie, cardiologie, immunologie, neurologie.

Selon les statuts, ce prix doit revenir à une personnalité scientifique travaillant en France dans un laboratoire de recherche publique. Il s'accompagne d'une dotation financière au chercheur désigné et à son équipe.

J'ai toujours éprouvé beaucoup de curiosité pour la science et une admiration sans limites pour les chercheurs. Nous, les artistes, sommes des passeurs d'émotion. Eux, ce sont des passeurs de vie. Cette fascination, de vague et confuse qu'elle était, se concrétisa avec mon engagement dans la lutte contre le sida, au début des années 1980. De ce moment date ma rencontre avec Françoise Barré-Sinoussi, futur prix Nobel de médecine pour l'identification, à l'Institut Pasteur, du rétrovirus responsable du sida. Je fus séduite par la générosité, l'ouverture d'esprit, l'intégrité morale de cette femme remarquable. Une relation d'amitié se noua spontanément. Nous avons appris à travailler ensemble, chacune à sa place, et cette relation perdure quarante ans plus tard.

Par son intermédiaire, j'ai mieux compris ce qu'était le travail des chercheurs, tout en prenant conscience de leurs difficultés. Alors qu'ils devraient être soutenus, aidés, encouragés, ils sont trop souvent en but à la méfiance, aux tracasseries administratives, contraints par une obligation de résultats dans un domaine où l'échec, loin d'être honteux, n'est souvent qu'une étape dans un processus de longue haleine. Mais c'est la pénurie qui reste leur principal souci. Paiements différés, crédits amputés, programmes brutalement interrompus : la vie des chercheurs est empoisonnée par la quête incessante de financement.

En créant le Fonds de dotation Line Renaud-Loulou Gasté, j'ai voulu, à la mesure de mes moyens, contribuer à aider ces gens remarquables – applaudis, encensés lorsque survient une crise, oubliés et maltraités le reste du temps.

Résumé ainsi, ça paraît simple. C'est pourtant le résultat d'années de réflexion et d'hésitations. Heureusement Pierre Bergé, qui disposait d'une longue expérience en la matière, m'a longuement expliqué les différentes solutions qui s'offraient à moi et m'a conseillé celle qui lui paraissait la plus simple et la mieux adaptée. Je n'ai pas regretté d'avoir suivi ses conseils.

Quel soulagement quand tous les documents ont été signés ! Le Fonds avait dorénavant une existence légale, il s'agissait d'attribuer le prix pour la première fois. Car il n'était pas question d'attendre que j'aie débarrassé le plancher pour venir en aide à une équipe scientifique qui, peut-être, était sur le point de jeter l'éponge faute de reconnaissance et de moyens.

Il était prévu que l'identification du lauréat serait confiée à la Fondation pour la recherche médicale. Je m'étais entretenue longuement avec Pierre Joly, qui en fut le président. Lorsqu'il me dit : « Line, maintenant il faut que vous alliez exposer votre projet devant le conseil scientifique de la Fondation », moi qui n'avais pas été autrement impressionnée lorsque j'avais pris la parole à l'ONU, en 2017, je fus très intimidée à l'idée de m'adresser à d'éminentes personnalités du monde médical. Lorsque j'arrivai rue de Varenne, j'étais dans mes petits souliers. On m'introduisit dans la pièce où siégeait le conseil scientifique, trente-deux membres assis autour d'une table qui me parut immense. Je n'ai pas compté mais, sans pouvoir assurer que la parité était intégralement respectée, je remarquai beaucoup de visages féminins. « Mme Line Renaud veut vous dire quelque mots », annonça Pierre Joly. Je me lançai. Qu'ai-je pu leur raconter ? Je serais bien en peine de m'en souvenir. Un quart d'heure plus tard, encore sous le coup de l'émotion, j'étais dans le hall avec Pierre Joly.

« J'ai parlé devant tous ces grands professeurs ?

– Il n'y en a pas de plus grands en France.

– Mais comment ai-je osé ? Je n'ai pas dit trop de bêtises ? »

Pierre me regarda en souriant.

« C'était pas mal du tout. »

*

La première cérémonie de remise de prix était initialement fixée au 1er juillet 2019. Lorsque, après un court passage en neurologie à l'hôpital Foch, je fus transférée à l'hôpital Stell de Rueil-Malmaison, j'étais bien loin de me douter que j'y resterais trois mois. Car si les suites de l'AVC se révélèrent minimes, ma cheville brisée m'immobilisait totalement et nécessitait une assistance constante. Du fait de l'AVC, j'avais été placée sous anticoagulant, ce qui interdisait toute intervention chirurgicale. Impossible de pratiquer une ostéosynthèse pour consolider l'os grâce à des plaques, des vis ou des broches. Les médecins remirent en place ma cheville du mieux qu'ils purent et emprisonnèrent ma jambe dans un plâtre. Seul le temps permettrait aux os de se ressouder. On se doute qu'à mon âge la calcification est hasardeuse. Deux mois minimum, m'avait-on dit. Mon tempérament me poussa à traduire « deux mois minimum » par « deux mois au pire ». Les médecins, pensais-je, m'annonçaient l'hypothèse la moins favorable pour m'éviter une déception. Tout au contraire, le délai ne cessa d'augmenter. À la mi-juin, je dus me rendre à l'évidence : jamais je ne serais en état de remettre le prix le 1er juillet, sauf à accepter d'apparaître en fauteuil roulant. Cela, je le refusais absolument. Loulou ne l'aurait pas permis. Un artiste n'a pas le droit de se montrer diminué.

Je fixai une nouvelle date courant septembre. Mais une fois encore j'avais vu trop juste. Je réintégrai La Jonchère à la mi-juillet et, même si j'étais soulagée d'être enfin chez moi, le passage du cocon hospitalier à mon environnement familier me fit comprendre à quel point j'étais loin d'être capable de me débrouiller seule. La rééducation prendrait du temps. Il fallut repousser à nouveau la remise du prix.

C'est finalement le 25 octobre seulement qu'on put enfin organiser la cérémonie inaugurale du fonds de dotation. Jusqu'au dernier moment, je vécus dans la crainte de devoir déclarer forfait. Je m'habillai, je me maquillai pour la circonstance, j'avais le sentiment de me préparer à jouer un rôle. Et, par chance, le miracle se produisit, celui qui fait qu'à l'instant d'entrer en scène un acteur est porté par une force qui lui fait soudain oublier souffrances et chagrins. Le seul vrai problème que je rencontrai fut qu'une fois debout, et bien qu'un peu vacillante, il n'était pas question que je me rassoie… de crainte de ne plus pouvoir me relever. Mais bien entendu, chacun, croyant bien faire, se relayait pour me proposer une chaise. « Ne restez pas debout, Line ! » Je parvins non sans mal à éluder l'empressement des uns et des autres.

Brigitte Macron ainsi que la ministre des Solidarités et de la Santé Agnès Buzyn honorèrent la cérémonie de leur présence. La salle était joliment parée du visuel créé pour le Fonds par le duo de graphistes Olivier Kuntzel et Florence Deygas. Ma rencontre avec eux tient du complet hasard. J'avais remarqué leur travail pour la publicité de *La Petite Robe noire*, l'eau de parfum de Guerlain, et je me disais, tiens, il faudrait que j'aie des gens comme ça pour mon logo. À l'occasion du tournage d'*Huguette*, en novembre 2018, nous nous trouvions dans un appartement derrière la butte Montmartre. Entre les prises de vues, l'équipe allait prendre l'air ou fumer une cigarette dans la cour. J'avisai la vitrine d'une agence de graphisme. Je poussai la porte. Surprise ! c'était l'agence d'Olivier et de Florence, ceux-là mêmes après lesquels je courais depuis des semaines. Je crois aux présages, celui-ci me sembla des plus heureux. Ils eurent l'extrême générosité de faire cadeau de leur création au Fonds, en guise de contribution personnelle.

Je remis ce premier prix Line Renaud-Loulou Gasté pour la recherche médicale, doté de cinquante mille euros, au professeur Guillaume Canaud et à son équipe de l'hôpital Necker-Enfants malades, à Paris. C'est là qu'il teste un traitement pour les personnes atteintes du syndrome de Cloves, une maladie orpheline qui engendre des déformations graves et douloureuses. Si l'efficacité du traitement se confirme, le syndrome pourra désormais être soigné avec un simple comprimé par jour.

« Je ne m'attendais tellement pas à un coup de fil de votre part que j'ai longtemps cru que c'était un canular », m'avoua le professeur en recevant son prix.

Le Fonds a également fait ce soir-là un don de vingt mille euros à Sidaction, que je remis à Françoise Barré-Sinoussi, afin de financer une action auprès des travailleuses du sexe au Cameroun.

Enfin, quinze mille euros furent attribués à l'association Handi'Chiens, qui forme et confie gratuitement à des personnes en situation de handicap des chiens d'assistance. Quinze mille euros, c'est exactement ce que coûte la formation d'un de ces chiens. En trente ans, la structure a formé plus de deux mille chiens avec des savoir-faire spécifiques selon leur nouveau maître : enfant atteint de troubles autistiques, personne épileptique ou en fauteuil. Marie-Claude Lebret, la fondatrice de Handi'Chiens, avait amené avec elle un adorable chiot, un labrador noir à qui bénéficierait le prix. Il n'avait pas encore de nom. C'était l'année en « P ». Je le baptisai Paris.

*

Le mardi 3 juillet 2018 en *prime time*, France 2 diffusa l'émission *Bon anniversaire Line*, animée par Stéphane Bern, que nous avions enregistrée une semaine plus tôt. Trois millions de téléspectateurs la regardèrent – quatre avec le *replay*. L'enregistrement s'était déroulé à Bobino, la salle mythique de la rue de la Gaîté, rasée dans les années 1980 et rebâtie à neuf par la suite. Sachant à quel point j'étais sujette au trac et connaissant mon perfectionnisme, Stéphane, de sa voix suave, m'avait fait des recommandations : « Line, il faudra vous laisser aller. C'est votre anniversaire, profitez-en ! »

Dans les tout premiers plans de l'émission, on me voyait sortir d'une limousine arrêtée en bordure d'un tapis rouge qui menait à l'entrée du théâtre. Pour l'occasion, Jean-Paul Gaultier m'avait confectionné une robe bleu cobalt sur un haut façon marinière. De part et d'autre, le Chœur de l'armée française en grande tenue faisait la haie, chantant a capella *La Madelon*. Et au bout du tapis, affectueux, drôle, enfantin, Dany Boon pour m'accueillir. Je savais qu'il était prévu que je dise quelques mots, mais voilà, lesquels ? Saisie par le choix de cette *Madelon* si pleine de sens pour moi, émue par la beauté des voix, vivant la situation au premier degré, j'avais complètement oublié mon texte. La recommandation de Stéphane Bern me revint subitement à l'esprit : « Line, laissez-vous aller ! » Me tournant vers la Garde républicaine, je lançai à l'improviste : « La Madelon, elle n'a plus le même âge, hein… »

Et je me rendis compte tout à coup que j'avais enfin trouvé ce que signifiait pour moi cet anniversaire. La Madelon, que j'avais incarnée en 1955, avait vieilli, mais elle était restée – et j'en étais fière – la mascotte des Français, bien vivante, pleine d'optimisme et d'énergie en ces temps moroses.

Libérée, je m'arrimai fermement au bras de Dany, bien décidée à profiter des surprises que m'avaient réservées Stéphane Bern et le producteur, Franck Saurat, devenu depuis un grand ami.

*

« Bobino, mon Dieu ! » n'ai-je pu m'empêcher de murmurer en pénétrant dans la salle où le public, debout, m'attendait. Ce n'était plus le music-hall un peu poussiéreux où j'avais chanté en 1947 en lever de rideau des Compagnons de la chanson, mais l'esprit des lieux demeurait. Tant d'artistes s'étaient produits là ! Tant de fois j'étais allée les applaudir avec Loulou ! Parmi tous ces merveilleux souvenirs, les Brel, les Brassens, les Barbara, mes pensées les plus émues, à cet instant, allèrent à Joséphine Baker, ma grande amie et ma marraine de revue, qui présenta ici son dernier spectacle.

Pourtant ce n'était pas sans mal qu'en 1975 nous étions parvenus, Jean-Claude Brialy, le décorateur André Levasseur, Loulou et moi, à convaincre Joséphine de faire sa rentrée parisienne à Bobino. « Je reviens par la petite porte ! » se lamentait-elle. Le music-hall de la rive gauche n'était pas assez prestigieux, à ses yeux. Elle aurait souhaité le Casino de Paris ou le théâtre des Champs-Élysées comme à ses débuts, en 1925, lorsqu'elle avait fait scandale en dansant presque nue dans la *Revue nègre*. Mais son image avait souffert de ses excentricités et des infortunes de sa « tribu arc-en-ciel », les douze enfants de nationalités diverses qu'elle avait adoptés. Les directeurs de théâtre ne se bousculaient pas pour l'accueillir, d'autant qu'elle avait des problèmes cardiaques et ne pouvait plus être assurée. Aussi nous estimions-nous heureux d'avoir obtenu l'accord de Jean Bodson, un industriel, grand amateur de music-hall et récent acquéreur de Marigny et de Bobino.

« De cette petite porte tu feras une grande ! » lui avais-je affirmé. Elle se résigna, mortifiée.

Le 31 décembre 1974, je chantais au casino d'Enghien. Joséphine, accompagnée par Jean-Claude Brialy, était venue m'applaudir. À la fin du récital, peu avant minuit, j'ai demandé à l'assistance de se lever, tout en précisant : « Pas toi, Joséphine ! » Puis j'ai rempli une coupe de champagne et j'ai demandé au public de faire de même. Descendant dans la salle, j'ai alors annoncé qu'au printemps suivant Joséphine ferait sa rentrée à Bobino. Les spectateurs ont applaudi chaleureusement, les *Bonne chance !* fusaient et, tandis que minuit sonnait, tout le monde s'est embrassé. En ces premiers instants de l'année 1975, Joséphine rayonnait de bonheur.

Bientôt Joséphine ne jura plus que par Bobino. À sa demande, j'assistai à sa première répétition en costumes. Elle était confondante de vitalité et de charme. Le lendemain, je partais pour Vegas. Quelques jours plus tard, elle m'envoya un petit mot : *J'aimerais tellement que tu sois là pour ma première...* Comment refuser ? N'était-ce pas elle qui spontanément, quand elle avait appris que j'allais mener ma première revue au Casino de Paris, m'avait téléphoné pour se mettre à ma disposition : « J'ai quelques petits *troucs* à vous apprendre. » Et en effet, une semaine plus tard, elle me montrait comment descendre sereinement, avec classe et en souriant, le fameux escalier.

« Tu dois assurer ton pied sur la marche. Ton autre pied doit tâter la prochaine et s'appuyer du talon sur la contremarche. Dans ta tête, il faut que tu comptes chaque marche pour savoir à quel moment ce sera la dernière… »

Et joignant le geste à la parole, elle descendait les marches comme si elle les effleurait, posant à peine le pied, avec une grâce et une légèreté infinies.

Je rentrai donc spécialement des États-Unis et me retrouvai dans la salle avec Loulou le soir de la première. À l'époque, ce qu'on appelait le Tout-Paris brillait encore de mille feux. On s'habillait, on se parait, la comédie sociale fonctionnait à plein. Pas question de débarquer comme aujourd'hui en jean et baskets avec, pour les messieurs, une barbe de trois jours. Jean

Bodson avait fait recouvrir la rampe du balcon de centaines de fleurs blanches, Sophia Loren voisinait avec Alain Delon, Mick Jagger avec Peter Ustinov.

Loulou et moi n'en menions pas large. Ce Tout-Paris était cruel. Quelques minutes suffisaient pour décider d'un triomphe ou d'un éreintement. Mais à peine Joséphine eut-elle terminé sa première chanson que Loulou, prenant ma main, m'adressa un sourire ravi. Le rythme, la voix, la présence en scène, tout était parfait. Loin d'être diminuée, Joséphine avait encore progressé. Elle fut acclamée et le lendemain on ne parlait plus que du retour de Joséphine Baker.

C'était gagné.

À l'issue de la représentation, un souper avait été donné au Bristol en présence de Grace de Monaco, sa grande amie et protectrice. Au cours du repas, je vis Joséphine, rayonnante dans sa robe de mousseline grège, qui chuchotait à l'oreille de la princesse et jetait des regards dans ma direction en pouffant de rire. « Line, tu vas voir, je vais te faire une *sourprise* », me lança-t-elle par-dessus la table avec son accent inimitable.

La *sourprise*, c'est qu'elle avait promis à Grace d'être présente le soir du traditionnel Gala de la Croix-Rouge, au Sporting de Monte-Carlo, le 8 août suivant, pour me passer le relais. Car il était prévu que je sois la vedette du spectacle qu'elle avait elle-même animé l'année précédente.

Hélas, la très mauvaise *sourprise* fut que Joséphine fut emportée par une congestion cérébrale au bout de quatorze représentations.

Jean-Claude Brialy m'avait appelée au petit matin, le samedi 12 avril : « Viens vite, Joséphine est mourante, on l'a transportée à la Salpêtrière ! » Nous sommes accourus, Loulou et moi. Elle était encore en vie, nous lui avons tenu la main juste avant qu'elle ne s'éteigne. Dans le couloir, nous avions retrouvé sa sœur, Margaret, ainsi que Jean-Claude et Annie Sinigalia, amie proche de Joséphine. Quand j'ai vu Joséphine étendue, inerte, sur son lit d'hôpital, j'ai été saisie d'effroi. La veille encore elle était sur scène, rayonnante. Avec quelle rapidité peut-on passer de la vie à la mort. Son triomphe à Bobino a eu raison d'elle, c'était trop pour son cœur malade. Elle est morte de bonheur.

Quelques années plus tard, soudés par le souvenir de ce moment poignant, Brialy, Annie Sinigalia et moi devions créer ensemble *Poste restante* sur la scène du théâtre du Palais-Royal.

Quand elle mourut, Joséphine n'avait même pas soixante-dix ans, ce qui surprit tout le monde. Joséphine trichait sur son âge. Non pas, comme d'autres, pour se rajeunir, mais pour se vieillir. À cinquante-sept ans, elle soutenait qu'elle en avait soixante-quatre. « J'adore qu'on me dise : Vous faites bien plus jeune ! » m'avait-elle confié un soir à Copenhague dans un éclat de rire. Je lui succédais au Tivoli, où je devais chanter pendant un mois, et j'étais arrivée quelques jours plus tôt dans la capitale danoise pour assister à son spectacle, tant j'avais l'impression d'apprendre en la regardant travailler.

De même, à la fin de ma série de représentations, je restai un jour de plus pour voir Marlène Dietrich, qui prenait ma suite. Son entrée était à couper le souffle. Appuyée contre le mur de scène, côté jardin, elle se tenait absolument immobile, éclairée par une très forte lumière blanche, sa silhouette se détachant sur le noir de la salle. Sa robe donnait l'illusion d'être transparente. On aurait dit une peinture.

Mais contrairement à Joséphine, qui établissait tout de suite un contact chaleureux avec le public, Marlène ne saluait pas la salle et enchaînait les chansons sans dire un mot. Au fur et à mesure, son souffle se faisait plus court, son maquillage fondait, la magie n'opérait plus. Au moment des saluts, le public, glacé, applaudissait poliment.

Après le spectacle, j'allai la saluer dans sa loge. Assise sur un tabouret, en peignoir, pantoufles aux pieds, la grande Marlène recousait les strass tombés de sa robe. Cette image, pathétique et sublime, reste gravée dans mon cœur.

Le 15 avril 1975 à dix heures du matin, le cortège funèbre de Joséphine Baker, en route pour l'église de la Madeleine, passa devant Bobino. Son nom brillait encore en lettres rouges sur la façade. À travers les grilles fermées, on pouvait lire un petit panneau écrit à la main :

Madame Baker est souffrante.
La représentation est annulée.

*

Ainsi donc, presque quarante-cinq ans plus tard, je me retrouvais à Bobino, Madelon nonagénaire incapable de dissimuler son émotion en voyant défiler sur l'écran les montages d'archives que Stéphane Bern avait eu l'intelligence de ne pas me montrer avant l'enregistrement. Je fus bouleversée d'entendre Claude Chirac évoquer Loulou et maman, ou Françoise Barré-Sinoussi rappeler de sa voix ferme ce que fut, ce qu'est encore notre lutte contre le sida.

Je ne suis pas dupe des compliments et des hommages, j'en prends et j'en laisse, je n'ai pas la grosse tête. Mais comment nier qu'ils font chaud au cœur ? J'eus beau me tamponner préventivement les yeux, mes larmes s'échappèrent quand Nana Mouskouri vint chanter *Que sera, sera* en duo avec Vincent Niclo. Nana qui, en 1985, fut parmi les premières à répondre à mon appel à la mobilisation des artistes contre le sida. Mes larmes redoublèrent lorsque Muriel entonna les premières notes de *Ma cabane au Canada*, relayée tour à tour par Nana Mouskouri, puis Slimane, Michèle Laroque et Vincent Niclo, tandis que je reprenais les dernières paroles de la chanson :

À quoi bon chercher ailleurs
Je sais bien que le bonheur
Il est là
Dans ma cabane au Canada

La réussite de la soirée tint pour beaucoup à l'équilibre que Franck Saurat et Stéphane Bern avaient su parfaitement doser entre jeunes talents et stars confirmées. Trois heures durant, les téléspectateurs se virent offrir un spectacle de variétés d'une rare qualité. Je fus heureuse quand Amir vint chanter une reprise de *Can't Take My Eyes off You* – une chanson que j'avais moi-même interprétée sous le titre *Une poussière dans le cœur*. Ce fut une grande surprise et une joie immense d'entendre Paul Anka qui, depuis chez lui, à Los Angeles, me souhaitait bon anniversaire en chantant *My Way*. Il en avait modifié les paroles pour conclure par : « *She did it her way* – Elle l'a fait à sa manière. » Patricia Kaas, que j'adore, donna une version inspirée de *Que reste-t-il de nos amours ?* – me faisant regretter une fois de plus de ne jamais avoir chanté Charles Trenet, hormis, en anglais, *Que reste-t-il...* sous le titre *I Wish You Love*.

Et quelle émotion d'écouter Slimanc revisiter à sa manière *Sa raison d'être*, la chanson-étendard de la lutte contre le sida, écrite par Pascal Obispo et Lionel Florence !

Toute ma vie j'ai été attentive aux jeunes talents. J'en fais parfois la liste dans ma tête, les nuits d'insomnie, et je suis surprise de constater le nombre d'artistes dont j'ai accompagné les premiers pas. Je ne les citerai pas, ils ne doivent leur réussite qu'à eux-mêmes. Mais je me flatte d'avoir su repérer leurs qualités lorsqu'ils se bagarraient furieusement pour émerger.

Je n'ai pas découvert Johnny Hallyday mais, lorsque Aimée Mortimer, en 1960, m'a fait écouter de jeunes chanteurs en me demandant lequel je voulais choisir comme filleul pour son émission *L'École des vedettes*, je n'ai pas hésité un instant.

Johnny, dont c'était le premier passage à la télévision, a chanté à cette occasion *Laisse les filles*. Dès le lendemain, les ventes de son 45-tours, qui comportait aussi *T'aimer follement*, ont brusquement décollé, passant en quelques jours de trente mille à cent mille exemplaires.

Quant à moi, je reçus un nombre incroyable de lettres d'engueulade émanant de parents indignés. « Comment pouvez-vous soutenir ce prétendu chanteur qui se trémousse, oscille du bassin et se roule par terre avec sa guitare ? » Heureusement, il y eut un nombre équivalent de téléspectateurs qui m'adressèrent des messages enthousiastes pour me remercier de leur avoir fait connaître un chanteur aussi prometteur.

« Une chose est sûre, c'est qu'il ne laisse pas indifférent », conclut Loulou, rêveur. Avec sa connaissance du métier, il ne lui avait pas échappé que ce garçon dévoré de timidité et ses copains *yéyés* – comme on n'allait pas tarder à les appeler – étaient en train d'accomplir une révolution comparable à celle dont Ventura et ses Collégiens, dont Loulou était le guitariste, avaient été les initiateurs, trente ans plus tôt, en inventant la chanson *swing*. Les auteurs de sa génération avaient du souci à se faire.

*

Lorsque l'enregistrement de *Bon anniversaire Line* prit fin, j'avais oublié les caméras, les lumières, tout l'environnement technique qui entoure ce genre d'émissions. Au moment de découper le gâteau, c'est mon cœur qui parla lorsque je remerciai tous ceux qui m'avaient offert ce rendez-vous d'amour : « Vous avez fait de mon rêve d'enfant une réalité plus belle que j'aurais pu l'imaginer. Je vous donne rendez-vous à la même place, à la même heure, dans dix ans… »

3

L'épervier

Lily Safra est une femme extraordinaire. Elle a un cœur gros comme ça et fait preuve d'une extrême générosité pour les organisations caritatives. Ce à quoi beaucoup diront : « Elle peut se le permettre ! » C'est vrai, sa fortune est immense. Mais j'en connais beaucoup dont l'opulence s'accompagne d'une pingrerie à peine croyable. Croyez-en celle qui depuis des années frappe aux portes pour récolter l'argent nécessaire à la lutte contre le sida.

Lorsqu'elle n'est pas à Paris, Genève ou New York, Lily Safra réside dans sa maison du sud de la France. C'est là qu'elle donna, le 7 juillet, une fête magnifique pour mon anniversaire. Je retrouvai à cette occasion Elton John, qui entonna *Happy birthday to you, Line* en duo avec Vincent Niclo.

Elton et moi nous connaissons et nous apprécions depuis longtemps. Grand militant de la lutte contre le sida, il était présent au Moulin-Rouge lors de la première soirée du Sidaction, le 11 octobre 1994. On dit parfois qu'il a un sale caractère. Moi je trouve qu'il a du caractère, tout simplement. Il est entier mais totalement sincère. Sa lutte obstinée contre l'homophobie, partout où elle se manifeste dans le monde, demande bien plus de courage et de disponibilité qu'on ne l'imagine.

Est-il nécessaire d'ajouter qu'il est un immense artiste, dont l'influence sur la musique pop de notre temps a été déterminante ?

À l'aube, Gérard et Virginie Ferry, mes amis intimes – Virginie est comme une sœur pour moi –, vinrent me chercher à la villa Leopolda pour m'emmener chez eux, à Grasse, où Gérard cultive amoureusement ses oliviers, dont il tire une huile d'olive bio succulente.

Le soir, nous avons fêté de nouveau, en toute intimité cette fois, mon anniversaire, et ce repas chaleureux mit un point final à la célébration de mes quatre-vingt-dix ans. Pour moi, cet âge n'était qu'une étape, je n'avais nulle intention de m'y attarder plus longtemps. Tant de choses m'attendaient encore…

*

Contrairement aux années précédentes, ce n'est pas sans un certain soulagement que je vis arriver le mois d'août. D'ordinaire les vacances me pèsent. Cette parenthèse me semble interminable. Je compte les jours qui me séparent de septembre, synonyme de reprise de l'activité. Mais sans que j'ose me l'avouer, je ressentais cette fois le besoin de faire une pause, de recharger mes batteries pour mieux aborder la rentrée.

Il a fait très chaud en cet été 2018. Quand je n'étais pas dans la piscine, je me réfugiais dans l'espace de travail que j'avais fait aménager lorsque j'avais quitté l'immeuble de la rue du Bois-de-Boulogne où j'avais mes bureaux. La pièce, un peu à l'écart, donne sur la placette que nous avions baptisée solennellement place Loulou-Gasté au cours d'une joyeuse cérémonie. Il y faisait frais, je classais mes archives, je passais tranquillement mes coups de téléphone. À mes interlocuteurs, je disais : « Je suis en vacances à La Jonchère ! »

Bien souvent, le soir, des amis venaient dîner. Le soleil n'en finissait pas de se coucher. Depuis la terrasse, tout en bavardant, nous regardions Paris qui lentement disparaissait dans la nuit. Je me sentais apaisée, confiante. Et, secrètement, j'étais fière qu'à mon âge je sois encore la dernière à manifester l'envie d'aller dormir.

J'attendais impatiemment l'arrivée de mon ami Paul Bruggemans et de son compagnon, Omar, qui venaient passer, comme chaque année, quelques semaines à La Jonchère. Né en Belgique, Paul avait fait l'école hôtelière à Liège, puis s'était installé en Californie, où il ouvrit deux restaurants, l'un à Los Angeles, l'autre à Palm Springs. Pendant dix-huit ans, le St Germain, sur Melrose Avenue, fut une adresse incontournable, synonyme de luxe et de raffinement. Tout était fait pour vous donner le sentiment que vous veniez dîner dans une maison privée où vous étiez non pas client mais invité. Inutile de réclamer la carte, le maître d'hôtel venait vous proposer ce que le chef semblait avoir cuisiné spécialement pour vous ce jour-là. Même élégance au Vallauris de Palm Springs, toujours en activité, où il fait si bon dîner sur la merveilleuse terrasse ombragée de ficus.

Si un mot pouvait définir Paul, ce serait l'élégance. Une élégance des manières – qui n'appartient en propre à aucune classe sociale –, mais surtout une élégance de cœur, jamais prise en défaut en cinquante ans de fréquentation. Dans ma famille recomposée, Paul est à coup sûr mon frère. Il est rare que je prenne une décision importante sans le consulter. Je peux tout lui confier, je suis certaine de trouver auprès de lui une écoute attentive et bienveillante. Nous nous entendons à merveille. Tellement bien qu'à la fin de sa vie Loulou en avait pris ombrage.

Je me souviens de l'été qui précéda la disparition de Loulou. Il avait besoin de beaucoup de repos, ne sortait plus guère. Un après-midi, j'étais avec Paul devant la maison et nous examinions ensemble les dalles qu'un carreleur nous présentait. Car Loulou, qui refusait tous travaux, avait quand même consenti à ce qu'on remplace le revêtement de la terrasse, qui partait littéralement en morceaux. Nous comparions, Paul et moi, les mérites des différents modèles lorsque soudain une voix aigre nous interrompit. C'était Loulou qui, depuis la fenêtre de la chambre, à l'étage, m'invectivait. « Pourquoi tu lui demandes son avis ? C'est moi qui décide ! » Et désignant une pierre : « C'est celle-ci que je veux ! – Eh bien, mon Loulou, c'est exactement celle que j'ai choisie », répondis-je calmement.

Loin de lui en vouloir, j'éprouvais une grande peine pour Loulou. Il pressentait qu'il n'y aurait plus de prochain été pour lui à La Jonchère et en voulait à Paul, qui, lui, serait là, auprès de moi, comme chaque année.

Il se trouve que, durant cet été 2018 caniculaire, nous nous étions installés, Paul et moi, dans des fauteuils que nous avions transportés sur la pelouse, profitant de ce moment où, vers six heures du soir, la chaleur tombe enfin. Paul lisait, je répondais à mes messages et je m'apprêtais à appeler Marie-Annick pour lui demander de nous apporter deux coupes de champagne lorsque soudain, survolant les cèdres qui bordent la propriété et venant droit sur nous, je vis apparaître un épervier.

C'était extrêmement rare d'en apercevoir à La Jonchère. Lorsque par chance l'événement se produisait, Loulou, qui avait une passion pour les oiseaux, et particulièrement pour les rapaces, se précipitait sur ses jumelles et m'appelait, au comble de l'excitation. « Un épervier ! Un épervier ! » Et comme lui, ce jour-là, je criai à Paul : « Un épervier ! » C'était la première fois qu'un épervier s'approchait si près de la maison et volait si bas. On aurait presque pu le toucher au passage. Je le pris comme un signe et dis à Paul : « Tu vois, Loulou n'est plus en colère contre toi… »

*

Il faut croire que je réussis à me tenir à l'écart du monde, durant ce mois d'août, puisqu'un journaliste du *Figaro Magazine* put s'interroger ironiquement : « Où est passée Line Renaud ? On ne l'a pas vue depuis deux jours ! »

Mais plus septembre approchait, plus je sentais monter en moi l'anxiété qui ne m'a jamais quittée de toute ma vie : « Qu'est-ce que je vais faire après ? » Et de passer compulsivement mes projets en revue.

Dans l'immédiat, je n'avais pas trop de souci à me faire. J'avais accepté un téléfilm pour Arte, produit par Dominique Besnehard, *Huguette*, dont le tournage était prévu à la mi-octobre. Le rôle comportait beaucoup de dialogues, c'était un gros boulot de les apprendre. Je n'allais pas tarder à m'y mettre avec l'aide de Sandra, ma précieuse répétitrice.

C'est une méthode que j'ai inaugurée au moment du tournage de *Suzie Berton*. Ce film, qui reste si important pour moi, était essentiellement un long huis clos entre André Dussollier, qui jouait un inspecteur de police, et moi, la patronne d'un salon de coiffure suspectée du meurtre de son amant. Auteur et réalisateur du film, Bernard Stora (qui écrit ce livre avec moi) m'avait prévenue qu'il pensait tourner les scènes d'interrogatoire en plans-séquences, autrement dit d'une seule traite. Et comme il était lui-même dialoguiste de son film, je me doutais qu'il serait particulièrement à cheval sur le texte. Pas question d'oublier ni de changer un seul mot.

En somme, nous nous retrouvions, André et moi, dans une configuration de théâtre. Une fois lancé, impossible de s'arrêter. J'avais toujours mis un point d'honneur à savoir mon texte sur le bout des doigts. Si on hésite, si on tâtonne, si l'unique préoccupation est de dire les mots à peu près dans le bon ordre, je ne vois pas comment on peut donner vie à son personnage. Il faut pouvoir s'abandonner, éprouver pleinement les situations, que les mots viennent d'eux-mêmes, sans appréhension, sans effort.

Il n'en reste pas moins qu'au cinéma, en cas d'erreur, il reste toujours la possibilité de couper et de faire une autre prise. S'il s'agit d'un plan court, le mal n'est pas bien grand. S'il s'agit d'un plan-séquence d'une durée de trois ou quatre minutes et de surcroît techniquement complexe, c'est une autre affaire. Particulièrement en télévision, où le temps de tournage est limité.

De là mon inquiétude avant le tournage de *Suzie Berton*. Inquiétude augmentée par le prestige de mon partenaire, André Dussollier, immense acteur dont je supposais qu'il était loin de ressentir les mêmes angoisses que les miennes. Ce en quoi je me trompais, je le constatai par la suite.

À l'écoute de mes craintes, Bernard me conseilla de travailler avec un coach, qui m'aiderait à mémoriser non pas seulement les premières séquences dans l'ordre du plan de travail, mais tout le texte avant le tournage.

Jusque-là, comme la grande majorité des acteurs, j'apprenais au jour le jour, la veille pour le lendemain, comptant sur la fraîcheur de l'apprentissage pour mieux me souvenir. La méthode suggérée par Bernard était tout l'inverse. Il me dit l'avoir expérimentée avec d'autres comédiens – Jean-Pierre Marielle en particulier, qui était très préoccupé par sa mémoire et souhaitait être délivré de toute appréhension avant de commencer un film.

Un peu sceptique au départ, je fus très vite séduite par cette façon de travailler. La parfaite connaissance du texte, outre qu'elle me soulageait d'un souci quotidien, m'apportait une grande confiance en moi. Beaucoup d'acteurs de cinéma prétendent qu'apprendre son texte par cœur nuit à la spontanéité. Je compris que, tout au contraire, c'est quand on n'a plus aucune hésitation sur les mots qu'on peut les réinventer.

Définitivement convaincue, je décidai de ne plus travailler autrement à l'avenir.

Si bien que pour chaque film, plusieurs semaines à l'avance, mon répétiteur – je préfère ce mot au terme de coach, qui me donne l'impression d'être un cheval de course – vient quotidiennement à La Jonchère et, selon un programme soigneusement établi, planifie l'apprentissage du texte.

Au passage, m'essayant à prononcer les mots – à les mettre en bouche, comme disent les comédiens –, je note ceux qui ont du mal à passer, sur lesquels je trébuche, les phrases abusivement littéraires, les formulations obscures ou inutilement complexes. Je peux en faire part très en amont au réalisateur, qui n'est pas encore accaparé par les soucis du tournage et dispose du temps nécessaire pour y réfléchir tranquillement avec ses auteurs.

*

C'est à Sandra que depuis *Harold et Maude* revient ce rôle de répétitrice. Ancienne sportive de haut niveau, passionnée de spectacle, Sandra avait réussi à se faire engager comme habilleuse par Muriel Robin alors que nous répétions *Fugueuses* à Bordeaux, où furent données les premières représentations. Intelligente, dynamique, enthousiaste, elle s'imposa rapidement. *Fugueuses*, par bien des aspects, avait plus à voir avec le music-hall qu'avec le théâtre traditionnel, multipliant les entrées, les sorties, les changements de décors et de costumes. Il fallait être attentive, réagir au quart de tour, s'adapter aux incidents de parcours. Pour me faciliter la tâche, Muriel, qui était aux petits soins avec moi, proposa que Sandra, d'abord prévue pour être son habilleuse, soit finalement la mienne et veille en même temps au bon déroulé du spectacle. « Elle est dégourdie, tu vas voir, ça va t'aider ! » avait-elle diagnostiqué avec l'instinct qui la caractérise. Ce fut le cas et Sandra me devint très vite indispensable.

Aussi est-ce avec plaisir que je voyais s'annoncer nos après-midi de travail à La Jonchère. La bonne humeur de Sandra, son énergie parvenaient à rendre plaisantes des séances qui exigeaient par ailleurs beaucoup d'efforts de ma part. On s'extasie souvent devant ma mémoire ; je me souviens sans difficulté d'une quantité d'événements et de noms – celui de mes camarades d'école du Pont de Nieppe, comme des clients de l'estaminet de grand-mère, le nom des danseuses et des danseurs de chacune de mes revues, comme celui des mafieux qui dirigeaient en sous-main les casinos de Las Vegas. Mais retenir un texte mobilise, je suppose, une tout autre zone du cerveau.

Avec Sandra, nous avons mis au point un système qui s'est révélé efficace. Nous commençons par travailler les scènes les plus longues, les plus complexes. Peu importe quand je vais les tourner. Une fois mémorisées, des semaines plus tard, après une simple relecture, elles ressortent naturellement, comme si le temps, au lieu de les effacer, les avait durablement fixées dans ma tête. Au contraire, pour les scènes courtes ou plus simples, nous les travaillons au jour le jour, aussitôt apprises, aussitôt jouées, à la manière d'un ordinateur dont on vide la corbeille pour ne pas encombrer la mémoire.

Grâce à ces petites astuces, je peux, sur un plateau, me concentrer sur le jeu plutôt que sur les mots et vaincre, au moins partiellement, l'appréhension qu'on éprouve au moment d'aborder une scène difficile.

*

Inlassablement, je scrutais les cases de mon agenda : septembre, mi-octobre, j'apprends mon texte avec Sandra... Mi-octobre, mi-novembre, tournage d'*Huguette*... Mais après ? Rien n'était encore certain.

Un projet paraissait assez avancé, produit par Jean-Luc Azoulay ; il s'agissait d'une adaptation de la pièce de Jean-Marie Chevret, *Le Squat*, une comédie familiale sans prétention mais bien écrite. De plus, je devais partager l'affiche avec une jeune comédienne que j'aime beaucoup, Laëtitia Milot. Nous nous réjouissions de travailler ensemble.

Plus ambitieux – mais hélas encore incertain –, venait ensuite le projet de Christian Carion, le réalisateur d'*Une hirondelle a fait le printemps* et de *Joyeux Noël*. Il me proposait un rôle magnifique dans son prochain long-métrage, *La Dernière Course*. Le scénario mettait en rapport deux êtres que tout oppose. Charlie, un chauffeur de taxi colérique, accablé de problèmes financiers et familiaux, charge à son bord Madeleine, une vieille dame douce et souriante de quatre-vingt-dix ans, pour la conduire à la maison de retraite où elle doit finir ses jours. Le trajet va les rapprocher et changer leur destin.

J'avais rencontré Christian Carion, la chaleur avec laquelle il m'avait raconté son sujet m'avait touchée. Originaire du Nord comme moi, fils d'agriculteurs, il m'était apparu comme un homme simple et vrai, que l'injustice bouleversait. Il avait mis beaucoup de lui-même dans le personnage de Charlie, le chauffeur de taxi, grand cœur et perpétuel révolté. Malheureusement son film nécessitait un budget important et, malgré ses précédents succès, il avait du mal à le financer. Dans mes recensements nocturnes, je classais ce projet dans la catégorie « À confirmer ».

*

Depuis *Pleins Feux*, que j'avais repris au théâtre Hébertot pour une courte série de représentations ponctuée par une diffusion en direct à la télévision, je n'étais pas remontée sur scène. J'adore le théâtre. Façonnée par mes années de chanson et de revue, j'y retrouve ce contact irremplaçable avec le public et le bonheur d'entendre réagir une salle, par son silence lorsqu'elle est émue, par ses rires lorsqu'elle s'amuse, par ses applaudissements lorsqu'elle apprécie votre travail. C'est cash.

La tentation existait pour moi de jouer une pièce emblématique du répertoire, de défendre un grand texte.

L'occasion sembla se présenter quand, par l'intermédiaire de Dominique Besnehard, Éric Vigner, personnalité marquante du théâtre contemporain, me proposa de reprendre *Savannah Bay*, de Marguerite Duras. Je fus plus que flattée par cette proposition. La pièce, dans sa mise en scène originale, avait été créée par Madeleine Renaud et Bulle Ogier. C'était un projet extrêmement prestigieux en même temps qu'intimidant. J'avais précédemment repris le rôle de Madeleine Renaud dans *Harold et Maude*, pièce qu'elle avait créée en France. Mais, là, il s'agissait d'autre chose, d'une interprétation mythique, dirigée par Duras en personne, réputée insurpassable. Ma partenaire devait être une comédienne que je ne connaissais pas, Jutta Johanna Weiss. Elle jouait justement au théâtre des Abbesses *Partage de midi*, de Paul Claudel, dans une mise en scène de Vigner.

Dominique et moi sommes allés voir le spectacle. Je ne connaissais pas la pièce. Je la reçus au premier degré, comme l'histoire d'une passion contrariée entre des êtres excessifs et malheureux. Mais j'étais gênée par le ton artificiel, déclamatoire, plein d'obscurs sous-entendus, adopté par les comédiens, de leur gré ou non.

Quelques jours plus tard Éric Vigner organisa une lecture avec Jutta Johanna Weiss. Je dis le texte le plus simplement possible, sur le ton le plus quotidien, tel qu'il me semblait que Marguerite Duras l'avait écrit. Non pas comme un rébus intellectuel dont elle aurait à dessein dissimulé la signification, mais comme une relation intense entre deux femmes. Et s'il y avait un sens caché, il naîtrait de la vérité que les comédiennes sauraient donner à ce rapport. Je lus donc les mots pour ce qu'ils étaient, sans y mettre d'intention, comme dans la vie. Ma partenaire, au contraire, adoptait un ton qui me paraissait artificiel, décalé, pompeux. Je m'empresse de dire que je ne juge pas de ses qualités de comédienne, mais de son interprétation dans ce cas précis. Peu à peu,

Éric Vigner me reprit, avec beaucoup de gentillesse, je dois dire, m'indiquant comment il fallait dire telle ou telle réplique et, pour mieux me faire comprendre, les lisant à ma place sur le ton même que je trouvais si bizarre chez Jutta Johanna Weiss.

La lecture achevée, après avoir échangé quelques banalités, nous nous sommes quittés sans fixer de nouveau rendez-vous.

À peine dehors, Dominique, qui avait assisté à la séance, se tourna vers moi. « Ne va pas dans ce truc-là. C'est pas toi », me dit-il sans autre commentaire.

Il avait raison. Il n'en fut plus jamais question.

*

Dès que commença, mi-septembre 2018, le travail quotidien avec Sandra, je cessai de me préoccuper de ce que je ferais dans trois mois ou dans un an, pour me concentrer sur le rôle d'Huguette, le personnage que j'allais incarner quatre semaines plus tard.

Professeure de français à la retraite, Huguette, mon personnage, est en proie à de graves difficultés financières depuis le décès de son mari. Toutes les économies du couple sont passées dans les soins qu'exigeait sa fin de vie. Marion, sa voisine, une infirmière quadragénaire, concilie difficilement les exigences de son métier et l'éducation de Rémi, son fils de quinze ans, dont les résultats scolaires sont catastrophiques. Un jour, rentrant d'une garde de nuit à l'hôpital, Marion surprend Huguette dormant dans sa voiture. Expulsée, la vieille dame n'a nulle part où aller. Marion la recueille. En échange, Huguette propose de donner des cours de soutien à Rémi pour l'aider à passer en seconde.

Précarisation des personnes âgées, solitude des mères célibataires, difficultés du métier d'infirmière, quête identitaire des adolescents, violence du système éducatif en matière de sélection et d'orientation, le scénario écrit par Antoine Garceau et Perrine Margainc était extrêmement riche. Il mettait en question la façon dont notre société, qui se vante de ne laisser personne sur le bord de la route, est sans pitié pour celui qui a le malheur de décrocher. On s'épuise en vaines démarches, on vous renvoie de guichet en guichet, on ne rentre dans aucune case, on échappe à tous les dispositifs. C'est la dégringolade.

Tout finissait sans doute un peu trop bien. La vie, hélas, est plus cruelle…

En même temps que je travaillais d'arrache-pied avec Sandra pour apprendre mon texte, je réfléchissais à la manière dont je pouvais rendre crédible cette Huguette, une femme de quatre-vingts ans, sans moyens, mais soucieuse de conserver une apparence de dignité. À quoi ressemblait sa coiffure, son maquillage – ou son absence de maquillage ? Comment était-elle vêtue ?

J'avais interprété un personnage un peu similaire dans le film de Coline Serreau, *Chaos*, où j'incarnais la mère de Vincent Lindon. Il s'agissait d'une femme issue d'un milieu simple, dont son fils avait honte, qui vivait dans la solitude, usée par la vie. Au moment de faire son casting, Coline avait souhaité me rencontrer. Sans doute Dominique Besnehard, qui était alors mon agent, lui avait-il parlé de moi.

Pour mettre toutes les chances de mon côté, je me fis faire des soins de beauté, j'allai chez un grand coiffeur, une maquilleuse effaça les quelques années que j'estimais avoir en trop, je choisis ma tenue avec soin, chic sans excès. Le rendez-vous avec Coline Serreau se passa à merveille, j'étais enjouée, nous avons beaucoup ri. Pourtant, à la fin de l'entretien, elle me dit : « Écoutez, Line, je ne pense pas que vous soyez le personnage. Vous faites beaucoup trop jeune. »

Je ne m'attendais pas à ça. Mais pas question de m'avouer vaincue.

« Je crois que j'ai compris ce que vous voulez. Donnez-moi une deuxième chance », lui dis-je. Elle réfléchit quelques secondes, visiblement son opinion était faite. Mais elle accepta, par courtoisie et sans doute aussi par curiosité.

Aussitôt rentrée chez moi, je fouillai dans un tas de vêtements, dénichai un imperméable complètement passé de mode, une robe défraîchie, des bas en coton, et je retournai la voir le lendemain, sans maquillage, après m'être passé de l'huile dans les cheveux pour les graisser. Du plus loin qu'elle me vit, Coline s'exclama : « Ben voilà, c'est ça ! »

J'avais le rôle ! Il me valut une nomination aux Césars en 2002.

De la même façon, pour Huguette, le rôle que je travaillais, il s'agissait d'être juste sans verser dans le misérabilisme. Je partis du principe qu'aucune femme – aucun homme non plus, d'ailleurs –, sauf si elle a atteint et dépassé le seuil de la grande pauvreté, ne sort dans la rue sans prendre soin de son apparence. Même avec de maigres moyens, même dans les plus graves difficultés, on s'apprête avant de s'exposer au regard des autres. Bien qu'extrêmement démunie, Huguette gardait le respect de soi. C'est en ce sens que je parlai à la costumière, à la maquilleuse, à Franck, mon coiffeur depuis vingt-cinq ans.

Je précise au passage que, à chaque fois que je dis *mon* collaborateur, *mon* coiffeur, *mon* chauffeur, j'ai envie de rajouter *et ami*. Le possessif me gêne terriblement. Mais comment dire autrement sans alourdir mon récit ? Je réclame l'indulgence du lecteur et le prie de rectifier mentalement.

Avec Franck donc, nous étions d'accord sur le fait que je devais porter une perruque avec des cheveux poivre et sel coupés court, ce qui contribuerait à modifier considérablement mon apparence. Il me proposa un premier modèle. Je l'essayai, j'étais horrible. Comment jouer la comédie si passer devant une glace devient une épreuve ? Il en fit fabriquer une seconde, qui me sembla acceptable et que je portai dans le film. Ce qui fit écrire aux critiques : « Line Renaud est méconnaissable. » Suffisamment reconnaissable tout de même pour que j'accepte mon personnage sans trop souffrir.

J'avais rencontré le réalisateur, Antoine Garceau, sur le tournage de « Line et Françoise », l'épisode de la série *Dix pour cent* que j'avais tourné avec Françoise Fabian. J'avais apprécié son talent, son dynamisme, l'attention qu'il portait aux acteurs. J'étais très heureuse de le retrouver. Comme j'étais heureuse de découvrir Romane Bohringer, excellente comédienne et femme de cœur. Le choix de Romann Berrux pour interpréter le rôle de Rémi s'avéra judicieux. À la fois intense et fragile, il échappait à l'image stéréotypée de l'adolescent boudeur et tête à claques.

Huguette fut diffusé sur Arte un an plus tard, le 6 décembre 2019. Bien des choses étaient advenues entre-temps dans ma vie, et j'étais loin d'imaginer, au moment où nous tournions, que je passerais une partie de l'année qui suivrait immobilisée sur un lit d'hôpital. Le film obtint un succès considérable, avec plus de deux millions de téléspectateurs. Deuxième meilleure audience de la chaîne pour l'année 2019 toutes cases confondues, il réalisa également la deuxième meilleure audience du rendez-vous fiction d'Arte depuis ses débuts.

Les critiques furent excellentes pour le film, sa réalisation, mes partenaires et moi-même. Et je fus élue pour ce rôle meilleure comédienne par le jury des Lauriers de l'audiovisuel lors de la cérémonie qui se déroula au théâtre Marigny le 10 février suivant, satisfaction que j'accueillis avec reconnaissance.

4

America again

Le tournage d'*Huguette* venait à peine de se terminer quand un soir le téléphone sonna à La Jonchère. C'était un appel depuis Las Vegas. Au bout du fil, Gary Selesner. « Line, me dit-il, nous fêterons en mars les vingt ans du Paris Hotel, il faut absolument que vous soyez là. » La proposition me prit de court. J'ai de l'amitié pour Gary et j'ai beaucoup œuvré, à l'origine, pour cet hôtel-casino dédié à Paris. Mais lorsque j'étais retournée aux États-Unis, l'année d'avant, pour mon intervention à l'ONU et l'inauguration de la rue Line-Renaud, j'avais dit et répété que c'était mon dernier voyage, mes adieux définitifs à cette Amérique que j'avais tant aimée et qui m'avait tant donné. Chose que j'avais déjà affirmée haut et fort l'année précédente, quand il s'était agi de célébrer les cinquante ans du Caesars Palace.

J'essayai d'expliquer tout cela à Gary, mais il ne voulut rien entendre. Fêter cet anniversaire sans moi était inconcevable. À l'écouter, le Paris me devait tout ou presque. C'était évidemment très exagéré, mais Gary n'en démordait pas. Je promis d'y réfléchir. En réalité, ma décision était prise. Pour une fois, la sagesse prenait le dessus. Je déteste l'avion, je savais dans quel état de fatigue m'avaient laissée mes précédents séjours, ma maison de Malabar Avenue était vendue, j'avais rapatrié en France les archives qui s'entassaient encore dans le garage, dit au revoir à mes nombreux amis.

Dans mon esprit, l'épisode américain était définitivement clos. La suite démontrera que je me trompais.

*

Quelle étrange attirance m'a ramenée sans cesse vers ce pays découvert en 1955 un peu par contrainte, lorsque Édith Piaf, grande artiste mais jalouse et capable de cruauté, monta une cabale contre moi. Bob Hope vint me voir chanter au Moulin-Rouge et, séduit, me posa la question qui décida de la suite de ma carrière : « *Would you like to go to America ?* »

Si j'aimerais aller en Amérique ? J'en rêvais. À peine quelques semaines plus tard, Loulou et moi débarquions à New York, où je débutai par un contrat de trois semaines au Waldorf Astoria. Nous étions en 1955. J'avais vingt-sept ans.

Qu'est-ce qui me plut chez les Américains ? Leur simplicité, leur sens de l'hospitalité, leur inépuisable vitalité, leur humour.

Qu'est-ce qui fit que les Américains m'adoptèrent si facilement ? Sans doute qu'ils trouvaient chez moi les qualités mêmes que j'appréciais chez eux.

Je suis restée moi-même, j'ai appris leur langue mais gardé mon accent, comme Gaby Deslys, comme Maurice Chevalier avant moi. Je n'ai rien fait d'extraordinaire pour les séduire, j'ai juste essayé de bien exercer mon métier. Et de ce côté-là, oui je l'avoue, j'ai essayé d'imiter les Américains, car leur professionnalisme n'a pas d'équivalent au monde.

Française tendance cocorico, je me suis toujours sentie parfaitement à l'aise là-bas. Deuxième patrie ? Non, on n'a qu'une seule patrie comme on n'a qu'une seule famille. Mais il est des patries d'adoption, comme il est des familles d'adoption. C'est aux États-Unis que je suis allée puiser des idées nouvelles, là où j'ai senti, peut-être avant d'autres, ce qui bougeait dans les mœurs, les tendances, les modes. Je garderai toujours un attachement profond pour ce pays qui m'a si généreusement accueillie et tant gâtée.

*

Lorsque le rideau tomba, le 6 novembre 1979, sur ma dernière au Casino de Paris, j'annonçai au public que plus jamais je ne mènerais la revue. « Vingt ans, c'est un beau bail, non ? » L'émotion était à son comble, le public pleurait, les gens criaient : « Ne partez pas ! » C'était très émouvant et un peu démesuré. J'étais touchée mais déjà loin. On ne prend pas une décision pareille sur un coup de tête, je savais qu'elle était irrévocable.

Comme nous remontions en voiture vers La Jonchère cette nuit-là, Loulou me dit : « Qu'est-ce que tu vas faire, maintenant ? » Je restai silencieuse un instant.

« J'ai d'autres cartes dans mon jeu. Je veux me laisser le temps de les jouer. »

Au fond de moi, j'avais un but : devenir comédienne. Mais je ne me faisais pas d'illusions. Ça prendrait dix ans. Le temps d'apprendre mon nouveau métier, mais surtout le temps que je sois acceptée sous ma nouvelle identité, *comédienne*, à la fois par le public, par la critique et, plus difficile encore, par le milieu du théâtre et du cinéma, peu enclin à l'indulgence pour les transfuges de la chanson. C'est pourquoi j'ajoutai : « Prenons une année sabbatique, partons en Amérique, voyons ce qui se passe là-bas. On va bien trouver une idée. »

Loulou ronchonnait. « On n'abandonne pas sa carrière comme ça ! » Mais je n'avais pas le sentiment d'abandonner quoi que ce soit. Je cherchais un nouvel élan. J'avais été témoin des dernières apparitions de Mistinguett et j'en avais tiré une certitude : on n'exhibe plus ses gambettes au-delà de cinquante ans. Il est vrai que la Miss en avait alors près de soixante-quinze ! La revue s'appelait *Paris s'amuse*. On raconte que lorsque Mitty Goldin, le directeur de l'ABC, exposa à Mistinguett l'argument de l'un des tableaux, *Une vieille vedette apprend le métier à une jeune artiste*, celle-ci l'interrogea : « Oui, c'est bien. Mais qui va faire la vieille ? »

*

En janvier 1981, laissant La Jonchère et nos chiens sous la garde de Marcelle et Fernand, le couple qui nous secondait depuis des années, nous sommes donc partis pour Los Angeles. Nous étions à peine installés dans l'appartement que nous avions loué à Century City Park East que la ville fut ébranlée par une secousse sismique comme elle en connaît fréquemment. Bien que d'une magnitude limitée, le phénomène me terrifia. Je hurlai à Loulou : « Téléphone au gardien, demande-lui ce qu'il faut faire ! » Moins inquiet que moi, Loulou, pour me rassurer, composa le numéro du gardien et lui posa la question. Ce à quoi le gardien, flegmatique, répondit simplement : « *Pray !* » Autrement dit : « Priez ! » Et sur ce, il raccrocha. Au bout de quelques instants, les répliques qui suivent la secousse initiale cessèrent. Le *Big One* n'était pas encore pour cette fois.

Un journal apprit que j'étais là et publia l'information. Je reçus aussitôt un appel de Merv Griffin : « Line, on me dit que vous êtes en ville, voulez-vous faire mon émission ? »

Merv était un très célèbre producteur et animateur de télévision, une sorte de Michel Drucker à l'échelle américaine. Même charme, même courtoisie, même capacité à jongler avec les sujets les plus variés. Il avait inventé et mis sur le marché des jeux aussi célèbres que *Jeopardy !* ou *La Roue de la fortune*. Mais surtout, depuis 1962, il présentait le *Merv Griffin Show*, d'abord sur NBC, ensuite sur CBS, puis simultanément sur un grand nombre de réseaux. L'originalité de Merv était de mêler dans son émission des personnalités très diverses, issues aussi bien de la politique que du monde du spectacle, de la littérature que du sport, des sciences ou des affaires. De même, il alternait habilement légèreté et sérieux, divertissement et réflexion. Préparant avec soin ses interviews, il prenait le temps de converser longuement avec ses interlocuteurs, ce qui, à cette époque, était très nouveau aux États-Unis. *The Merv Griffin Show* remporta en tout une dizaine d'Emmy Awards, récompense suprême en matière de télévision américaine. Et Merv Griffin resta également dans les mémoires pour avoir recueilli la dernière interview d'Orson Welles, la veille même de sa mort.

J'avais déjà été invitée plusieurs fois dans les émissions de Merv et c'est donc en habituée que je participai à celle-ci. Une fois encore, je fus ébahie par sa virtuosité, sa curiosité intellectuelle et l'aisance avec laquelle il naviguait d'un sujet à l'autre. Et, soudain, une idée me vint. Profitant d'une pause, je lui dis : « Merv, pourquoi ne viendriez-vous pas faire une émission en France ? Je pourrais vous faciliter les contacts. » Il parut surpris, puis intéressé. Mais, prudent, il réserva sa réponse.

Quelques jours plus tard, Murray Schwartz, le producteur de l'émission, m'appela. Il me dit que Merv et lui me remerciaient de ma proposition, qu'ils l'avaient étudiée sérieusement, mais qu'il n'était pas possible de déplacer toute une équipe en France pour une seule émission. Je m'exclamai : « Une émission ? Avec tout ce qu'il y a en France, vous pouvez en faire au moins cinq ! » Et de citer en vrac nos trésors nationaux : « Paris ! Le Louvre, Notre-Dame ! Les vins de Bordeaux ! Le Mont-Saint-Michel ! » Il y eut un silence au bout du fil. « Pourquoi pas ? réagit enfin Murray Schwartz. Je vais en parler à Merv. »

Le lendemain, il me rappelait. C'était d'accord.

Merv, apparemment, ne regretta pas le déplacement. Ce n'est pas cinq, mais six émissions qu'il tourna finalement en France.

En racontant cela, je m'étonne une fois encore. Qu'est-ce qui m'a pris ? Comment ai-je osé ? C'est probablement parce que je me suis souvent jetée à l'eau sans réfléchir, parce que j'ai forcé le destin, saisi ma chance au vol, que j'ai pu réussir certaines choses dans ma vie.

Dans ce cas précis, j'avais une petite idée en tête quand j'ai proposé à Merv Griffin de venir tourner en France. En disant France, je pensais surtout Paris, une ville dont le maire s'appelait Jacques Chirac, lequel s'apprêtait alors à poser sa candidature à la présidence de la République lors de l'élection de 1981. Par rapport à ses principaux concurrents, Valéry Giscard d'Estaing et François Mitterrand, Chirac souffrait d'un déficit d'image sur le plan international.

Je raconterai plus tard ma rencontre avec Jacques en 1975. Nous étions vite devenus de grands amis. Persuadée qu'il était promis à un grand avenir, j'étais résolue à l'aider. Cette émission m'en donnait l'occasion.

Je me lançai tête baissée dans l'aventure, commençant d'abord par mettre en rapport les producteurs de l'émission avec la mairie de Paris. Il fut entendu que Jacques Chirac apparaîtrait en personne dans la première et la dernière émission, lui conférant ainsi une sorte de patronage officiel. Arrangement qui, par la même occasion, permettrait à Jacques de se présenter aux Américains, qui ignoraient souvent son nom et n'avaient jamais vu son visage. Bien entendu la Ville accorderait toutes les autorisations nécessaires et faciliterait le tournage pour tout ce qui dépendait d'elle. Je me mis ensuite en quête de lieux, de personnalités, d'entreprises prestigieuses autour desquels agencer chaque émission. L'Opéra de Paris et son école de danse, les champagnes Taittinger, les parfums Rochas, le restaurant Maxim's, Dior… Merv Griffin, ravi, transportait ses caméras et ses micros de lieux enchanteurs en cadres magnifiques. Aujourd'hui, les choses se passeraient sans doute bien différemment et l'approche de la France serait plus authentique. Mais il y a seulement quarante ans, on n'aurait pas imaginé montrer aux Américains des quartiers difficiles, des usines à l'abandon ou des campagnes désertées. La France, c'était Versailles et la tour Eiffel, il n'y avait pas à sortir de là.

C'est au sommet de la tour Eiffel que se déroula d'ailleurs la sixième et dernière émission. Comme prévu, il revint à Jacques Chirac de conclure. Il en profita pour s'adresser aux Français d'Amérique – concitoyens mais aussi électeurs. L'amie et la militante que j'étais, la *chiraquienne*, pouvait être satisfaite. Le but était atteint.

Pas tout à fait pourtant, car l'émission, contrairement à ce que j'avais espéré, fut seulement tournée en octobre 1981, plusieurs mois après l'élection présidentielle. François Mitterrand l'avait emporté, Jacques Chirac, arrivé en troisième position derrière Giscard, avait été éliminé au premier tour. Mais qu'importe, en politique, il faut savoir être patient et viser loin. Les petits cailloux semés en cours de route se révèlent parfois utiles à long terme.

Certains d'entre vous s'étonneront de me voir consacrer tant d'efforts à une activité en apparence aussi éloignée de mon métier d'artiste. Mais outre le fait que j'apparaissais dans chaque émission, entretenant ainsi ma popularité aux États-Unis, il faut comprendre que j'étais dans une période où je n'étais pas assurée de la façon dont ma carrière allait se poursuivre. J'étais jeune encore, j'avais cinquante ans, je me sentais forte, audacieuse, déterminée. Si je n'étais pas une femme d'affaires, si je n'ai jamais su profiter des occasions qui m'étaient proposées de réaliser des opérations financières avantageuses, j'avais l'esprit d'entreprise, j'étais à l'affût de bonnes idées, j'aimais susciter des rencontres, mettre les gens en rapport et les associer autour d'un projet commun.

Ce penchant prit quelquefois des allures loufoques. Ainsi, lorsque je demandai et obtins un rendez-vous avec Jacques Abergel, le patron d'Europe 1. Il me reçut aimablement, persuadé que j'avais un projet d'émission à lui proposer, ou autre chose en rapport avec le métier. Pas du tout. J'avais vu à la télévision que, quelque part aux États-Unis, un fabricant de tissu détenait le brevet et commercialisait un textile parfaitement imperméable, léger, agréable à porter, de toutes les couleurs. Remuant ciel et terre, j'avais retrouvé cet industriel au fin fond de l'Amérique et obtenu qu'il me cède l'exclusivité pour la France. Le rendez-vous avec Abergel avait pour but de négocier des conditions avantageuses avec la régie publicitaire d'Europe 1 afin d'assurer la promotion de ce tissu miracle. Lorsque Abergel, après les politesses d'usage, m'entendit exposer ma requête, il fut littéralement estomaqué. À la fin de l'entretien, tandis qu'il me raccompagnait, il insista une dernière fois : « Dites-moi, Line, vous êtes certaine que vous ne voulez pas me parler d'autre chose ?

– Non, lui répondis-je tranquillement. Rien que de ça, le tissu imperméable. »

Par la suite, une augmentation des droits de douane fit que l'affaire tomba à l'eau.

Fâcheux pour un tissu imperméable.

*

Les années 1980 se passèrent en incessants allers-retours entre les États-Unis et la France. Tout de suite après le *Merv Griffin Show*, je rééditai l'opération avec Perry Como, que je réussis à entraîner à Paris en 1982 pour son traditionnel show de Noël, le *Perry Como's Christmas*. Peu connu en France mais immense star aux États-Unis, Perry Como fait partie d'une lignée prestigieuse de crooners italo-américains, dont les chefs de file s'appelaient Frank Sinatra, Dean Martin, Frankie Laine ou Tony Bennett. Il avait une très jolie voix, dans le style de Bing Crosby. Mais sa réputation de chanteur fut éclipsée par sa carrière d'animateur de télévision. Pendant cinquante ans, chaque année, il produisit pour

ABC ce show de Noël qu'il transporta aux quatre coins de la planète, du Mexique en Irlande, de Hawaii à la Terre sainte. Les lecteurs curieux pourront trouver sur Internet – prodige qui ne cesse de m'émerveiller – l'intégralité de l'émission que nous fîmes à Paris. Dans le genre rétro, ça vaut le coup d'œil ! L'invitée d'honneur était Angie Dickinson. Y figuraient aussi le chanteur argentin Jairo, alors en pleine gloire, le chœur d'enfants de Notre-Dame de Paris, Perry Como lui-même interprétant de nombreuses chansons, dont plusieurs en duo avec moi. Dans le show, j'expliquai également l'origine du *cancan*. Pour l'occasion, nous avions investi les rues de Montmartre. Les danseuses étaient habillées en lavandières et, comme dans les tableaux de Toulouse-Lautrec, elles relevaient leur jupe en dansant, afin de montrer que leurs dessous étaient bien lavés. Une femme âgée est sortie du public en cancaneuse. Elle fit le grand écart, sous les applaudissements des spectateurs. C'était une ancienne danseuse qui n'avait pas résisté au plaisir de se joindre à la troupe, sans même savoir qu'elle était filmée pour la télévision américaine !

À la fin, nous chantions tous ensemble des chants traditionnels de Noël. Naïf témoignage d'une époque où s'aimer les uns les autres semblait un objectif qu'on avait quelque chance d'atteindre. Tout ça paraît, hélas, un peu illusoire aujourd'hui.

L'émission fut diffusée aux États-Unis le 16 décembre 1982. Je figure au générique non seulement pour ma prestation de chanteuse, mais en tant que « *Production liaison in Paris* ».

Au même moment, j'étais tous les soirs sur la scène des Nouveautés, où je jouais *Folle Amanda* de Barillet et Grédy, ma première pièce et mon premier succès au théâtre. Ce qui ne m'empêchait pas d'être en relation constante avec les États-Unis, où je projetais de monter une adaptation de la pièce sous le titre *The Incomparable Loulou*. Entreprise qui devait aboutir seulement quatre ans plus tard.

Je ne peux dissimuler que l'une des raisons de mes allées et venues d'un continent à l'autre était ma liaison avec Nate Jacobson. Le sexe n'y avait plus aucune part et pourtant, malgré tous mes efforts, je n'arrivais pas à me guérir de cet homme. Il vivait à présent à Miami et avait pour compagne Kitty, une femme charmante. Ce qui ne l'empêchait pas de me supplier au téléphone. « Si tu voulais divorcer…

– Nate, je ne quitterai jamais Loulou. »

Maintenant moins que jamais, car j'avais failli le perdre. Dans la nuit du 27 au 28 octobre 1982, Loulou fut opéré d'urgence d'une rupture d'anévrisme. L'intervention dura sept heures. Les chirurgiens ne lui donnaient qu'une chance sur deux d'en réchapper. Il s'en tira de justesse, mais en sorti affaibli. Il était âgé de près de soixante-quinze ans, et son état de santé nécessita ensuite une attention constante. J'avais été son unique enfant, il devint le mien.

Nate continuait à me téléphoner. Nous discutions pendant des heures, si proches encore l'un de l'autre. Je disais à ma mère : « Il faut que je fasse disparaître cet homme de ma vie ! Il faut que j'y arrive ! » La mort fit ce que je n'avais pas eu le courage d'accomplir. Le 11 juillet 1987, le soir même où, après dix ans de procédure, Loulou remporta le procès *Feelings*, alors que je débouchais une bouteille de champagne dans notre chambre d'hôtel, à New York, Eddy, le fils de Nate, m'appela. Son père venait de mourir à Baltimore. Ce fut un choc immense pour moi. Je dis à Loulou :

« Donne-moi cinq minutes. » Je suis allée dans la chambre voisine, j'ai essuyé mes larmes et, quand je suis retournée dans le salon, nous avons levé nos verres pour célébrer la victoire de Loulou.

Les dernières années de Nate furent très dures. Alors que je séjournais à Miami dans les années 1980, Nate me demanda de lui prêter dix mille dollars, qu'il s'empressa de perdre dans les casinos. Les derniers temps de sa vie, il ne se montrait plus, se laissant aller, arborant une longue barbe. Il me répétait : « *Forgive me baby, forgive me !* » (Pardonne-moi bébé, pardonne-moi…)

En le voyant dans cet état, j'imaginais quelle aurait été ma vie si j'avais quitté Loulou pour vivre avec Nate en Amérique. Je serais probablement aujourd'hui dépressive, alcoolique et ruinée, à supposer que je sois encore là pour vous en parler.

Souvent, dans les années qui ont précédé sa mort, Loulou prenait ma main et me disait : « On a bien fait, hein ? » et je savais qu'il faisait allusion, sans le dire, à cette époque de notre vie où nous aurions pu nous séparer. Et moi, je répondais : « Oui Loulou, on a bien fait. » Si j'ai été sincère, c'est bien dans ces moments-là. J'ai éprouvé une passion pour Nate, mais je n'ai jamais aimé un autre homme que Loulou.

*

Peu à peu, mes séjours aux États-Unis s'espacèrent. La santé de Loulou lui interdisait les longs voyages en avion. Je n'osais pas le laisser seul trop longtemps et je souhaitais profiter sans rien en perdre de chaque instant qui me restait à vivre avec lui. À intervalles réguliers, je séjournais quelques semaines à Las Vegas pour conserver ma carte de résidente, la précieuse *green card*. J'en profitais pour rendre visite à mes amis et j'étais heureuse de me retrouver chez moi, dans cette maison qu'au temps où je vivais à Vegas on avait surnommée l'ambassade de France. Depuis vingt-cinq ans j'en avais laissé la libre disposition à Jillian, la mère de ma filleule Michèle. Jillian n'avait jamais voulu changer le numéro de téléphone ni l'annonce sur le répondeur. Si bien que, lorsqu'on appelait et qu'il n'y avait personne pour décrocher, c'est toujours moi qu'on entendait dire que j'étais absente, mais qu'on pouvait, si nécessaire, enregistrer un message.

Et puis vint le moment où je dus me rendre à l'évidence : la *green card* ne m'était plus d'aucune utilité, jamais je ne retravaillerais aux États-Unis, et cette maison, que je conservais coûte que coûte depuis des années, était en train de me ruiner. Il était temps de faire mes bagages.

Ce fut, en 2016, le premier de mes *derniers retours* aux États-Unis.

*

Cette fois déjà, tout était parti d'un coup de téléphone de Gary Selesner. « Line, nous organisons une grande fête pour les cinquante ans du Caesars Palace. Vous êtes ma première invitée. »

Cinquante ans déjà ? Mais oui, 5 août 1966…

Les souvenirs affluaient. Et d'abord, inévitablement, ma rencontre avec Nate. La première vision que j'eus de lui, à travers un brouillard de fumée, dans cette suite au quinzième étage du Dunes, où une vingtaine d'hommes discutaient fiévreusement du projet colossal qui enflammait Las Vegas : la construction, en un temps record, d'un casino et d'un hôtel fastueux de sept cents chambres, conçus autour du thème de la Rome antique, le Caesars Palace. Ce concept de casino à thème, sur le modèle des parcs de loisirs inventés dix ans plus tôt par Disney, était radicalement nouveau et bouleversait le modèle traditionnel et vieillot selon lequel avaient été conçus le Desert Inn, le Sands, le Flamingo, ou même le Tropicana.

J'avais été conviée à cette réunion pour donner mon avis sur la conception de la *Main Room*, la salle de spectacle. Il n'en fut jamais question. Mais je suivis intégralement la discussion, fascinée par l'âpreté des échanges. Comme si chacun jouait sa peau dans l'aventure. Il s'agissait tout de même d'un projet à vingt millions de dollars. Tout le monde, à Vegas, pariait sur un échec retentissant, et l'extrême urgence des délais contribuait encore à enfiévrer l'atmosphère. Peu à peu, mon attention se concentra sur un homme que j'entrevoyais vaguement tant la fumée des cigares s'épaississait. Il paraissait petit, il n'était pas d'une beauté particulière, à part ses yeux, mais il émanait de lui un charme et un sentiment de force extraordinaire. Il menait les débats avec maestria, avançant habilement ses pions, battant en retraite si l'opposition semblait trop forte pour mieux attaquer sous un autre angle ultérieurement. Il parvint ainsi à faire adopter en douce plusieurs propositions rejetées unanimement un instant plus tôt.

Il faut croire que, de son côté, la fumée opaque qui noyait la pièce ne l'avait pas empêché de noter ma présence et que nos pensées s'étaient rejointes. Alors que nous nous croisions le lendemain dans un cocktail, il me glissa discrètement : « Je m'absente trois jours. Puis-je vous téléphoner à mon retour ? » Je répondis *bien sûr* sans réfléchir. En effet, trois jours plus tard, vers deux heures du matin, après mon deuxième spectacle, nous dînions au Top O' the Strip, au dernier étage du Dunes. Et la nuit s'acheva dans la suite qu'il occupait quelques étages plus bas.

Au matin, depuis la fenêtre du salon, il me montra une bande de sable côté façade ouest de l'hôtel, là où se terminait la ville et où commençait le désert.

« Regarde, me dit-il. Le Caesars Palace ! »

Il n'y avait rien que du sable rougeâtre. Du sable et la formidable volonté de ce diable d'homme.

Dire que j'ai été associée à toutes les étapes de la construction et de l'aménagement du Caesars Palace paraît présomptueux. C'est pourtant ainsi que les choses se sont passées.

« *What do you think ?* » (Qu'est-ce que tu en penses ?) était la phrase favorite de Nate. Notre relation était passionnelle, alternant fous rires et disputes homériques. Il était jaloux, impulsif, capable de mauvaise foi. Mais également tendre et attentionné. Nous discutions des heures, il m'exposait ses projets dans le moindre détail, m'expliquait sa stratégie, les complots de ses adversaires, son bras de fer avec Jay Sarno, le promoteur du Caesars, ses relations tendues avec les Teamsters, le redoutable syndicat des camionneurs lié à la mafia, dont le patron, Jim Hoffa, risquait beaucoup d'argent dans l'opération. Et toutes les deux phrases, la question revenait : « *What do you think ?* » Je devais répondre immédiatement. Suivant les cas, j'étais gratifiée d'un « *Stupid !* » ou d'un « *Good ! You think like a Jew* ». Nate était juif et, pour lui, seuls les Juifs raisonnaient correctement. Être qualifiée de Juive n'était pas un mince compliment.

Au fur et à mesure que le Caesars sortit de terre, les questions de Nate se firent plus concrètes. Que ce soient les tentures, les tapis, la vaisselle, le linge de table, l'uniforme des grooms, le papier à lettres, où que je me trouve, à n'importe quelle heure, il sollicitait mon avis, m'envoyait des échantillons, exigeait une réponse immédiate. Nous sommes allés ensemble à Venise commander des centaines de lampes et de lustres chez les maîtres verriers de Murano, au Portugal choisir les *azulejos* dont seraient revêtus les murs des salles de bains.

Si bien que pendant des années, lorsque j'entrais au Caesars Palace, j'avais l'impression d'être chez moi. Heureusement la décoration d'origine a progressivement été renouvelée et mise au goût du jour, d'autant que la surface de l'hôtel a quintuplé entre-temps. Il compte aujourd'hui très exactement 3 349 chambres réparties en six tours !

Magistralement orchestrées par Gary Selesner, les festivités du cinquantième anniversaire furent splendides. Je fus honorée bien au-delà de ce que je méritais. À ma joie d'être associée à cet événement se mêlait un peu de tristesse. Comment oublier la façon dont se termina la fameuse soirée d'inauguration, le 5 août 1966 ? Nate n'avait rien à voir avec la mafia. À certains indices, il avait compris qu'à partir du moment où il avait réussi le pari insensé d'ouvrir l'hôtel au jour dit il serait tôt ou tard écarté. Son rôle était achevé, on n'avait plus besoin de lui.

La mafia ne voulait surtout pas qu'il mette le nez dans ses affaires…

*

Durant cette nuit d'août 2016, entre deux salves du feu d'artifice qui mit un terme à la soirée des cinquante ans du Cacsars, Carolyn Goodman, la maire de Las Vegas, m'annonça son intention de donner mon nom à une rue de la ville. J'éclatai de rire. La petite fille élevée dans un coron au Pont de Nieppe ne pouvait y croire. Pourtant Carolyn paraissait très sérieuse.

Je connaissais depuis longtemps cette femme énergique et chaleureuse. Succédant à son époux, Carolyn avait pris en main les destinées de la ville en 2011. Elle me témoignait beaucoup d'amitié et il était rare que je séjourne à Las Vegas sans la rencontrer. Mais j'avoue que, de retour en France, cette idée de rue Line-Renaud m'était apparue comme un gag, un propos de fin de banquet. Je n'y avais plus pensé, jusqu'au jour où le secrétariat de Carolyn m'appela à La Jonchère pour fixer la date d'inauguration de ma rue.

Sauf à envisager un canular téléphonique, cette fois j'étais bien obligée de me rendre à l'évidence : si invraisemblable que cela puisse paraître, moi aussi j'aurais une rue qui porterait mon nom à Vegas, comme mes amis du Rat Pack, Frank Sinatra, Dean Martin ou Sammy Davis Jr., cette bande de copains – essentiellement des hommes, il faut bien le dire – qui, dans les années 1960, enchantèrent Las Vegas par leur charme, leur talent et leur désinvolture.

Pourquoi Rat Pack ? Plusieurs hypothèses circulent quant à l'origine de cette appellation. La version que je préfère en attribue le mérite à Lauren Bacall. Constatant la sale mine des compères après une soirée bien arrosée, elle se serait exclamée : « *You look like a goddamn rat pack !* » (Vous avez l'air d'une sacrée bande de rats !)

En vérifiant sur un plan de la ville, je pus constater que la future voie n'était pas bien longue, mais qu'elle était merveilleusement située, dans un triangle d'où l'on voit le Bellagio, anciennement Dunes, le Caesars Palace et le Paris Hotel à Las Vegas. Trois lieux qui ont marqué ma vie : le Dunes où je me produisais, le Caesars Palace créé par Nate, et le Paris dont j'avais accompagné la naissance.

*

Ainsi donc, je n'en avais pas tout à fait fini avec l'Amérique et il était dit qu'une fois encore je traverserais l'Atlantique. Ce fut mon deuxième *dernier voyage* aux États-Unis.

D'autant qu'un autre événement, beaucoup plus sérieux, nécessitait ma présence là-bas. Début 2017, j'avais reçu une invitation de la part de Michel Sidibé, le directeur exécutif d'ONUSIDA, le programme de l'ONU chargé de coordonner l'action de différentes agences spécialisées pour lutter contre le sida. ONUSIDA avait convoqué à New York, en septembre, une conférence des chefs d'État africains consacrée à la lutte contre le sida et me demandait d'intervenir en tant que vice-présidente de Sidaction. C'était un honneur en même temps qu'un devoir. Il m'était impossible de refuser.

Voilà comment, le 21 septembre 2017, je me vis monter à la tribune et m'adresser à cette noble assemblée. J'écris : « Je me vis » car dans ce genre de circonstances, je l'ai souvent constaté, se produit une sorte de dédoublement. Tout en parlant, en agissant, on s'observe en train de parler et d'agir, on est à la fois acteur et spectateur. Parfois, le spectateur est pris d'un doute : « Est-ce bien moi ? »

J'ai rappelé d'abord que je connaissais l'Afrique depuis 1953, où j'étais allée chanter au Congo, en Côte d'Ivoire, au Gabon, au Burundi. Ce continent m'avait marquée à jamais. « J'ai rencontré des foules innombrables, des peuples joyeux et enthousiastes, une humanité vibrante et généreuse qui m'a touchée au cœur. Parmi eux, il se peut même que se tenaient vos parents, voire vos grands-parents. Eh oui, j'avais vingt-cinq ans… Inutile de compter sur vos doigts, vous n'en auriez pas assez, j'ai quatre-vingt-neuf ans ! »

Puis j'ai parlé de mon engagement contre le sida. J'ai dit comment mon action m'avait ramenée souvent vers l'Afrique et j'ai souligné les progrès accomplis. Puis j'ai conclu : « Le sida s'attaque à quelque chose de parfaitement universel : notre intimité, nos amours, nos désirs, le cœur même de notre humanité. C'est tous ensemble que nous avons le pouvoir de changer le monde, de réinventer une humanité sans sida. Je ne vous parle pas d'un vague espoir, mais d'une volonté chevillée au corps. Demain, je veux pouvoir dire qu'ensemble nous avons sauvé nos enfants. Il est de notre devoir de leur laisser une pleine santé en héritage. De leur donner la vie. La vie, oui, tout simplement la vie. »

Dire que j'ai été longuement applaudie par l'assistance, qui s'était spontanément levée à la fin de mon discours, ferait croire à une coquetterie d'artiste. Mes amis Jean Reno, sa femme, Zofia, Dominique Besnehard, présents dans la salle, seraient plus à l'aise que moi pour en témoigner.

*

Ce soir-là, Jean et Zofia m'emmenèrent dîner au Bernardin. Ce fut comme un pèlerinage. Je n'y avais jamais remis les pieds depuis la soirée de juillet 1987 où nous avions fêté la victoire de Loulou dans le procès *Feelings*. Plus tôt dans la soirée, je l'ai raconté, j'avais appris la mort de Nate.

Ce dîner et les souvenirs qu'il ravivait en moi me donnèrent envie de revoir Don Zakarin, notre avocat. Je lui téléphonai, nous prîmes un verre au Plazza. Chaleureux, brillant, suprêmement intelligent, tel je l'avais quitté, tel je le retrouvai. Il n'avait pas beaucoup changé physiquement non plus. Si je l'avais croisé par hasard, il me semble que je l'aurais tout de suite reconnu.

Pendant dix ans, Loulou s'était battu devant les juridictions françaises puis américaines pour faire reconnaître la paternité de sa chanson *Pour toi*, plagiée par le Brésilien Morris Albert et qui était devenue un succès mondial sous le nom de *Feelings*. Avocat spécialisé dans le domaine de la propriété intellectuelle, Don Zakarin avait seulement trente-trois ans lorsqu'il accepta de défendre les intérêts de Loulou dans cette affaire où le succès était rien moins qu'attendu. On connaît le montant démentiel des honoraires d'avocat aux États-Unis. Don Zakarin accepta d'être payé au pourcentage, sur le montant des sommes qui reviendraient à Loulou au cas où il l'emporterait. « C'est presque comme si tu avais déjà gagné », avais-je dit à Loulou. Car, évidemment, les avocats acceptaient d'être payés de cette façon seulement s'ils estimaient qu'il y avait une chance de victoire.

Longtemps l'issue du procès fut incertaine. Mais peu à peu le vent tourna en notre faveur. Preuve en fut que nos adversaires proposèrent un arrangement à l'amiable. Un million et demi de dollars.

« Qu'est-ce qu'on fait ? demanda Don.
– *I want my baby back !* » (Je veux récupérer mon bébé !) s'exclama Loulou.

Alors je vis cet homme jeune, des larmes plein les yeux, prendre le visage de Loulou dans ses mains et lui déposer un baiser sur le front.

« *I would have been so disappointed if you'd said yes...* » (J'aurais été tellement déçu si vous aviez accepté...)

Je me souviendrai toujours de la dernière audience. Nous n'avions même pas compris que le procès venait de s'achever. La Cour s'était retirée, les avocats rangeaient leurs affaires. S'agissait-il d'une suspension de séance ? Je me penchai vers le musicologue dont l'expertise avait conclu sans ambiguïté en notre faveur.

« Que se passe-t-il ?
– Comment ? Mais vous avez gagné ! »

Je serrai Loulou dans mes bras. Il pleurait derrière ses lunettes. C'était vraiment un faux dur, mon Loulou...

*

Il n'y eut ni fanfare ni foule en délire pour l'inauguration de la Line Renaud Rd le jeudi 28 septembre 2017. Ce fut une cérémonie intime, en présence de Carolyn Goodman, de Gary Selesner et de quelques amis venus de Los Angeles, de Palm Springs et même de France. Mais mon émotion n'était pas feinte lorsque fut dévoilé le panneau qui portait mon nom. Parmi les sentiments qui se bousculaient en moi, ce n'était pas la vanité qui l'emportait, c'était la fierté d'avoir laissé une trace, d'avoir bien fait mon boulot, d'avoir représenté du mieux que je pouvais la femme française. Et de tous les souvenirs heureux que je gardais de cette ville, c'était celui de ma grand-mère qui m'était le plus cher. Accompagnée de ma mère, elle prit l'avion pour la première fois et vint fêter ici son quatre-vingt-unième anniversaire. À son arrivée, les patrons du Dunes lui firent survoler la ville en hélicoptère. Tout de suite à l'aise, elle se déplaça dans Vegas comme si elle y avait toujours vécu, assistant tous les soirs à un spectacle différent et ne manquant jamais le mien, qu'elle vit une vingtaine de fois sans se lasser. « C'est bien, appréciait-elle. Tu travailles comme une Américaine ! »

On célébra son anniversaire au Sultan's Table, le meilleur restaurant du Dunes. Vingt violonistes entourèrent grand-mère et jouèrent pour elle *Mademoiselle from Armentières*. Submergée par l'émotion, elle fondit en larmes, cachant vite son visage dans ses mains. C'était la première fois de ma vie que je la voyais pleurer. On ne pleurait pas chez nous. Nous n'en avions pas le temps.

Rentrée en France, elle fut emportée par un cancer un an après. Elle partit satisfaite, car, pour cette femme élevée dans la pauvreté, savoir ma mère et moi à l'abri du besoin suffisait à sa quiétude.

Cinquante ans plus tard, je tentai d'exprimer tout cela dans les quelques mots que j'improvisai après la cérémonie d'inauguration de la Line Renaud Rd. Et je finis en saluant mes copains du Rat Pack, qui me voyaient de là-haut et devaient se dire, blagueurs : « Tiens, elle est encore là, celle-là ? »

*

Trois jours après, le 1er octobre 2017, Annie, ma grande amie américaine, et moi rentrions tranquillement en voiture au Caesars après avoir dîné avec des copains. Annie conduisait, la radio marchait en sourdine, nous bavardions. Soudain, Annie me fit signe de me taire. « Chut ! J'ai l'impression qu'il se passe quelque chose. » Elle augmenta le volume du poste. En effet la radio lançait des appels, recommandant d'éviter le secteur de l'hôtel Mandalay Bay. Il semblait que des événements graves s'y étaient déroulés. Inquiètes, nous avons fait un long détour pour nous retrouver aux abords du Caesars, où nous avons été bloquées. Les nouvelles filtraient au compte-gouttes : lors d'un concert en plein air donné par le chanteur Jason Aldean à l'occasion d'un festival de musique country, concert auquel assistaient plus de vingt mille personnes, un homme avait longuement tiré sur la foule à l'arme lourde depuis sa chambre au trente-deuxième étage du Mandalay Bay. Selon un bilan encore provisoire, on dénombrait plusieurs dizaines de morts et des centaines de blessés.

Las Vegas semblait morte, la ville qui habituellement ruisselle de lumières était plongée dans le noir. On n'entendait aucun bruit, excepté les hurlements des sirènes de police et des ambulances.

Lorsque plusieurs heures plus tard nous avons été enfin autorisées à regagner nos chambres au Caesars, la télévision nous montra toute l'horreur du drame qui venait de se dérouler. Le tireur était un retraité, un Américain blanc de soixante-quatre ans. Il avait loué trois jours plus tôt, au Mandalay Bay, la chambre 135, qui offrait une vue dégagée sur le festival de musique country. Une équipe d'assaut avait fait sauter la porte et trouvé à l'intérieur le cadavre de l'homme, qui, selon la police, venait de se suicider, ainsi qu'un arsenal comprenant vingt-trois armes de différents calibres. Le bilan final s'établit à cinquante-neuf morts et cinq cent vingt-sept blessés. Ce qui en fit la plus grande tuerie de masse de l'histoire des États-Unis.

L'État islamique revendiqua la fusillade, affirmant que l'auteur s'était converti à l'islam quelques mois plus tôt. Hypothèse que démentit énergiquement le FBI. On ignore encore aujourd'hui les motivations exactes du tueur fou.

*

Rappelé plus tôt que prévu par un tournage, Franck, mon coiffeur, qui m'avait accompagnée jusque-là, fut obligé de rentrer à Paris quelques jours avant moi. Cela ne m'enchantait guère. Je l'ai dit, j'ai peur en avion, une peur qui me noue de l'instant où l'avion commence à rouler sur la piste à celui où il s'arrête devant la passerelle de débarquement. Le seul remède que je connaisse consiste à serrer une main amie durant tout le voyage. C'est dire que la perspective d'un voyage solitaire de onze heures me terrorisait. Pour augmenter encore mon appréhension, Annie m'avait prévenue qu'il lui serait impossible de m'accompagner de Vegas à Los Angeles, où je devais prendre mon avion pour Paris. Si bien qu'aux onze heures de vol il fallait ajouter cinq heures de solitude en voiture.

J'ai conscience qu'exposer des craintes aussi insignifiantes après avoir évoqué l'horrible tuerie du *Mandalay Bay* peut paraître indécent. Mais la peur que j'éprouve échappe à tout raisonnement.

J'entrepris de culpabiliser Annie. Je la traitai de lâcheuse. « Tu m'amènes au beau milieu du désert et tu m'abandonnes ! » Mes plaintes incessantes finirent par produire leur effet. La malheureuse, excédée, décommanda les rendez-vous importants qu'elle avait ce jour-là, ce qui n'est pas dans ses habitudes. Redoutable femme d'affaires, elle n'apprécie guère l'imprévu. Sa boutique d'habillement, dans l'enceinte du Paris Hotel, s'appelle *Paris-Line*, et une affiche de ma revue orne la vitrine, si bien que les touristes français sont persuadés que le magasin m'appartient !

Nous avons donc pris la route ensemble. À peine étions-nous parties qu'une pluie torrentielle se déversa sur l'autoroute. D'une violence inouïe, elle ne cessa pas de tout le trajet. On ne voyait pas l'extrémité du capot de la voiture, nous roulions au pas. Bientôt nous nous sommes trouvées engluées dans un monstrueux embouteillage. Je m'énervais contre le GPS dont la voix féminine s'était tue depuis un bon moment.

« Pourquoi elle ne parle pas ?

– Parce qu'il n'y a rien à dire », me répondit Annie, qui se départit rarement de son calme – chose qui peut devenir rapidement exaspérante quand on se sent soi-même sur le point d'exploser.

Bravant la tempête, conduisant au radar, louvoyant habilement, Annie finit par me déposer à temps à l'aéroport. Elle m'avoua par la suite que la tension avait été si forte que, renonçant à rentrer à Vegas le soir même, elle avait pris une chambre sur place, bu deux verres de vin coup sur coup et qu'elle était montée directement se coucher.

Quant à moi, chance inespérée, je dormis comme jamais j'avais dormi dans un avion.

Ainsi, pensais-je à tort, se refermait le cycle de mes voyages aux États-Unis. Accoutumée à trouver un sens à toute chose, je me dis que l'orage apocalyptique qui s'était abattu sur nous lorsque Annie m'avait amenée à l'aéroport de Los Angeles m'avait été envoyé par

Loulou et maman pour gommer la tristesse de cet ultime départ.

De même que, lorsque je me plaignais enfant du mauvais temps les derniers jours de vacances, ma mère me répondait : « Tu devrais t'estimer heureuse. Comme ça tu ne regretteras pas de retourner à l'école ! »

5

Mme Fleur

C'est un arbre tout ce qu'il y a de plus ordinaire. Depuis la fenêtre de ma chambre d'hôpital, je n'en vois que le sommet. D'après sa tête, je juge du tronc. Il ne doit pas être bien costaud. Un arbre de cour d'école ou de prison. On me dit qu'il n'est pas si ordinaire que ça, cet arbre. Que c'est un frêne et que les frênes sont attaqués par des champignons. Ils meurent les uns après les autres, il n'en restera bientôt plus.

Ordinaire ou pas, je l'aime, mon petit bout d'arbre. Hier, on a installé un pare-fenêtre. Il semble que, depuis le bâtiment d'en face, on disposait d'une vue plongeante dans ma chambre. Des paparazzis auraient pu en profiter. D'où le pare-fenêtre. Et, pour plus de sécurité, on a équipé les dix chambres de l'étage de la même façon. Ainsi, la mienne se fond dans le lot.

J'ai eu très peur en voyant arriver les ouvriers. N'allaient-ils pas me boucher la vue avec leur pare-fenêtre ? Finalement je vois encore un bout de ciel, et mon arbre, bien que raccourci, est toujours présent. Est-ce dans cet arbre que niche l'oiseau qui pépie du matin au soir ? À vrai dire, rien ne me prouve que ce soit toujours le même. Peut-être se relaient-ils. Mais je préfère penser qu'il est unique. Il me tient compagnie. C'est mon oiseau et c'est mon arbre.

*

Les journées sont longues à l'hôpital. Elles se ressemblent toutes. On en perd le compte. Chaque matin, l'une ou l'autre des aides-soignantes m'interroge : « Quel jour sommes-nous, madame Fleur ? » J'hésite. Hier ressemblait à avant-hier qui lui-même n'était guère différent des cinq jours qui s'étaient écoulés depuis mon arrivée à l'hôpital Stell, sous ma nouvelle identité. Mme Fleur.

Après Jacqueline Ray, après Line Renaud, c'était ma troisième métamorphose. Mme Fleur, une patiente comme une autre. Une anonyme.

Car c'était toujours le même souci qui m'obsédait : que personne ne sache ce qui m'était réellement arrivé. *Un artiste n'a pas le droit d'être malade*... J'ai débarqué ici emmitouflée jusqu'au cou, un bonnet sur la tête, les yeux dissimulés par des lunettes noires.

Incognito.

Du moins je le croyais. Ou faisais semblant de le croire, pour me rassurer.

Eddy, l'un des infirmiers, m'a raconté plus tard que, lorsqu'il avait dit à son père qu'un bruit courait selon lequel une personne importante allait être admise dans son service, celui-ci l'avait regardé l'air finaud : « Est-ce qu'elle n'a pas une cabane au Canada, ta personne importante ?

– Je ne sais pas, pourquoi ?

– J'ai lu que Line Renaud s'était cassé la cheville. Elle habite bien Rueil ? »

Tout le monde, pourtant, s'était plié à la règle. Durant mon séjour, personne ne m'a appelée autrement que Mme Fleur. C'était aussi une façon, pour le personnel hospitalier, de manifester que je ne bénéficiais pas d'un traitement de faveur, que tout patient était considéré de la même manière. Mme Fleur, c'était en quelque sorte mon matricule.

Un long séjour à l'hôpital, quelle qu'en soit la cause, n'est jamais bon à mon âge. Le moteur, qui fonctionnait sur sa lancée, peut se gripper. Il faut le faire tourner régulièrement, l'entretenir.

Tout est motif à rééducation. Se rappeler la date, se souvenir si on a pris ou non tel ou tel comprimé, retenir le prénom des infirmières : Dominique 1, Dominique 2, Francine, Nathalie, Aïssé, Céline, Cécile, N'Dey… Et la nuit : Raphaëlle, Aïcha, Fatima, Safia…

Chacune des aides-soignantes s'y employait. D'un bout à l'autre de la journée, je répondais à une multitude de questions qui n'avaient d'autre intérêt que d'exercer ma mémoire.

« Qui vous a fait votre piqûre ce matin ?

– Francine ?

– Non.

– Aïssé ?

– Oui, Aïssé. Très bien, madame Fleur… »

Je me pliais sans protester à cette gymnastique mentale. Un peu rouillé au départ, mon cerveau fonctionnait de nouveau sans à-coups ni ratés.

Si seulement ma cheville, encore si douloureuse, voulait bien se raccommoder…

*

Il est six heures du matin. Je ne dors plus depuis longtemps. Dehors, il fait déjà grand jour. Il y a un peu de vent, mon arbre frissonne, l'oiseau, tôt levé, fait des vocalises. Dans le lit voisin du mien, Jacinthe dort encore. Elle et Marie-Annick se relaient pour me tenir compagnie pendant la nuit. L'une ou l'autre, alternativement, arrive de La Jonchère vers dix-sept heures, avec son pyjama, sa brosse à dents et son oreiller favori, mou et épais pour l'une, plat et ferme pour l'autre. Nous bavardons, je suis impatiente d'avoir des nouvelles de la maison, de mes chiens qui me manquent terriblement, des menus travaux décidés avant mon accident, du jardin qu'entretient Luis et qui, promet-il, sera magnifique à mon retour. Nous dînons de bonne heure comme c'est l'habitude dans les hôpitaux. Ensuite c'est l'heure des nouvelles à la télévision. Puis je suis impatiente de retrouver les émissions sur les affaires criminelles, auxquelles Marie-Annick m'a convertie, moi qui n'en avais jamais regardé aucune. *Chroniques criminelles*, *Faites entrer l'accusé*, il n'y a que l'embarras du choix. Je suis bon public, l'imagination des criminels me sidère autant que la perspicacité des enquêteurs. Nous échafaudons des hypothèses, c'est à laquelle des deux aura trouvé la première le fin mot de l'histoire. Tout cela nous amène vers onze heures du soir. « C'est pas le tout, dit Marie-Annick. Demain, il faut se lever. » Formule qui, dans mon état, n'a pas grand sens.

Qu'importe ? Pour la première fois depuis l'enfance, je suis couchée, lumière éteinte, avant minuit. Le sommeil tarde à venir et n'est jamais très profond. Je passe des heures à gamberger. Comment tout ça va-t-il finir ? Comment en suis-je arrivée là ?

*

Je n'aurais jamais dû accepter ce troisième voyage aux États-Unis, le dernier des derniers.

Car après avoir longtemps hésité j'avais fini par me laisser convaincre. Gary Selesner m'avait appelée presque tous les jours. Le vingtième anniversaire du Paris Hotel approchait, il ne comprenait pas mes hésitations, me récitait la liste des invités prestigieux, me certifiait – et je n'en doutais pas une seconde – que je serais traitée comme une reine. Quand je vis la suite qu'il avait mise à ma disposition au Caesars Palace, dont il était également propriétaire, je constatai qu'il n'avait pas exagéré. Cléopâtre en personne n'aurait pas été mieux accueillie.

Le 15 février 2019, j'avais donc pris l'avion pour Los Angeles. Une fois encore, Franck, mon coiffeur, avait accepté de m'accompagner. J'apprécie sa présence, c'est un garçon discret et sensible, il me connaît bien, je suis parfaitement à l'aise avec lui.

Durant le séjour, il était entendu que je logerais chez Cecilia Peck, la fille de Véronique et Gregory Peck, qui avait catégoriquement refusé que j'aille à l'hôtel et avait tenu à me recevoir, comme le faisaient ses parents avant elle.

Avant de partir de Paris, je m'étais juré, puisque finalement les circonstances me ramenaient aux États-Unis, de faire ce que je n'avais jamais osé : flâner, profiter tranquillement de mes amis, jouer les touristes. Une grande première pour moi. Je fus aidée en cela par la présence de Franck, que je prenais plaisir à piloter. Los Angeles n'est pas une ville où l'on se promène, c'est une ville où l'on se reçoit. Il y a pourtant des quartiers pittoresques, certains anciens comme Venice, d'autres devenus récemment tendance, comme Silver Lake ou Echo Park. Nous faisions de longues promenades sur la plage de Malibu, nous dînions face à la mer en bavardant tranquillement.

J'avais oublié à quel point les portions étaient gargantuesques dans les restaurants américains. Impossible de finir son assiette. Le premier soir, je fus surprise de voir Franck réclamer un *doggy bag*. Un peu gênée, je lui demandai s'il craignait d'être pris de fringale dans la nuit. « Non, me répondit-il de son ton égal, mais je n'aime pas gâcher la nourriture. Vous avez vu tous ces sans-abri qui campent sur la plage ? C'est de la bonne nourriture, en rentrant à pied à mon hôtel, je la leur donnerai. » Je fus confuse de ne pas y avoir pensé. Dorénavant, aussitôt entrée dans un restaurant, je dirais à Franck : « Il ne faudra pas oublier de demander un *doggy bag* ! »

*

Par un bel après-midi où déjà flottaient dans l'air des effluves de printemps, je suis allée, en compagnie de Franck, rendre visite à Quincy Jones dans son immense et somptueuse maison de Bel Air.

Loulou adorait Quincy, l'homme et l'incomparable musicien. « C'est mon dieu ! » disait-il à chaque fois qu'il parlait de lui. Admiration que je partageais sans réserve.

Quincy a subi récemment deux AVC graves et nous montre une large cicatrice au sommet de son crâne, conséquence de l'opération qu'a nécessitée l'un d'eux. Il est content de me voir, mais il parle peu et semble parfois absent.

Il s'anime et retrouve toute sa vivacité lorsqu'il est question de Frank Sinatra, qu'il vénère. Comment oublier le disque légendaire, *Sinatra at the Sands*, dans lequel Frank chante avec l'orchestre de Count Basie, sur des arrangements de Quincy ?

Entre Quincy et la France, il y a une longue histoire d'amour. Selon lui, Paris est la ville la plus accueillante du monde. C'est à Paris qu'il vint étudier la composition avec Nadia Boulanger à la fin des années 1950, c'est là que débuta sa carrière, quand il fut engagé à vingt-quatre ans comme directeur musical par Eddie Barclay, *son ami chéri et adoré, son frère*, ainsi qu'il qualifia Eddie quand il apprit sa mort.

Nous avons en commun tant de souvenirs amicaux et joyeux, Quincy et moi… Comme ce dîner chez les Peck, où Véronique et Gregory avaient réuni autour de la table Stevie Wonder, Lionel Richie, Quincy et moi. Ou encore la grande fête que j'avais organisée pour lui à La Jonchère, au lendemain du concert qu'il donna, en juillet 2000, au théâtre des Champs-Élysées. Cent cinquante artistes, parmi lesquels Charles Aznavour, Johnny, Michel Legrand ou Henri Salvador, se pressaient autour des buffets dressés sur la pelouse.

Quincy me dit qu'il se rendra en juin prochain à Paris, où on lui rendra hommage au cours d'une soirée de gala à l'AccorHotels Arena. Bien sûr j'y assisterai et il viendra dîner à La Jonchère avant de repartir pour Los Angeles. Ce sera peut-être, ajoute-t-il avec un brin de mélancolie, son dernier voyage à Paris. Mais il a seulement quatre-vingt-cinq ans. Ce qui laisse augurer d'encore nombreux derniers voyages.

Comment prévoir, cet après-midi-là, que je serais bien empêchée d'assister en juin au concert de Quincy, tout autant que de l'inviter à dîner – sauf à partager un plateau-repas, assis sur le bord du lit, dans ma chambre d'hôpital ?

*

Tout le temps que je restai immobilisée, Muriel vint chaque matin prendre son petit déjeuner avec moi. De même que Claude était là à midi quoi qu'il arrive – bien que ses parents, Jacques et Bernadette, requièrent l'essentiel de son temps. On s'étonnera, après de telles marques de dévouement, que je les considère comme mes filles…

Je savais que Muriel avait prévu d'assister au concert de Quincy à Bercy, le jeudi 27 juin. Le vendredi au matin, à peine eut-elle débarqué dans ma chambre un plein sac de viennoiseries à la main que je la pressai de questions.

« Alors, Quincy, raconte, c'était comment ? »

Elle parut embarrassée.

« Eh bien, c'était… »

Silence. Long soupir. Moue perplexe. C'est inhabituel pour Muriel, qui généralement donne son avis sans précaution. Je compris mieux son embarras lorsqu'elle m'expliqua la façon dont s'était déroulé le concert.

Sur scène un ensemble de cinquante musiciens jouait les arrangements les plus célèbres de Quincy, tandis que le maître, laissant à un autre le soin de conduire l'orchestre, se contentait, assis sur un canapé, de présider en personne l'hommage qui lui était rendu, serrant au passage la main des invités, prestigieux au demeurant : Selah Sue, Shelea, Marcus Miller, Ibrahim Maalouf, Véronique Sanson…

Difficile de faire la fine bouche devant une telle conjonction de talents, mais Quincy dans tout ça ?

On m'a dit qu'un commentateur s'était risqué à demander à Quincy Jones pourquoi il avait monté ce spectacle. « *Money !* » avait-il répondu sans hésiter, ponctuant sa réplique d'un grand éclat de rire.

Quincy a eu trois femmes et sept enfants, lesquels lui ont donné de nombreux petits-enfants. La maison de Bel Air doit lui coûter une fortune. Il faut bien assurer les fins de mois…

*

Mais revenons à ce dernier de mes derniers voyages aux États-Unis, qui précéda de quelques semaines mon AVC et, fort probablement, en fut l'une des causes.

Fidèle à mon programme touristique, j'avais décidé de faire le trajet de Los Angeles à Las Vegas en voiture, en empruntant la célèbre Route 66. Alors que nous traversions les admirables paysages désertiques à proximité du Grand Canyon, je me remémorai ce qu'avait représenté pour moi l'aventure du Paris Hotel, dont nous nous apprêtions à célébrer le vingtième anniversaire. En cette fin des années 1990, ma carrière d'actrice marchait très fort, les tournages s'enchaînaient, comment avais-je pu mener de front tant d'activités différentes ?

Question sans réponse. Ou dont je ne souhaitais pas m'avouer la réponse : pas d'enfants, pas de famille, plus de mari, pas d'amant, bientôt privée de la présence, ô combien précieuse, de ma mère.

On dispose de beaucoup de temps quand on vit seule, mais à quel prix ?

*

Arthur Goldberg, le fondateur du Paris Hotel, faisait partie de cette nouvelle génération d'hommes d'affaires qui avait pris en main l'industrie du jeu à Las Vegas, évinçant les anciens boss liés à la mafia. Lui-même avait fait fortune dans le transport routier. Alors que l'homme était entré par la petite porte dans ce monde dont il ignorait tout, son empire, dix ans plus tard, était devenu si prospère qu'on calculait que un dollar sur cinq risqués sur les tables de jeu par les Américains passait par l'un des casinos dont il était propriétaire.

Goldberg envisageait de créer un nouveau casino sur le terrain du Bonanza, où j'avais monté avec succès mes shows *Flesh* dans les années 1970. La mode des casinos à thème battait son plein. Un groupe concurrent venait de faire imploser le légendaire Sands, où avait chanté Sinatra, et d'entreprendre à sa place la construction du casino-hôtel The Venetian, réplique de la cité italienne. Goldberg se décida pour Paris. Mais contrairement aux promoteurs du Venetian, qui avaient négligé de prendre contact avec la municipalité de Venise, déclenchant de vives protestations, Goldberg, désireux d'éviter toute polémique future, voulut s'entourer d'un maximum de garanties. Mieux valait une ville flattée d'avoir été consultée qu'une ville vexée d'avoir été tenue à l'écart.

J'avais croisé plus d'une fois Goldberg dans l'une de ces *parties* dont sont friands les Américains. Il connaissait mes relations amicales avec Jacques Chirac, maire de la capitale pendant dix-huit ans et qui venait d'être élu président de la République. Il me proposa de plaider le dossier du futur Paris Hotel auprès de son successeur.

C'est ainsi que, rentrée à Paris, je me retrouvai à l'Hôtel de Ville dans le bureau de Jean Tiberi, vite séduit par le projet. Il fit voter une délibération par le Conseil de Paris et organisa pour la presse une exposition dans le hall de l'Hôtel de Ville. Affichés sur des chevalets, les plans monumentaux de Joel Bergman

– déjà architecte, trente ans plus tôt, du Caesars Palace – produisirent une forte impression sur les journalistes. Aux côtés du maire, je répondis à leurs questions. Et quelques semaines plus tard, alors qu'à Las Vegas les pelleteuses s'activaient déjà, Arthur Goldberg en personne vint signer l'accord par lequel la Ville de Paris l'autorisait à utiliser le nom de la capitale. Une photo officielle immortalise ce moment. Goldberg et moi, toute de rose vêtue, encadrons Tiberi qui sourit aux anges. Nous sommes en 1997, j'ai soixante-neuf ans et ma foi, si j'en crois la photo, je suis encore pas mal du tout pour mon âge !

Loin d'en rester là, à la demande d'Arthur Goldberg, j'accompagnai le projet durant les deux ans que dura sa construction. Je devins une sorte de conseillère permanente et d'ambassadrice plénipotentiaire entre Paris et sa copie sur le Strip de Las Vegas.

Le projet architectural incluait la reproduction, à échelle plus ou moins réduite, de plusieurs monuments parisiens : l'Opéra, le Louvre, l'Arc de triomphe et bien sûr la tour Eiffel. On lui avait réservé la place d'honneur, devant la façade principale de l'hôtel, et dans un premier temps il avait été envisagé de la construire à taille réelle. La proximité de l'aéroport McCarran, situé à seulement huit kilomètres du centre, amena les promoteurs à se contenter d'une réplique de 165 mètres de haut, contre 324 mètres pour l'originale, soit la moitié. C'était déjà pas mal.

Autant l'accord de la Ville de Paris relevait d'une question de courtoisie plus que d'une nécessité administrative, autant, s'agissant de la tour Eiffel, il était indispensable de traiter avec l'organisme public chargé de sa gestion. Je fis stipuler par contrat que l'image du monument serait préservée. Pas question d'en faire un support publicitaire, ou de l'affubler d'un nœud papillon et d'un canotier façon Maurice Chevalier. J'insistai aussi pour que l'illumination de la tour, entièrement repensée en 1985, soit reproduite à l'identique. Si elle ne comportait pas encore le célèbre effet de scintillement qui lui serait adjoint à l'occasion du deuxième millénaire, elle provenait non plus de projecteurs extérieurs, mais de milliers d'ampoules disposées à l'intérieur même du monument, ce qui soulignait à merveille sa fine structure métallique. Des spécialistes vinrent des États-Unis pour étudier le dispositif. Ils se grattèrent la tête, firent des études, alignèrent des chiffres. Ça n'avançait pas. Je me renseignai, trouvai le nom et le numéro de téléphone du concepteur de l'éclairage, un certain Pierre Bideau, qui, si je me souviens bien, vivait en Touraine. Je l'appelai : « Est-ce que vous accepteriez de donner quelques conseils à nos amis américains ? » La première surprise passée, il accepta de bon cœur et, si la tour du Paris n'est pas aussi haute que sa grande sœur, je peux garantir qu'elle est aussi bien éclairée.

On se doute que lorsque j'écris : « Je donnai un coup de téléphone », il faut comprendre que je résume en un seul cinquante appels passés au préalable. Rien ne me rebutait. Lorsque je trouvais une piste, je ne la lâchais plus. C'était comme un jeu, j'adorais ça. Je réglais mes affaires entre deux prises, les réalisateurs s'impatientaient, les assistants devenaient fous. Ce n'est que plus tard que je compris l'importance de la concentration, même entre les prises, même pendant les réglages techniques, même hors du plateau. De ce jour j'éteignis mon portable durant le travail.

À côté du casino, de l'hôtel, des salles de spectacle, il était prévu que le Paris comporterait une allée marchande baptisée Le Boulevard, revêtue de vrais pavés parisiens et bordée d'une boulangerie, d'un kiosque à journaux, d'un marchand de vins français, d'une boutique de mode et de diverses enseignes typiquement françaises. À quoi s'ajouteraient une bonne dizaine de restaurants. Je fus mise à contribution pour initier des partenariats, notamment avec les Galeries Lafayette, dont le président me reçut fort aimablement. L'accord finalement n'aboutit pas, malgré de longues tractations. Même démarche auprès de Lenôtre. Je connaissais bien Gaston Lenôtre, mais c'est avec Patrick Sicard, le directeur général, que j'ai traité et c'est lui qui m'a beaucoup aidée à convaincre Gaston. Je dois reconnaître qu'à cette occasion, j'ai joué un double jeu à l'avantage de mon compatriote. Exaspéré par des négociations qui n'en finissaient plus, Lenôtre voulait tout laisser tomber. Je le sermonnais : « Tu peux pas leur faire ça ! » De leur côté, les Américains se plaignaient : « Gaston demande trop cher. On le veut, mais il faut qu'il soit raisonnable. » Je retournais voir Lenôtre : « Ne cède pas. Ils te veulent. »

Finalement, aujourd'hui encore, les visiteurs peuvent déguster les croissants et autres spécialités typiquement françaises de la boutique Lenôtre, sur Le Boulevard du Paris, au son des valses musettes généreusement diffusées par les haut-parleurs.

Le Paris fut construit dans les délais prévus et pour une somme relativement modeste : sept cent quatre-vingt-cinq millions de dollars, contre deux milliards pour le Bellagio, il est vrai d'une capacité supérieure.

Je fus chargée de concevoir et d'organiser la partie artistique de la soirée d'inauguration du Paris, le

1er septembre 1999. Catherine Deneuve, Quincy Jones, Charles Aznavour, Michel Legrand acceptèrent mon invitation. Accompagnée par Michel, je fis l'ouverture en interprétant un pot-pourri de chansons françaises, avant de chanter en duo avec lui.

Je m'étais entendue avec la Société de la tour Eiffel pour que le monument véritable reste allumé plus longtemps dans la nuit, compte tenu du décalage horaire. Ainsi, lorsque la tour s'éteignit à Paris, elle s'alluma à Vegas. C'est à Catherine Deneuve que j'avais confié la charge de tirer le cordon symbolique. Le petit-fils de Gustave Eiffel, à ma demande, se tenait au pied de la tour à Paris. Après avoir prononcé quelques mots très émouvants en hommage à son grand-père, il fit le geste d'éteindre la tour à Paris, tandis que Catherine Deneuve faisait celui d'allumer la tour de Vegas. Au même instant un feu d'artifice embrasa le Paris flambant neuf. J'étais fière de moi. Pour Paris.

*

Somptueuse, la fête donnée pour le vingtième anniversaire du Paris ne suscita pas chez moi une émotion comparable à celle qui m'avait saisie lors du cinquantième anniversaire du Caesars. Ni Loulou, mort quatre ans plus tôt, ni maman, ni bien sûr Nate n'avaient été mêlés au destin de cet hôtel. Arthur Goldberg lui-même était décédé d'une grave maladie quelques années seulement après que le Paris eut ouvert ses portes.

On me rendit hommage en des termes que la modestie et le sens de l'humour m'interdisent de retranscrire. Devant l'hôtel, une étoile incrustée dans le sol rappelait la part que j'avais prise à sa création.

À cette occasion, je fus également faite citoyenne d'honneur du Nevada, une reconnaissance supplémentaire qui me toucha infiniment.

Mon séjour arrivait à sa fin et je voyais mal comment j'allais pouvoir rentrer à Paris à la date prévue. Chaque jour une nouvelle invitation s'ajoutait aux précédentes, des amis tenaient absolument à me voir, se disant sans doute que l'occasion ne se représenterait plus, du moins ici-bas. Je ne voulais pas les décevoir, j'avais moi-même plaisir à les rencontrer, je ne sentais pas la fatigue et j'étais heureuse de clore ce long chapitre de ma vie dans cette ambiance de fête. Je sortais tous les soirs, un dîner, un spectacle, le Cirque du Soleil, David Copperfield, Céline Dion, qui après seize ans passés au Caesars Palace s'apprêtait à mettre un terme à son show. Véritable icône de Las Vegas, la chanteuse canadienne marquera à jamais l'histoire du Caesars, comme Siegfried et Roy, les deux célèbres magiciens et dresseurs de fauves ont marqué celle du Mirage de 1990 jusqu'à 2003, année où Roy fut grièvement blessé par Montecore, un superbe tigre blanc du Bengale avec qui il exécutait un numéro. En fait, l'animal voulait protéger son maître qui venait de faire un malaise sur scène. Il le prit par la tête et le traîna en coulisses. Roy, en sang, criait : « Ne le tuez pas ! », mais l'animal fut abattu. Lorsqu'on avait inauguré la rue Line-Renaud, en 2017, j'avais été extrêmement émue de voir Siegfried et Roy parmi les amis venus assister à la cérémonie. Roy, très affaibli, était en fauteuil roulant. Il ne parlait plus. Il est mort en mai 2020 des suites de complications liées au Covid-19. Sans lui, Las Vegas ne sera plus tout à fait Las Vegas.

J'eus envie de faire une surprise à Donny et Marie Osmond, qui, engagés au Flamingo en 2008 pour une série limitée de représentations, étaient toujours à l'affiche onze ans plus tard. Donny était le plus jeune des cinq Osmond Brothers, ces mormons au sourire éclatant que j'avais vus chanter dans les années 1960 avec Andy Williams et qui m'avaient enthousiasmée. Au plus fort de l'Osmondmania, je les avais fait venir à Paris pour mon émission *Line Direct*. Là comme ailleurs ils avaient provoqué des réactions d'hystérie collective, seulement comparables à celles que suscitaient leurs concurrents, les Jackson Five. Devenus adultes, les cinq frères avaient connu des fortunes – et surtout des infortunes – diverses, Donny poursuivant sa carrière en solo, puis avec sa sœur Marie.

Je ne les avais pas avertis de ma venue – n'est-ce pas le principe d'une surprise ? – et, à vrai dire, je doutais beaucoup qu'ils me reconnaîtraient. Pourtant, du plus loin qu'il me vit dans la salle, Donny poussa depuis la scène un véritable rugissement : « Liiiiine !… » Il se précipita dans mes bras comme l'enfant qu'il était lorsque je l'avais rencontré pour la première fois, cinquante ans plus tôt. J'étais terriblement émue. Et tout le long de son show, il expliqua aux spectateurs comment il m'avait connue, comment une première fois sa mère, qui était leur manager, avait refusé ma proposition d'aller chanter à Paris : « *Let's try America first !* » (Essayons d'abord l'Amérique !) Comment, quelques années plus tard, ses frères et lui étaient finalement venus participer à mon émission, le souvenir ébloui qu'il gardait de ce voyage. Sa voix s'étranglait, je le voyais au bord des larmes et je me disais : « Eh bien, bravo, ma vieille, tu as réussi ton coup. Par ta faute, Donny n'arrivera pas au bout de son show ! »

*

Beaucoup d'émotion aussi, au cours du déjeuner que je partageai avec Eddy Jacobson, l'un des deux fils de Nate. Quelques mois plus tôt, alors qu'à Paris je m'apprêtais à entrer chez le coiffeur, mon téléphone portable avait sonné dans mon sac. J'étais en retard, j'hésitai à répondre puis finalement je pris l'appel. Au bout du fil, une voix inconnue. « Vous êtes bien Line Renaud ? C'est Eddy Jacobson ! » Je me souvenais d'un garçon d'une vingtaine d'années au moment où j'avais rencontré Nate. Il devait avoir aujourd'hui plus de soixante-dix ans. Nous avons bavardé un court instant, il n'était pas prévu à cet instant que je retourne jamais aux États-Unis, mais je lui promis que nous resterions en contact.

Lorsque finalement j'avais entrepris cet ultime dernier voyage en Amérique, j'avais hésité. Allais-je l'appeler ? En révélant publiquement ma relation avec Nate dans mon livre *Et mes secrets aussi*, je m'étais en quelque sorte libérée du sentiment de culpabilité qui m'avait si longtemps habitée. Nate avait maintenant sa juste place dans mon cœur, exactement où il devait être : à distance de Loulou, différemment. J'étais apaisée, pourquoi souffler sur les braises ?

Est-ce la curiosité ou le souci de ne pas blesser ce garçon – que dis-je, ce garçon ? cet homme, et même ce vieil homme à présent – qui avait fait la démarche de me contacter et qui d'une manière ou d'une autre apprendrait ma venue et ne comprendrait pas pourquoi je l'avais évité ?

Bref, à quelques heures de notre rendez-vous, dans l'un des restaurants du Caesars, j'étais dans un état de fébrilité qui me mettait en rage. J'avais choisi soigneusement ma tenue, j'avais demandé à Franck de me coiffer et de me maquiller, pas trop, juste le nécessaire. Comme si j'avais voulu faire bon effet, ne pas décevoir Eddy, qu'il ne se dise pas en m'apercevant : « Mon Dieu, c'est cette vieille bonne femme qu'a tant aimée mon père ? » Arrivé en avance, Eddy m'attendait à la table qui nous était réservée. Il se leva, vint au-devant de moi, et ses premières paroles furent pour me dire : « Vous êtes belle ! » Rarement compliment d'homme m'aura autant touchée.

Nous sommes restés plus de trois heures ensemble. Le restaurant s'était vidé peu à peu, les tables étaient desservies et les garçons avaient eu largement le temps de les dresser à nouveau pour le service suivant. J'avais craint qu'Eddy n'éprouve un certain ressentiment à mon égard. Au contraire, je fus surprise de constater que j'étais étroitement liée à son histoire familiale. À l'évidence, Nate avait parlé de moi à ses enfants. Ils savaient l'importance que j'avais eue pour leur père et, loin de nous juger, ils respectaient notre relation.

Eddy habitait maintenant Baltimore. Il me parla de sa vie d'homme, bien sûr, mais il me parla surtout de son enfance : à quel point c'était à la fois une chance et une souffrance d'être le fils de Nate, un père à la personnalité écrasante, un modèle et celui à qui on se jurait de ne jamais ressembler.

C'était comme si Eddy avait attendu toutes ces années pour confier à moi seulement les vérités intimes qu'il gardait soigneusement au fond de lui. Qu'est-ce que je représentais à ses yeux ? Comment, à travers moi, vivait en lui le souvenir de son père ? Un souvenir débarrassé de tout conflit, de tout ressentiment et dont ne subsistait que le meilleur ?

*

Paris Match avait décidé de couvrir mon dernier voyage à Las Vegas. Quand j'appris que c'était Catherine Tabouis, l'une de leurs meilleurs journalistes, qui avait été choisie pour m'accompagner, je fus enchantée. En 2016, c'était elle déjà qui avait suivi les cinquante ans du Caesars. J'en gardais un excellent souvenir. Catherine est une femme chaleureuse et drôle, c'était un choix parfait.

Nous sommes parties une journée entière faire un très beau reportage photo dans le désert, à une vingtaine de kilomètres de Vegas. Pour l'occasion, Franck fut non seulement coiffeur et maquilleur, mais également styliste. Il s'en tira magnifiquement. Je redoutais un peu cette journée, la chaleur, la poussière. Heureusement nous n'étions qu'en mars. La température, à cette époque de l'année, est plutôt agréable, même en plein désert. Plusieurs fois au cours de la journée, il m'arriva de penser : « C'est extraordinaire, je ne me sens absolument pas fatiguée ! »

Comme je l'avais craint, c'est donc quatre jours après la date prévue que nous avons pu reprendre l'avion pour Paris. Je savais que ce retard signifierait un surcroît de travail au retour, qu'il allait falloir rattraper le temps perdu, reprogrammer les rendez-vous, multiplier les réunions. Le week-end du Sidaction était fixé aux 5, 6 et 7 avril 2019. Chaque année, la préparation du *prime* de France 2 m'absorbait totalement : choix des artistes, des intervenants, répétitions, etc. Pour Sidaction, cette soirée est essentielle. C'est durant l'émission qu'est recueillie la majorité des dons. En rentrant à Paris le 7 mars, il resterait tout juste un mois pour que tout soit prêt à temps. Mais j'étais pleine d'optimisme, dans un état légèrement euphorique. Je pensais : « J'y arriverai. »

Le jour du départ, nous sommes montés dans l'avion, Franck et moi, et avons gagné nos places côte à côte. Franck se laissa tomber sur son siège, boucla sa ceinture et soupira : « Je suis sur les rotules ! »

Surprise, je m'autodiagnostiquai. Non, décidément, moi j'étais en pleine forme.

Mais l'étais-je vraiment ? C'est comme si un fusible avait été débranché, comme si les avertisseurs qui, en temps ordinaire, vous mettent en garde contre les excès avaient cessé de fonctionner.

Toujours terrorisée par les décollages, je pris la main de Franck et fermai les yeux, confiante.

J'en avais trop fait ? J'étais bien décidée à en faire beaucoup plus encore. Dans l'avion, je dressai la liste de tous ceux que je devais appeler sitôt rentrée à Paris, noircissant jusqu'à les rendre illisibles les pages de mon agenda.

6

La femme la plus optimiste de France

Il est sept heures passées. Francine entre dans ma chambre d'hôpital en chantonnant. Elle est originaire de Guadeloupe, elle a toujours un refrain à la bouche, des airs qui ne correspondent ni à son âge ni à sa culture. L'autre jour, c'était *La Vie en rose*. Incroyable de voir à quel point une chanson peut traverser le temps et rester gravée dans la mémoire du public, qui chante encore, sans même les avoir apprises, des paroles écrites soixante-dix ans plus tôt !

« Déjà réveillée, madame Fleur ? »

Je ne veux pas l'inquiéter, je ne lui dis pas que je ne dors plus depuis déjà plusieurs heures, laissant ma pensée vagabonder, regardant mon arbre émerger lentement de l'ombre par l'étroite meurtrière du pare-fenêtre, revenant sans cesse à la question qui me taraude : « Mon Dieu, vais-je pouvoir marcher à nouveau ? »

J'essaie d'être à l'unisson de sa bonne humeur. Elle a largement son compte de soucis, inutile d'y ajouter les miens. Séparée de son mari, elle élève seule ses deux filles âgées de douze et quinze ans. Chaque jour, il lui faut une heure et demie de transport pour se rendre au travail. Elle aurait pu demander sa mutation dans un hôpital moins éloigné de chez elle, mais elle est attachée à ce service. L'ambiance est sympa, il y a une bonne entente entre collègues, ça vaut bien de se lever plus tôt et de rentrer chez elle à pas d'heure.

« Voyons, quel jour sommes-nous aujourd'hui, madame Fleur ? » demande Francine tout en s'activant. Je réponds au hasard : « Mardi ! » Par chance, je tombe juste. « Bravo, madame Fleur. Et le mardi, c'est le jour de quoi ? »

Ça, je m'en souviens. Le mardi, le jeudi, le samedi, c'est jour de shampoing. Douche tous les jours, shampoing tous les deux jours.

Elles me tirent du lit, elles me prennent, deux aides-soignantes devant, deux derrière, elles me manipulent, me lavent, m'essuient comme un bébé. Je suis entièrement tributaire de leur aide, y compris pour les gestes les plus intimes. C'est une expérience difficile. J'ai déjà fait un long séjour à l'hôpital en 2013, à la Salpêtrière, où j'ai subi une grave opération. Mais je n'ai jamais éprouvé, à ce moment-là, pareil sentiment d'absolue dépendance. J'étais libre de mes mouvements, même si cette liberté était toute théorique. Cette fois, je suis irrémédiablement captive. Je dois patienter encore et encore, le temps que les os se ressoudent.

Il faut tenir, tenir. En aurai-je la force ? Je pense à ma mère. Très affaiblie à la fin de sa vie, elle a tenu aussi longtemps qu'elle l'a pu. Pour moi, pour ne pas me laisser seule, alors que j'avais perdu Loulou quelques années plus tôt. Aurai-je son courage ? Me revient à l'esprit une réplique de *Pleins Feux* : « Tant que mon corps suivra ma tête, je ne serai jamais qu'une emmerdeuse, mais le jour où il refusera, alors là… »

Je ne crois pas qu'on puisse me qualifier d'*emmerdeuse*. Le devenir n'est pas au programme. Mais serai-je un jour en état de retravailler ? Le moment n'est-il pas venu d'arrêter ?

Francine me fait ma piqûre d'anticoagulant sans cesser de fredonner. Je ne parviens pas à identifier l'air. Ça ne date pas d'hier. *La Petite Diligence* ? Une chanson d'André Claveau ? Je ne peux pas le croire. Mais d'où Francine sort-elle son répertoire ? Quand je lui pose la question, elle me répond : « Ah, ça vous étonne, hein ? » Pas moyen d'en savoir plus. Je ne désespère pas de l'entendre chanter un matin *Ma petite folie*, ou, qui sait, *Pampoudé* !

J'admire la gaieté de ces femmes. On pourrait croire à une attitude professionnelle, une bonne humeur forcée, une pose. Mais non, c'est une gaieté sincère, naturelle. La gaieté de Mémère, mon arrière-grand-mère, qui avait commencé à travailler à six ans dans une entreprise textile, où l'on avait besoin des doigts d'enfants pour faire les nœuds, sur les métiers à tisser. Elle m'a élevée lorsque j'étais petite fille. Je partageais son lit. Chaque soir, au moment de nous coucher, elle disait, avec un soupir de satisfaction : « Encore une journée où on n'a eu ni froid ni faim ! »

Je ne peux m'empêcher de remarquer que nombre de ces aides-soignantes sont originaires du Maghreb, des Antilles ou d'Afrique. Est-ce un hasard si les travaux les plus durs leur sont réservés ?

Au début, je ne cessais de m'excuser, je demandais pardon à tout bout de champ. « Mais c'est notre travail, qu'est-ce que vous croyez ? » protestaient-elles, continuant de répondre à mes désirs avec patience et gentillesse.

Peu à peu, j'ai compris leur fonctionnement et je me suis efforcée de ne pas compliquer leur tâche avec mes excuses. Je me suis détendue, j'ai accepté l'inévitable. J'ai appris à désamorcer le malaise en le tournant à la blague.

Ainsi lorsqu'il s'est agi qu'Eddy, un homme, s'occupe de moi comme le faisaient ses collègues femmes. J'ai eu énormément de mal à l'admettre. Il l'a senti et, pendant un temps, je ne l'ai plus vu. Sans doute s'étaient-ils arrangés entre eux pour l'affecter à d'autres patients. J'ai demandé de ses nouvelles. Le lendemain je l'ai vu réapparaître, prenant mille précautions pour ne pas me heurter.

En cours de soin, il m'avertit : « Il faut que je vous retourne, madame Fleur. Excusez-moi, je vais voir vos fesses.

– Eh bien, toi qui voulais faire une photo, c'est le moment ! » lui répondis-je sans m'émouvoir.

Stupeur, éclat de rire, Eddy devint l'un de mes soignants préférés. La grivoiserie peut être parfois un moyen efficace de dissiper la gêne.

Dès lors, je me fixai pour but de prendre les choses comme elles venaient, au jour le jour, sans me projeter dans l'avenir. Imaginer ce que serait ma vie demain, j'en étais incapable. L'AVC, c'était déjà un miracle, m'avait épargnée, les séquelles étaient minimes et réversibles, principalement une difficulté temporaire à utiliser ma main droite. Chaque jour une ergothérapeute venait me faire travailler. J'empilais des boîtes minuscules les unes dans les autres, je triais des perles, je faisais et refaisais ma signature à l'aide d'un stylo spécial accroché à mes doigts, car je n'étais pas encore capable de le tenir par moi-même. Le résultat était un gribouillis infâme, mais la praticienne paraissait satisfaite. « C'est beaucoup mieux qu'hier ! » m'encourageait-elle. J'éprouvais le sentiment humiliant d'être infantilisée, j'étais tentée de balayer petites boîtes, perles et stylo et de crier : « Stop ! Sans moi ! Je ne joue plus ! » Mais je n'en faisais rien. Je souriais et je me donnais un mal de chien pour tenter de saisir ces fichues perles qui prenaient un malin plaisir à rouler dans tous les sens à l'approche de mes doigts. « Ne réfléchis pas, Line. Fais ce qu'on te demande. »

On louait ma bonne humeur sans se douter des efforts que je devais déployer pour refouler les sombres pensées qui m'assaillaient. N'avais-je pas été proclamée, à peine débarquée d'Amérique, « Femme la plus optimiste de France » ?

*

« C'est sûr qu'elle était essentielle, cette médaille ! » ironise Muriel.

Au terme d'un sondage, j'avais été désignée comme la personnalité féminine française qui représentait le mieux l'optimisme. Rentrée à Paris le jeudi, je devais être officiellement intronisée au cours d'une cérémonie à Rueil-Malmaison le vendredi 8 mars, Journée internationale de la femme. Muriel n'avait pas tort, cette distinction, pour sympathique qu'elle soit, avait tout d'une médaille en chocolat. Il aurait été mille fois plus prudent que je marque une pause à mon retour d'un voyage éreintant. Mais j'avais promis à Patrick Ollier, maire de Rueil, que je serais présente, il n'était pas question de lui faire faux bond.

De même, la veille, à peine arrivée à La Jonchère, au lieu d'aller sagement me coucher, je n'avais pas résisté au plaisir de fêter mon retour avec mes proches, ceux qui m'entourent quotidiennement à La Jonchère.

Et ce vendredi 8 mars, rebelote, comme dirait Marie-Annick : un dîner plus apprêté où j'avais réuni Muriel et Anne, sa compagne, Jean-Claude Camus, l'ex-producteur de Johnny, qui malgré leur brouille était resté l'un de mes grands amis, Catherine Tabouis de *Paris Match*, ma fidèle Nicole Sonneville, d'autres encore.

Pourquoi me serais-je privée de ces moments d'échange, de partage, de rires, de légèreté ?

Aucun signe ne m'avertissait que j'étais en train de flirter dangereusement avec mes limites. Le fusible tenait bon. Je me sentais invulnérable.

*

Dès la semaine suivante, je me lançai sans tarder dans la préparation du Sidaction, pour ce qui relevait de ma participation et de l'aide que je pouvais personnellement apporter à son organisation. Cette édition revêtait pour nous une importance particulière. Elle marquait d'abord le vingt-cinquième anniversaire du tout premier Sidaction, le 7 avril 1994. Souvenez-vous, ce soir-là, les six chaînes avaient diffusé au même moment pendant près de sept heures un programme unique consacré au sida. Un événement sans aucun précédent dans l'histoire de la télévision française. Cette terrible maladie, encore très mal connue, objet de tous les fantasmes, s'invitait dans les foyers français – ou, pour mieux dire, en forçait la porte. *Maladie des pédés ! Punition des drogués !* Que n'entendait-on pas à l'époque. Il fallait beaucoup d'audace à l'association Ensemble contre le Sida nouvellement créée et une certaine dose d'inconscience de la part de Pierre Bergé et de la mienne, pour espérer récolter des fonds au profit d'une cause où les victimes passaient encore bien souvent pour des coupables.

Malgré sa longueur et la relative aridité de son propos, l'émission fut d'une densité exceptionnelle. Chercheurs, malades porteurs du virus, militants et artistes se relayèrent pour informer et sensibiliser le public. En entrant en scène, j'avais déclaré : « Nous sommes en guerre ! En guerre contre un virus ! » On notera la proximité de ces mots avec ceux utilisés récemment à propos du Covid-19.

Un sommet d'émotion fut atteint lorsque Clémentine Célarié se leva et embrassa sur la bouche un homme séropositif, Patrice Janiaud, assis derrière elle. Dans le Zénith plein à craquer, on pouvait entendre une mouche voler. J'étais moi-même sidérée. J'avais, quelque temps auparavant, raconté à Clémentine comment, en 1985, au cours d'un gala organisé par Elizabeth Taylor, Shirley MacLaine avait embrassé un pasteur qui venait de déclarer qu'il était atteint du sida. Je n'avais pas prévu qu'elle songerait à rééditer cet acte dont l'efficacité pédagogique surpassait largement de longs développements. Cela signifiait clairement qu'on n'attrapait pas le sida, comme beaucoup le croyaient et le croient encore, en entrant en contact avec la salive d'un séropositif, encore moins en lui serrant la main. Merci, Clémentine, pour ce geste qui marqua les esprits.

L'impact de cette soirée fut considérable. Vingt-trois millions de téléspectateurs suivirent l'émission. Le montant des fonds recueillis atteignit la somme de quarante-cinq millions d'euros.

Hélas, il n'en est plus de même aujourd'hui. En 2018, le Sidaction a recueilli seulement quatre millions et demi d'euros. Ce n'est pas rien, cet argent est indispensable à la recherche et aux malades, mais la diminution progressive des dons prouve aussi que, pour une large partie de la société, le sida est un problème réglé. Or, s'il est vrai que des progrès considérables ont été accomplis, s'il est exact qu'on ne meurt plus du sida et qu'on ne le transmet plus à condition de suivre un traitement adapté, il n'en demeure pas moins que la maladie continue de s'étendre dans les pays où la prise en charge des malades n'est pas assurée correctement. Et on peut s'inquiéter d'assister, en France, à une recrudescence des pratiques à risque.

Voilà pourquoi l'édition 2019 du Sidaction était tellement importante à mes yeux. Il s'agissait de remobiliser l'opinion, d'enrayer la baisse des dons. De dire que rien n'était gagné, que le fait d'être porteur sain supposait une prise de médicaments à vie – ce qui ne peut être considéré comme une situation normale et comporte bien des inconvénients. De rappeler qu'il n'existe toujours pas de vaccin contre le sida, que l'action dans des pays en proie aux difficultés économiques, aux guerres, aux déplacements de population, exigeait des moyens considérables. Et de souligner qu'en France l'afflux de réfugiés, les conditions parfois épouvantables dans lesquelles survivent ces personnes privées de statut légal créaient les conditions d'un nouvel essor de la maladie.

Contrairement à celle de 1994, la soirée du Sidaction ne serait pas retransmise simultanément sur toutes les chaînes. Il était prévu que France 2 diffuse le samedi 6 avril en *prime time* une grande soirée intitulée « Les 40 ans de *Starmania* : les artistes chantent pour le Sidaction ». Les autres chaînes s'associeraient chacune à leur manière à l'événement. Mais symboliquement, toutes se retrouveraient dans un clip unique programmé en ouverture le vendredi aux environs de vingt heures quarante. J'animerais ce court lancement qui réunirait tous les patrons de chaîne : Gilles Pélisson de TF1,

Gérald-Brice Viret de Canal+, Véronique Cayla d'Arte, Delphine Ernotte de France Télévisions, Frédéric de Vincelles de M6.

Peu avant l'enregistrement, un incident se produisit, dont la signification ne m'apparaîtrait que plus tard. Soudainement, je me retrouvai aphone. Comme si, quelque part en moi, on avait appuyé par mégarde sur la touche *mute*. Catastrophe ! Fallait-il tout annuler ? Je ne l'envisageai pas une seconde. *Un artiste n'est jamais malade*. Oui, mais comment se débrouille un artiste brusquement devenu muet comme une carpe ? On appela le docteur Fain, un laryngologiste que je connaissais bien. Il prescrivit une prise de cortisone. Je récupérai un filet de voix. L'enregistrement, un instant compromis, put finalement débuter. En préambule, je m'en tirai par une pirouette : « Figurez-vous qu'un courant d'air m'a coupé le sifflet, dis-je à mes interlocuteurs d'un ton éraillé. Vivement la retraite ! » Rires. On enchaîna.

Mon grand ami David Lelait-Helo, qui m'accompagnait, fut le seul à soupçonner que cette subite extinction de voix pouvait avoir une autre cause qu'une affection passagère du larynx. L'épuisement, par exemple. Il faut dire que David me connaît bien. Depuis plusieurs années il travaille sur mes interventions publiques, discours et autres allocutions, pour lesquels, privilège de l'âge, je suis de plus en plus souvent sollicitée. Lorsqu'il écrit pour moi, il dit avec humour : « J'enfile ma robe de Line Renaud », ce qui signifie qu'il s'efforce de se mettre à ma place pour trouver les mots qui me correspondent le mieux. Plumes contre plume. Je relis ses textes et nous les peaufinons ensemble. Il faut croire qu'à force de se substituer à moi il finit par deviner ce que je ressens avant même que j'en prenne conscience. Ce jour-là, alarmé par mon état, il insista pour qu'on me conduise à l'hôpital. Je protestai énergiquement. D'où le recours à la cortisone.

L'incident témoignait que mon corps, rudement mis à l'épreuve, était à bout de résistance. Cette privation de parole était en fait un cri d'alarme.

*

C'est au Palais des Congrès qu'eut lieu, le samedi, le *prime* du Sidaction. Là même où était né, quarante ans plus tôt, *Starmania*, le légendaire opéra-rock de Luc Plamondon et Michel Berger. Jean-Paul Gaultier était le parrain de cette édition et, comme d'habitude, j'intervins en ouverture et plusieurs fois au cours de l'émission pour rappeler les enjeux de la lutte contre le sida et faire appel à la générosité des téléspectateurs. Nous avions réuni un plateau magnifique. Amir, Jenifer, Slimane, Isabelle Boulay, Vincent Niclo, Sofia Essaïdi, Amel Bent, Clara Luciani, Muriel Robin, Bilal Hassani, Chimène Badi et beaucoup d'autres se succédèrent pour chanter et danser *Le monde est stone*, *Quand on arrive en ville*, *La Chanson de Ziggy*, *J'aurais voulu être un artiste*, cette extraordinaire série de tubes qui firent le succès planétaire de *Starmania*.

Aux alentours de minuit, les promesses de dons s'élevaient à quatre millions et demi d'euros, en légère progression par rapport à l'année précédente. Encore convient-il de préciser que cette somme fut atteinte grâce à « la contribution exceptionnelle d'un grand donateur », suivant la formule consacrée. Je ne révélerai ni le montant de cette contribution ni l'identité du donateur, puisqu'il tient à rester anonyme. Qu'il ou elle en soit ici remercié.e.

Dire que j'étais épuisée, physiquement et nerveusement, à la fin de la soirée n'exprimerait que très imparfaitement l'état d'anéantissement dans lequel je me trouvais lorsque David, mon chauffeur, me ramena dans la nuit à La Jonchère.

J'étais *vidée.*

Vidée mais heureuse. Une fois encore, pensais-je en me couchant, j'y étais arrivée. Ouf ! Ma vie était une course d'obstacles, mais tant que je parvenais à les franchir je pouvais m'estimer satisfaite. Et je savais que dès le lendemain, la fatigue oubliée, mes batteries rechargées, je dirais : « Au prochain ! »

Au prochain projet, au prochain but, au prochain défi.

Le dimanche, je me levai tard. Je me sentais cotonneuse, à l'image du ciel chargé de nuages. Une pluie fine noyait la pelouse devant la maison. J'avais froid. On ralluma les radiateurs. L'après-midi se passa en coups de téléphone. On m'appelait pour me féliciter et pour commenter la soirée, très réussie de l'avis général. Franck Saurat, le producteur, avait une nouvelle fois fait un merveilleux travail. Je me couchai tôt et, fait rare, je m'endormis rapidement.

Le lendemain comme tous les lundis, Michael, mon collaborateur, vint travailler avec moi à La Jonchère. Michael a aujourd'hui quarante ans. Quand je l'ai rencontré pour la première fois, il en avait dix-sept et il patientait devant mes bureaux rue du Bois-de-Boulogne, espérant avoir une chance de me croiser et d'obtenir une dédicace. Par hasard, je l'aperçus par la fenêtre et lui demandai : « Qu'est-ce que tu fais là ?

– Je vous attends.

– Depuis longtemps ?

– Quatre heures. Hervé n'a pas voulu me laisser entrer. »

Hervé était mon secrétaire. Avec le temps, j'étais devenue son domaine réservé. Il opposait un barrage infranchissable aux fans qui, chaque jour, faisaient le siège au pied de l'immeuble. La chance de Michael fut que je remarque sa présence et que, émue, je descende pour bavarder quelques minutes avec lui.

Encouragé par ce premier résultat, Michael revint, et Hervé, à contrecœur, fut bien obligé de le tolérer. Je m'aperçus, au fil de nos échanges, qu'il avait une connaissance stupéfiante de ma carrière. Mais surtout, j'appréciai ses grandes qualités humaines, son enthousiasme, sa franchise. C'était quelqu'un sur qui on pouvait compter quoi qu'il arrive. Aussi, lorsque je dus me séparer d'Hervé, à la suite de circonstances que j'évoquerai plus tard, c'est tout naturellement que je lui proposai de prendre la place laissée vacante. Je m'en félicite chaque jour.

Ce lundi, donc, je travaillais avec Michael dans mon bureau, essayant de caser de nouveaux rendez-vous dans l'emploi du temps des jours prochains, déjà surchargé. Soudain, je m'interrompis. « C'est bizarre, dis-je. J'ai l'impression qu'on m'a rouée de coups.

– Vous n'auriez pas attrapé la grippe, au moins ? s'inquiéta Michael.

– Non. Un peu de fatigue. Ça va passer. »

En effet, je me remis au travail, et le soir je constatai avec soulagement que je me sentais de nouveau en forme et pleine d'allant. Mais le mardi, nouvelle alerte. C'était le jour où Marie-Annick devait partir dans le Loiret pour marier son fils. « Vous savez, Marie-Annick, je suis fatiguée, lui avouai-je.

– Madame, vous n'avez qu'à vous reposer.

– Mais je suis très très fatiguée. »

Marie-Annick haussa les épaules. Non pas que ma fatigue lui soit indifférente, mais elle savait que, aussi fatiguée que je sois, je refuserais toujours d'aller m'étendre ou tout simplement de me poser un instant dans un fauteuil pour récupérer. « Vous vous sentiriez déshonorée ! » me reprochait-elle. Son haussement d'épaules était un geste d'impuissance. Il signifiait : « Je ne sais plus quoi faire. »

Mais ce jour-là, Marie-Annick, elle me l'a dit plus tard, croyait aussi que je lui jouais un tant soit peu la comédie pour qu'elle renonce à son voyage. Elle savait que je n'aime pas la voir s'absenter. C'est vrai, sa présence me rassure. Elle et Jacques, son mari, font partie de mon quotidien. Lorsque je ne sors pas, le soir, nous dînons le plus souvent ensemble, nous bavardons, nous regardons la télévision. C'est ma seule famille.

Cependant, je n'ignorais pas qu'elle se faisait une joie d'assister au mariage de son fils et pour rien au monde je ne l'en aurais empêchée. Elle s'en alla donc en fin d'après-midi, passant le relais à Jacinthe.

Le soir, je montai me coucher, entraînant dans mon sillage Oscar et Pirate.

Pirate qui, selon toute probabilité, me sauva la vie le lendemain matin…

*

Pirate est un chien placide. Il ne faut pas le bousculer, il a ses habitudes. Du moment qu'on va à son rythme, il n'est pas contrariant. Le soir, lorsque nous sommes dans la chambre, si je lui dis de se tenir tranquille en regardant la télévision, il saute sur le lit et fixe consciencieusement l'appareil. Par contre, il ne faut pas qu'un animal passe sur l'écran : poule, chat, vache, cheval, n'importe. Il saute du lit et attaque l'écran en lançant des aboiements furieux.

D'où j'en conclus que les chiens, contrairement à ce qu'on prétend parfois, s'intéressent aux images et sont capables de les analyser, bien que leurs capacités visuelles soient différentes des nôtres.

Mais je ne peux pas parler des chiens à la va-vite. Il faut que je m'attarde un peu. Ils ont joué un si grand rôle dans ma vie ! Et puisque j'ai abordé la question très sérieuse et très controversée du rapport des chiens avec la télévision, je citerai l'exemple de Dixie, une petite chienne dont je garde un tendre souvenir.

Nous l'avions adoptée en 1976 pendant ma revue *Paris-Line* au Casino de Paris. Voici comment.

Loulou et moi étions très amis avec un homme merveilleux, Michel Klein, célèbre vétérinaire, grand résistant, longtemps vice-président de la SPA, animateur de nombreuses émissions télévisées consacrées aux animaux. Michel m'avait demandé de venir signer des photos à l'occasion d'un week-end d'adoption au refuge de Gennevilliers. Alors que nous déambulions dans les allées, notre attention fut attirée par un jeune garçon arrêté devant une cage, à l'intérieur de laquelle se trouvait un fox-terrier beige.

« C'est son dernier jour, nous dit-il tristement.

– Comment tu le sais ?

– Ici, on garde les chiens seulement quatre jours. S'ils ne sont pas adoptés, on les tue. »

Dans la voiture, tandis que nous rentrions à La Jonchère, j'entrepris de faire le siège de Loulou. Et si nous sauvions la vie de cette pauvre bête ? Il refusa tout net. Nous avions déjà plusieurs chiens et nous nous étions juré d'en rester là. J'insistai, je crois même que je versai quelques larmes, bref, j'argumentai tant et si bien que Loulou, à bout d'arguments, fit demi-tour.

Revenus au refuge, nous avons trouvé la cage vide. Je me dis, un peu déçue mais très heureuse : « Tant mieux, elle a été adoptée ! » Mais le gamin, qui traînait encore dans les parages, doucha mon enthousiasme. « Non, personne n'en a voulu, dit-il, lugubre. Ils vont la tuer. »

J'étais aux cent coups. Sans perdre une minute, Loulou fit prévenir Michel Klein, qui récupéra la chienne dans le quartier des condamnés à mort et me la mit dans les bras.

Il y avait dans *Paris-Line* un numéro qui s'appelait *Dixie Lady*. Nous avons baptisé la chienne Dixie. Mon Dieu qu'elle était intelligente ! Je l'emmenais tous les soirs avec moi au Casino de Paris, elle connaissait les chansons, les costumes, il y en a un qu'elle détestait, celui de *Time Is Money*, où j'étais habillée en homme. À peine avais-je commencé à enfiler le costume qu'elle se mettait à aboyer.

Elle avait repéré la musique du final, dès les premières notes elle allait chercher sa laisse.

La télévision restait allumée dans ma loge pendant tout le spectacle. Un soir, à l'entracte, plus de Dixie. On l'appelle. Dixie ! Je gronde Jacqueline, mon habilleuse.

« Tu as laissé la porte ouverte !

– Mais non, je t'assure. »

On fouille le bâtiment de fond en comble, tout le monde s'y met. Pas de Dixie. Désespérée, je retourne me préparer dans ma loge pour le deuxième acte. Par hasard, en me penchant pour enfiler une chaussure, j'aperçois la petite truffe de Dixie, aplatie sous un fauteuil. Elle s'était faufilée là et ne parvenait pas à s'extraire de son refuge. Je la libérai, la pris dans mes bras et, folle de joie, la couvris de baisers. C'est alors que je me rendis compte que la télévision de ma loge diffusait une émission sur la SPA. On montrait les cages, les couloirs, ces lieux où Dixie avait failli perdre la vie. Les chiens, disent les scientifiques, ne distinguent que le bleu et le jaune. C'était suffisant pour que Dixie reconnaisse l'endroit où elle ne voulait surtout pas revenir. Prise de panique, elle s'était planquée.

*

Moi dont la vie n'a été qu'une longue suite d'imprévus, j'ai appris la routine à l'hôpital. De l'injection d'anticoagulant matinale jusqu'à l'ultime visite de l'infirmière de nuit, on se raccroche aux mêmes événements minuscules qui rompent, si peu que ce soit, la monotonie des jours.

Heureusement, il y a Muriel qui déboule dans ma chambre aux aurores, apportant avec elle l'air frais du dehors. Elle me fait rire, j'admire le regard acéré qu'elle porte sur notre monde et ses travers. Toujours lucide, parfois féroce, elle échappe pourtant au dénigrement systématique et à la malveillance qui sont le fonds de commerce un peu rance des amuseurs actuels.

Sa présence me nourrit.

Comme me nourrit, m'enchante et me rassure la visite quotidienne de Claude Chirac. C'est elle qui, dès le début de mon hospitalisation, a pris en charge l'essentiel des rapports avec le personnel médical. Si un problème se pose, elle en discute avec ce mélange de douceur et d'autorité qui la caractérise et s'obstine aussi longtemps qu'elle n'obtient pas la réponse appropriée.

Grâce à elle, je ne reste jamais bien longtemps dans l'incertitude, égarée par des nouvelles fragmentaires ou contradictoires concernant mon état.

Claude, comme moi, éprouve un grand respect pour les médecins. Mais elle parvient bien mieux que moi à démêler, derrière leur langage codé, ce qu'ils savent et ce qu'ils ignorent, ce qui est certain et ce qu'ils supposent. Il est vrai qu'elle bénéficie d'une certaine pratique du monde médical par l'intermédiaire de son mari, Frédéric Salat-Baroux, fils d'un grand médecin, le professeur Jacques Salat-Baroux, gynécologue et pionnier français de la procréation médicalement assistée.

Muriel, Claude sont les repères intangibles de mes journées, mais il y a aussi les coups de téléphone quotidiens de mon amie Virginie, les visites et les appels si réconfortants de Brigitte Macron, les mille prévenances de Nicole Sonneville. Je n'éprouve à aucun moment le sentiment d'être isolée, encore moins d'être abandonnée.

Aujourd'hui, Jacinthe est venue à l'hôpital accompagnée par Luis, son mari. C'est son tour de me tenir compagnie en fin d'après-midi et durant la nuit. Pour me faire plaisir, ils ont amené Pirate avec eux. N'Dey a poussé ma chaise roulante dans le couloir jusqu'à la fenêtre qui donne sur le parking. J'ai eu la joie de l'entrevoir un instant. Mais Jacinthe avait beau l'inciter à lever la tête dans ma direction, il restait le nez obstinément baissé. Pirate est un chien casanier. L'aventure n'est pas son truc. Quand Luis a donné le signal du départ, il s'est empressé de le suivre, impatient de retrouver sa petite vie pépère à La Jonchère.

*

Autant je redoute les perles et les petites boîtes de l'ergothérapeute, autant j'adore les exercices de mémoire de l'orthophoniste. Certains m'amusent même beaucoup. Il y en a de très simples, par exemple à partir d'un thème, citer le plus grand nombre de mots qui s'y rattachent. Mais d'autres sont beaucoup plus complexes et demandent une grande attention. Ainsi celui qui consiste à répondre non pas à la dernière question posée, mais à la précédente. Exemple, l'orthophoniste demande successivement quelle est la capitale des États-Unis, puis comment s'appelle la femelle du cheval. À cette dernière question il faudra répondre *Washington*, et à la question suivante, mettons quelles sont les couleurs du drapeau français, on répondra *Jument*. Essayez un dimanche en famille, les premières questions paraissent faciles, puis le rythme s'accélère et on a vite fait de tout mélanger.

Je ne suis pas trop mauvaise à ces jeux. Toute ma vie j'ai exercé ma mémoire par nécessité professionnelle, l'outil reste encore performant. Je comprenais la nécessité de le faire travailler afin qu'il conserve toute sa précision et sa souplesse malgré mon inaction forcée.

De soins en visites, de séances de rééducation en périodes de repos – car un AVC, même bénin, engendre une grande fatigue –, les jours filent sans qu'on les voie passer. Des jours pour rien, sans nécessité, sans relief. Des jours dont le seul intérêt est qu'ils me rapprochent du moment où je pourrai de nouveau marcher sur mes deux jambes et reprendre mes activités.

J'avais insisté pour qu'on m'apporte de La Jonchère certains dossiers que j'avais négligés ces derniers mois par manque de temps. Chaque matin, je demandais à Marie-Annick ou Jacinthe de les disposer sur ma table, avec un bloc de papier et un crayon. Quand j'ai quitté l'hôpital, trois mois plus tard, on a remballé les dossiers. Je n'en avais pas ouvert un seul.

Non, toute l'énergie dont je disposais, je la consacrais à mettre en place mon fonds de dotation et à préparer la première cérémonie de remise de prix. Toutes les semaines, Jeremy venait passer plusieurs heures à l'hôpital pour me seconder dans cette tâche. Il y avait beaucoup à faire, notamment désigner le chercheur qui serait le premier lauréat du prix Line Renaud-Loulou Gasté. Le conseil scientifique de la Fondation pour la recherche médicale avait effectué un pré-choix et je tenais, dans la mesure de mes compétences, à prendre connaissance des projets retenus avant la décision finale.

Le professeur Guillaume Canaud, dont je vous ai déjà parlé, fut distingué pour ses travaux sur le syndrome de Cloves. Je l'appelai, il fut très surpris de m'entendre mais l'aurait été encore davantage s'il avait su que j'étais immobilisée sur un lit d'hôpital depuis des mois.

Mais je m'aperçois que j'ai cité Jeremy sans le présenter. Comme Michael, j'ai rencontré Jeremy pour la première fois lorsqu'il avait dix-sept ans. Quasiment né avec Internet, il avait créé un blog qui m'était consacré. C'est lui qui m'a fait découvrir les réseaux sociaux et leur importance, un domaine qui m'avait complètement échappé jusqu'alors. Je me suis bien rattrapée depuis.

Quand je l'ai connu, il préparait son bac et, lorsqu'il l'a obtenu, j'étais aussi fière que si je l'avais moi-même réussi, moi qui avais loupé mon brevet élémentaire soixante-cinq ans plus tôt.

C'est un garçon fin, cultivé, un passionné de théâtre. Nous venons de fêter ses trente et un ans à La Jonchère. Il m'apporte le regard des gens de son âge. Rien n'est plus important pour moi que de garder le contact avec des générations différentes. « C'était mieux avant » n'est pas mon style. J'ai l'immense chance d'avoir beaucoup d'amis artistes jeunes, parfois très jeunes. Je les regarde vivre et travailler, j'admire leur liberté, leur indépendance, j'apprécie leur différence. Leurs valeurs ne sont pas forcément les miennes mais, loin de me perturber, ce décalage m'enchante. Je reste persuadée que les générations futures sauront inventer une nouvelle manière de vivre, plus juste, plus généreuse, plus respectueuse de l'environnement.

Si je réussis ma traversée du siècle et atteins mes cent ans, peut-être ai-je une chance d'en être témoin !

7

Les bateliers de la Volga

Ce vendredi soir, une pub pour McDo vint s'intercaler entre deux émissions sur les crimes, que nous regardions dans ma chambre d'hôpital avec Marie-Annick.

On voyait une joyeuse bande de jeunes gens dévorer à belles dents des sandwichs moelleux débordants de viande et de salade accompagnés de frites bien dorées.

« J'ai jamais mangé de McDo, soupirai-je. Ça m'a l'air drôlement bon… »

Marie-Annick sourit. Elle semblait avoir une certaine expérience dans ce domaine.

« Dimanche, je vous en apporte.

– Avec une petite bière ?

– Sans alcool. »

Le dimanche, Claude ne déjeune pas avec moi. Elle passe la journée avec ses parents rue de Tournon. Penser à Jacques et à Bernadette me cause une peine infinie. La longue nuit dans laquelle s'est enfoncé Jacques, la dépression qui mine Bernadette depuis la mort de Laurence en 2016 ont fait de leur fin de vie une épreuve.

L'une des dernières images fortes que je garde du couple date de mai 2012, au moment du deuxième tour de l'élection présidentielle, qui vit s'affronter François Hollande et Nicolas Sarkozy. Ils avaient déjeuné chez moi, à La Jonchère ; dans l'après-midi je m'étais éclipsée un instant pour aller voter. Quand je suis rentrée, ils s'étaient assoupis tous deux sur le canapé, la tête de Bernadette reposant sur l'épaule de l'homme qu'elle avait épousé cinquante-six ans plus tôt.

Image poignante. Jacques qui avait occupé les plus hautes fonctions de l'État, Bernadette qui l'avait accompagné, non sans orages, servant son ambition du mieux qu'elle avait pu. Tous deux côte à côte, ensemble envers et contre tout. Vivants, mais dépossédés de ce qui avait été le moteur de leur existence : le pouvoir.

Je les aimais profondément. Notre amitié ne s'était jamais démentie depuis ce jour où pour la première fois j'avais rencontré Jacques Chirac, au Palais des Congrès, le 23 février 1975.

*

Vous l'aurez remarqué comme moi, les événements les plus marquants d'une vie, ceux dont on s'aperçoit plus tard qu'ils ont changé le cours de votre existence, sont souvent le fruit du hasard. Une rencontre inopinée, telle rue qu'on prend plutôt que telle autre, une gaffe monumentale, et voilà le cours du destin bouleversé. Jamais je n'aurais dû me retrouver au beau milieu d'un conseil national de l'UDR ce dimanche après-midi d'hiver.

L'Union des démocrates pour la République, il n'est pas inutile de le rappeler, était dans les années 1970 le nom du parti gaulliste. Le mouvement avait pris la suite de l'UNR et cédera lui-même la place au RPR. Jacques Chirac, alors Premier ministre de Valéry Giscard d'Estaing, en était le président.

Gaulliste, je l'étais depuis toujours, mais nullement encartée. Mes longs séjours aux États-Unis m'avaient tenue à distance des avatars de la vie politique nationale. Rentrée en France, je venais de sillonner le pays avec le *Line Renaud Las Vegas Show*, chantant devant des foules considérables qui comportaient à coup sûr autant d'électeurs de gauche que de droite. Respecter les opinions de chacun me dissuadait d'un engagement bruyant.

La tournée venait justement de s'achever à Bruxelles par un concert de gala donné dans l'immense salle du Forest National récemment ouverte. Tout de suite après la représentation, nous avions pris la route pour Paris, pressés de retrouver La Jonchère après ces deux années de tournée trépidante. Loulou conduisait notre DS blanche, je somnolais, bercée par le ronron de la radio. À minuit, alors que nous approchions de la capitale, il fut annoncé au bulletin d'information qu'un conseil national de l'UDR, sorte de parlement du parti gaulliste, se tenait pendant le week-end au Palais des Congrès en présence du Premier ministre, Jacques Chirac. Et soudain je crus reconnaître mon nom. Je me tournai vers Loulou. « Tu as entendu ?

Oui, on a parlé de toi.

– Qu'est-ce qu'ils disaient ? J'ai pas entendu.

– Que tu allais être nommée conseillère nationale de l'UDR.

– Qu'est-ce que c'est que cette histoire ? »

Loulou haussa les épaules. Il était fatigué, moi aussi, nous n'avions qu'une idée, rentrer chez nous et nous mettre au lit. Ce que nous avons fait.

Le lendemain matin, nous étions encore couchés, le téléphone sonna. C'était notre ami Sam Cohen qui nous appelait, comme chaque dimanche. Sam était avec Charles Gombault l'un des deux rédacteurs en chef de *France-Soir*. Pierre Lazareff, l'emblématique directeur du quotidien, avait choisi pour l'épauler deux personnalités aussi dissemblables que possible. Autant Sam était chaleureux, authentiquement populaire et de droite, autant Charles Gombault était hautain, précieux et de gauche. Ils se haïssaient. Gombault était chargé de la politique et de l'international, Sam Cohen des informations générales. De leur différence naissait la personnalité du journal, qui s'adressait aussi bien aux gens simples, amateurs de faits divers et de nouvelles brèves, qu'à un public en quête d'une information plus fouillée. Leur rivalité était tout bénéfice pour Lazareff. C'était à qui serait le meilleur, pour le plus grand bien du titre.

Sam Cohen avait dans son escarcelle les pages spectacles et culture. Fin lettré, fils d'un grand journaliste, Charles Gombault n'était que mépris pour Sam, qu'il considérait, à tort, comme un parfait ignare. C'est probablement lui qui avait perfidement régalé Paris d'un bon mot dont je faisais les frais : « Sam Cohen connaît seulement deux personnalités dans le monde du spectacle : Line Renaud et Line Renaud. »

J'aurai l'occasion de reparler de Pierre Lazareff, certainement l'un des hommes les plus prodigieusement doués que j'ai rencontrés dans ma vie.

Je reviens à ce dimanche matin à La Jonchère. Tranquillement couchés, nous bavardions avec Sam – je dis *nous*, parce que j'arrachais sans arrêt le téléphone des mains de Loulou pour mettre mon grain de sel dans la conversation, ce qu'Éliane, la femme de Sam, ne se privait pas de faire de son côté. Il s'agissait en fait d'une conférence à quatre, qui pouvait se prolonger parfois pendant plus d'une heure. Les dimanches sont faits pour ça.

Mais cette fois, la conversation fut brusquement interrompue par les cris de Didier, le fils d'Éliane et de Sam : « On parle de Line à la radio ! »

Loulou et moi avons échangé un regard. La nouvelle entendue en voiture la veille nous revint à l'esprit. Un court instant de pause, Sam avait lâché l'appareil, on percevait un vague brouhaha dans le fond. Puis Sam reprit le téléphone.

« Ils annoncent que Line vient d'être élue à l'unanimité au conseil national de l'UDR. »

Cette fois le doute n'était plus possible. Par je ne sais quel prodige, j'avais accédé à un poste auquel je n'étais pas candidate.

« Laisse tomber », me conseilla Loulou, persuadé qu'il s'agissait d'une gaffe de journaliste mal informé. Je n'étais pas de cet avis. « Non, non, c'est grave. Il faut savoir ce qui se passe. Téléphone au Palais des Congrès. »

Loulou appela aussitôt. On lui passa Jean de Préaumont, député de Paris, notable de l'UDR.

« Mais enfin, que fait Line ? s'inquiéta Préaumont, visiblement sous pression. On l'attend, ici ! »

Loulou me fit des signes affolés. Je lui répondis par des mimiques embarrassées. Étions-nous tombés dans un piège ? Avions-nous été victimes d'un plaisantin ? Protester, dire qu'il y avait erreur, c'était s'exposer au ridicule. Il fallait gagner du temps, faire les vérifications nécessaires.

« Malheureusement, Line n'est pas là, improvisa Loulou, tout miel.

– Comment ! Où est-elle ? glapit Préaumont.
– À Bruxelles, soufflai-je à Loulou.
– À Bruxelles ! » répéta Loulou.
Silence. On devinait un Préaumont anéanti.
« Bruxelles ? Mais c'est pas possible !… »
À ce moment, Jacques Chirac lui-même prit le téléphone. Il insista, expliqua à quel point ma présence était indispensable. Les radios, les télés ne parlaient que de mon élection surprise. Une meute de journalistes m'attendait.
« Donnez-moi son téléphone à Bruxelles, je vais l'appeler », trancha Chirac avec autorité.
Je vis mon pauvre Loulou vaciller. Ni lui ni moi ne connaissions personnellement Chirac à l'époque. Mais il était Premier ministre, impossible de l'envoyer balader. Loulou s'en tira tant bien que mal en expliquant que j'allais de studio en studio, que j'étais très difficile à joindre, mais qu'il allait faire le maximum pour me prévenir.
« Elle sera là, je vous le promets ! » Et comme pour prouver sa bonne volonté, il ajouta : « Elle prendra l'*Étoile du Nord* ! »
Je pouffai de rire. Quel trait de génie, l'*Étoile du Nord* ! Excellent menteur, Loulou avait l'art de trouver le détail qui authentifiait les pires bobards.
Comme prévu, le nom de ce train de légende qui reliait alors Paris à Amsterdam en passant par Bruxelles fit son effet. Chirac raccrocha, convaincu qu'il avait sauvé la situation.
Il était bientôt une heure de l'après-midi, nous étions à peine levés, nous mourions de faim, il fallait que je me douche, que je m'habille, me coiffe, me maquille. Jamais je ne serais prête.

J'analysai froidement la situation : j'avais tout intérêt à arriver le plus tard possible. Une partie des journalistes auraient déjà quitté le Palais des Congrès pour rédiger tranquillement leur article, et je pourrais mettre à profit ce laps de temps pour essayer de comprendre ce qui se passait. Bénéfice annexe, cela nous dispenserait de subir la longue litanie des interventions pour nous concentrer sur le discours final, celui du secrétaire général, Jacques Chirac.

C'est donc seulement vers dix-sept heures que nous sommes arrivés au Palais des Congrès. Jean de Préaumont nous attendait en haut des marches. C'était un petit homme qui avait tendance à se tenir sur la pointe des pieds pour se rehausser. Sans doute dans le même but, il entretenait une abondante chevelure coiffée en toupet, ce qui lui faisait une banane façon Elvis. Il y gagnait, c'est vrai, quelques centimètres, mais on ne peut pas dire que cette fantaisie capillaire accentuait son prestige.

Préaumont me fit pénétrer dans la salle archicomble par le haut. À peine avais-je eu le temps de m'accoutumer à la semi-obscurité que le président de séance – peut-être Chirac lui-même, je ne me souviens plus ou je ne l'ai pas noté tant ma confusion était grande – annonça : « Et voici Mme Line Renaud, nouvelle conseillère nationale de notre mouvement, qui arrive de Bruxelles ! » Aussitôt les quatre mille personnes présentes dans la salle se dressèrent et m'applaudirent à tout rompre, tandis que je descendais les marches. J'étais à la fois émue et suffisamment lucide pour réaliser toute l'absurdité de la situation. En quoi, moi, artiste de music-hall, méritais-je un tel accueil ? Quel haut fait, quelle manifestation d'héroïsme, quel dévouement exceptionnel justifiait ces acclamations ? D'autant que j'étais ici sur la foi d'un malentendu. Mais puisqu'on m'avait attribué un rôle, autant l'interpréter au mieux de mes capacités.

On me conduisit au premier rang, où m'avait été réservé un siège d'honneur. Quant à Loulou, il dut se contenter d'une marche. Mais il se fichait de l'inconfort passager, la situation le ravissait, y compris le quiproquo qui nous avait précipités dans cette aventure.

Vint le discours de Jacques Chirac. C'était un excellent orateur. Son charisme, son ton vibrant, sa sincérité, sa détermination produisirent une forte impression sur moi. J'en sortis conquise. Entrée à l'UDR par hasard, j'y suis restée par conviction et par admiration pour Jacques Chirac.

Après son discours, alors que les délégués quittaient la salle, Jacques vint vers moi et me serra – je devrais dire me broya – la main, qu'il garda dans la sienne. « Tu viens, on va boire une bière ? » me lança-t-il, décontracté. J'étais soufflée. Le tutoiement paraissait si évident que je l'adoptai aussitôt pour m'adresser à lui. M'avait-il seulement laissé le temps de réfléchir ? Cet homme était un tourbillon. Me remorquant, il entreprit de gravir les marches deux par deux et je sus alors ce que l'expression *pas de géant* voulait dire. J'avais l'impression de voler à vingt centimètres du sol, propulsée par cette grande carcasse qui, tout en montant, ne cessait au passage de serrer des mains, d'adresser des mots amicaux à chacun, saluant les uns et les autres par leur petit nom, demandant des nouvelles d'enfants qu'il semblait connaître depuis le berceau, ou de vieux parents dont la santé le préoccupait.

Ainsi commença mon amitié avec Jacques Chirac.

Restait à savoir à qui je devais d'avoir atterri dans cette assemblée et ce qui m'avait valu d'être promue conseillère nationale de l'UDR. Je ne tardai pas à découvrir le fin mot de l'histoire. C'était Jacques Baumel, le maire de Rueil-Malmaison où j'habitais, qui était l'instigateur de cette opération. Il connaissait ma fibre gaulliste, Jacques Chirac avait dû lui demander si j'accepterais de faire partie du conseil national du mouvement et il avait promis de me poser la question. Puis, sans entreprendre la moindre démarche, il s'était vanté d'avoir obtenu mon accord. Il ne prenait pas grand risque. Si je n'étais pas venue, il aurait dit : « Elle m'avait pourtant promis. Vous voyez, les artistes ? On ne peut pas leur faire confiance ! »

Baumel était ainsi. Non dénué de qualités, intelligent, courageux – sa participation, très jeune, à la Résistance, investi de hautes responsabilités, le rendait digne de tous les éloges –, mais manipulateur. Ce n'était pas mon genre. Après cet épisode déplaisant, j'évitai de lui adresser la parole pendant trois ans. Ce fut son purgatoire. Puis je lui pardonnai. Si le devoir de mémoire est indispensable, l'oubli ne l'est pas moins.

*

Dans les années qui suivirent, j'ai beaucoup chanté *La Marseillaise*. On m'envoyait dans des meetings, des grands, des moyens, des petits, les gens étaient contents de me voir. Je ne leur parlais pas politique, je serrais des mains, je discutais avec eux. À la fin, ils me disaient : « Allez, on va faire comme vous. On va voter pour lui. » Lui, c'était le plus souvent Jacques, parfois tel ou tel autre candidat de l'UDR.

Je me souviens du gigantesque meeting de la porte de Pantin, en février 1977, lors de l'élection municipale qui vit la victoire de Jacques Chirac à Paris. Tous les candidats étaient en rang d'oignons sur le podium. Jacques m'avait dit : « Vas-y, chante ! » Je me suis avancée et j'ai entonné l'hymne national. J'étais émue, ma voix tremblait un peu. Mais je chantai avec sincérité, en pensant à ma mère, assise dans les premiers rangs, pour qui l'amour de son pays était aussi naturel que l'amour des siens.

Quand je suis arrivée au bout du premier couplet, Jacques m'a fait un petit signe : *encore, encore !* Comme la majorité des Français, je connaissais un couplet et un seul, je n'allais tout de même pas le reprendre en boucle. C'est alors qu'à ma grande surprise j'enchaînai avec d'autres paroles, des mots que je ne me souvenais pas avoir jamais appris et qui surgissaient en bon ordre de je ne sais quel méandre de mon cerveau :

Amour sacré de la Patrie
Conduis, soutiens nos bras vengeurs !
Liberté, Liberté chérie !
Combats avec tes défenseurs...

Petit miracle républicain salué par un tonnerre d'applaudissements.

En 1981, lors d'un meeting encore plus grandiose au Parc des Princes, je chantai à nouveau *La Marseillaise*, un seul couplet cette fois, accompagnée par l'accordéon d'Aimable et reprise par quarante-cinq mille spectateurs.

Hélas, Jacques Chirac échoua dès le premier tour. Je me souviens de l'atmosphère morose au QG de l'avenue d'Iéna. Chirac seul conservait le sourire. M'apercevant entre deux conciliabules avec ses collaborateurs, il m'embrassa. « Eh oui, ma chérie, tu as perdu ! » plaisanta-t-il.

Sans doute avait-il anticipé l'échec et savait-il qu'un jour ou l'autre ses efforts paieraient. Il lui fallut patienter quatorze ans. Je n'oublierai jamais une réflexion de Bernadette Chirac, peu de temps après l'élection de Jacques en 1995. J'avais dîné pour la première fois à l'Élysée avec le tout nouveau couple présidentiel. Tandis que Jacques regagnait son cabinet de travail, Bernadette me raccompagna jusqu'à ma voiture garée dans la cour. À mi-parcours, elle se retourna, regarda la façade du palais et me dit, dans un soupir : « Enfin, nous y sommes ! » Sa remarque me surprit. J'y réfléchis sur le chemin du retour et en compris le sens. Elle exprimait le soulagement d'une épouse qui, depuis des années, vivait à côté d'un homme accaparé par une seule ambition : accéder à l'Élysée. À présent qu'il y était, elle allait enfin pouvoir souffler.

*

Loulou n'aura pas connu la victoire de son ami Jacques. Il est parti quatre mois plus tôt, le 8 janvier 1995, à un moment où la partie semblait perdue. Un obstacle de taille s'était dressé sur la route de Chirac : Édouard Balladur, son ami de trente ans, son plus proche conseiller, celui dont il sollicitait régulièrement l'avis.

En 1993, au cours de son second mandat, le président Mitterrand, à la suite d'une sévère défaite aux élections législatives, avait été contraint de désigner un Premier ministre issu de la nouvelle majorité. Le poste aurait dû échoir à Jacques Chirac, chef de cette majorité, mais celui-ci gardait un fort mauvais souvenir de la première cohabitation et n'avait aucune envie de renouveler l'expérience. Bien que Balladur l'ait toujours nié, les deux hommes avaient conclu un pacte : à Balladur Matignon, à Chirac l'Élysée deux ans plus tard. Encouragé par de bons sondages, Balladur s'était très vite senti pousser des ailes. Il plaisait aux journalistes, qui le donnaient gagnant au cas où il serait candidat à la présidence de la République. Parallèlement, la popularité de Chirac, durement contesté à l'intérieur même de son propre parti, accusait une baisse inquiétante. Si bien qu'à l'automne 1994, à six mois des élections, les sondages comptabilisaient 25 % d'intentions de vote pour Édouard Balladur et 15 % pour Chirac.

Le temps des trahisons était venu. Charles Pasqua conseillait « amicalement » à Jacques Chirac de se retirer, Nicolas Sarkozy, interrogé sur ses préférences entre Chirac et Balladur, répondait par un tour de passe-passe : « On ne choisit pas entre papa et maman ! » On ignore qui, dans son esprit, était papa et qui était maman, mais la suite prouva qu'il se prononça clairement pour l'un des deux : Édouard Balladur.

D'où mon émotion lorsqu'en pleine tempête politique je vis Jacques et Bernadette arriver à La Jonchère le soir du 31 décembre 1994. J'avais aperçu les phares d'une voiture qui entrait dans la propriété, je pensais qu'il s'agissait de l'infirmier qui venait pour la piqûre quotidienne de Loulou. Imaginez ce que je ressentis quand je les reconnus.

« Mon Dieu, mais qu'est-ce que vous faites là ?

– Nous venons embrasser Loulou », répondit Jacques.

Ils le savaient au plus mal et ils avaient tenu à nous témoigner leur amitié et leur soutien. Attaqué de toutes parts, lâché par ses plus fidèles soutiens, cet homme trouvait le temps et l'énergie de se déplacer pour montrer qu'il était à nos côtés dans l'épreuve. En y repensant, j'en suis encore émue aux larmes.

Nous sommes montés voir Loulou. Malgré son état d'extrême faiblesse, il reconnut Jacques et Bernadette et parut heureux de les voir.

Loulou refusait obstinément d'envisager la mort. J'aurais voulu qu'il me parle, qu'il me donne des conseils, qu'il me dise ce que je devais faire après. Je n'avais jamais vécu seule depuis l'âge de dix-huit ans. Il m'avait accompagnée, conseillée, guidée en tout. Qu'allais-je devenir ?

Jacques m'avait promis d'essayer de l'amener à se confier. Laissant les deux hommes en tête à tête, nous sommes redescendues au salon, Bernadette et moi. Peu après, Jacques nous rejoignit. Je le questionnai.

« Alors ? Il t'a dit quelque chose ?

– Non, rien, il ne parle pas de la mort. »

Alors que Jacques s'apprêtait à quitter la chambre, Loulou, très faible, avait levé ses deux pouces. C'était sa façon de lui dire : « Tu vas gagner ! »

Le lendemain de la mort de Loulou eut lieu sur France 2 l'émission au cours de laquelle Arlette Chabot posa à Jacques Chirac une question qui lui fut beaucoup reprochée :

« Quoi qu'il arrive, monsieur Chirac, vous irez jusqu'au bout pour cette campagne électorale, vous n'avez pas l'intention de renoncer, vous irez bien jusqu'au bout ? »

Stupéfait, Chirac mit quelques secondes à réagir.

« Vous êtes sérieuse, là, ou vous faites de l'humour ?

– Vous n'avez pas l'intention de renoncer ? insista Arlette Chabot. Vous serez candidat quoi qu'il arrive, c'est ça ?

– Écoutez, soyons sérieux, je vous en prie. »

Le 12 janvier, le politologue Jérôme Jaffré écrivit dans *Le Monde* : « Pour l'opinion, l'élection présidentielle est jouée. » Autrement dit : Édouard Balladur a d'ores et déjà gagné. « Circulez, y a rien à voir ! » comme le releva ironiquement Philippe Séguin.

Édouard Balladur annonça officiellement sa candidature le 19 janvier, depuis son bureau de l'hôtel Matignon. Sa prestation jeta un froid. Le cadre était mal choisi. Le ton, suffisant, monarchique, déplut.

Au fond de moi, j'étais persuadée que les Français ne lui pardonneraient pas sa trahison.

Quoi qu'il en soit, pour Jacques, ce fut le début de ce que les amateurs de football appellent une *remontada*. Début mars, la courbe des sondages s'inversait : Chirac 24 %, Balladur 20 %.

*

La mort de Loulou me plongea dans une sorte de stupeur. S'il n'y avait pas eu maman pour me soutenir, je ne sais pas quelle aurait été ma réaction. Vivre sans Loulou me semblait au-dessus de mes forces. Nous étions bien plus qu'un couple, nous étions aussi de grands amis, et l'amitié est souvent plus forte, plus résistante que l'amour. Tout à la fois amants, amis, associés, camarades de travail – ce travail qui était presque une religion pour nous, avec ses règles, ses rituels, ses interdits : avec qui pourrais-je espérer partager une telle connivence ?

Maman me disait : « Fais un effort. Loulou n'aimerait pas te voir comme ça. » J'essayais de réagir, sans grand succès.

Malgré cela, je suivais intensément le déroulement de la campagne électorale, admirant la pugnacité et la force de caractère de Jacques. N'importe qui aurait renoncé, pas lui. Il poursuivait imperturbablement sa route, insensible en apparence aux déceptions, aux lâchetés, aux désertions, aux infamies. Quelque part, l'homme devait horriblement souffrir, mais il n'en laissait rien paraître. La victoire serait sa revanche.

Le dimanche 7 mai 1995, je me trouvais à l'Hôtel de Ville, attendant les résultats dans l'appartement privé des Chirac, en compagnie de Bernadette et de quelques intimes, parmi lesquels mes amis Véronique et Gregory Peck. Nous guettions le verdict final avec une certaine anxiété. Les sondeurs comme les analystes politiques anticipaient une victoire assez nette de Jacques Chirac sur Lionel Jospin, mais ils s'étaient tellement trompés depuis le début de la campagne… Je savais que, dans les chaînes de télévision, les journalistes disposaient des sondages de sortie des urnes bien avant d'avoir l'autorisation de les annoncer. Aussi avais-je passé un coup de fil à mon copain Jean-Claude Narcy, présentateur de TF1. « Tu connaîtras les résultats avant nous. Si Jacques a gagné, peux-tu entrer dans le studio ton stylo dans la main ? »

Vers dix-neuf heures, TF1 lança la soirée électorale. La première heure est une mise en jambes. Les animateurs meublent en attendant les choses sérieuses. À dix-neuf heures quarante-cinq, Jean-Claude Narcy fit son entrée sur le plateau. Il tenait un stylo à la main. Je poussai un hurlement. Bernadette sursauta : « Qu'est-ce qui vous prend, Line ?

– Jacques est président de la République ! »

*

Ma relation avec Jacques, c'est l'histoire d'une immense amitié, une affaire de famille. La politique y a tenu peu de place. Nous n'en parlions jamais ou si peu. J'organisais pour lui des dîners, il aimait rencontrer des artistes, s'informer. Mais surtout rire, se détendre, parler librement.

On le sait à présent, c'était un homme d'une immense culture et un spécialiste reconnu dans le domaine des arts premiers. Il s'y intéressait depuis l'adolescence, faisant du musée Guimet son repaire. La création du musée qui porte son nom, quai Branly, ne doit rien au hasard, elle a simplement révélé la vraie nature d'un homme qui, inexplicablement, s'est ingénié toute sa vie à cultiver l'image d'un type tout simple, buveur de bière, amateur de bonne bouffe et de musique militaire. Assez drôlement, Françoise Giroud avait dit de lui : « C'est un type à lire du Saint-John Perse caché derrière une couverture de *Playboy*. »

Était-ce la pudeur qui l'amenait à se déguiser ainsi ? Était-ce la volonté de préserver, dans une vie essentiellement publique, un domaine dont il avait seul l'accès ? Je crois surtout qu'il détestait les coteries, les chapelles, tout ce petit monde qui s'empare trop souvent de l'art et de la culture pour en faire un instrument de pouvoir et d'exclusion.

Et puis il était de droite, chef d'un parti de droite, élu de droite, et cela seul suffisait à l'évincer de sphères majoritairement acquises à la gauche. Pourquoi aurait-il essayé de complaire à des gens qui le méprisaient cordialement ?

Avec Jacques, notre relation était d'ordre fraternel. Est-ce parce que Jacques avait eu une sœur aînée prénommée comme moi Jacqueline, morte à l'âge de dix-huit mois ? Un jour, lors d'une remise de Légion d'honneur à l'Élysée, les discours traînant en longueur, je me laissai aller à bavarder avec une amie. Jacques m'apostropha : « Quand ma petite sœur voudra bien se taire ! »

Nous étions complices. Nous aimions bavarder à qui mieux mieux, remuer des souvenirs, nous moquer des raseurs et des snobs, et, je dois le reconnaître, nous ne détestions ni l'un ni l'autre les plaisanteries un peu lestes. Bernadette, qui nous surveillait de loin, chuchotant puis soudain explosant de rire, savait parfaitement à quoi s'en tenir. Son regard réprobateur valait toutes les réprimandes.

Jacques détestait les mondanités. Les dîners qui s'éternisaient l'exaspéraient. Il comptait sur moi pour les abréger. Quand il en avait marre, il se penchait de mon côté : « Tu pars ! murmurait-il.

– Mais enfin c'est pas possible, Jacques.

– Si si, tu pars ! » Et si je résistais, il disait tout haut : « Tu es fatiguée, Line ? Line me dit qu'elle est fatiguée, il faut aller se coucher ! » et il se levait, entraînant tout le monde à faire de même.

Nous fêtions tous les anniversaires, les siens, les miens, ceux de Loulou, de Bernadette, de Claude. Cela se passait très souvent à La Jonchère, que Jacques adorait. C'est dans le jardin qu'en 2011 le photographe Hubert Fanthomme prit l'un des derniers clichés du couple Chirac, main dans la main, au milieu des roses.

On aurait dit que la notion d'anniversaire surprise avait été inventée à son intention, car il oubliait régulièrement le sien. Celui de Claude aussi, chose plus étrange, car il se situait exactement une semaine plus tard, 29 novembre pour Jacques, 6 décembre pour Claude.

Je me souviens de l'un de ces anniversaires, alors qu'il était maire de Paris. Il faut imaginer l'Hôtel de Ville vers vingt et une heures, l'immense bâtiment désert, Jacques travaillant seul dans son bureau, en blue-jean, babouches aux pieds, avec un vieux marcel porte-bonheur. Il a son fameux crayon bicolore à la main, rouge d'un côté, bleu de l'autre, et il corrige soigneusement un discours. Claude pénètre soudain dans le bureau : « Papa ! Il y a une fuite dans la bibliothèque, j'ai trouvé personne. Tu ne veux pas venir voir ? » Aussitôt Jacques lâche son discours, dévale le grand escalier de marbre, pousse la porte de la bibliothèque et tombe sur Bernadette, entourée de cent cinquante personnes en tenue de soirée qui l'acclament et lui souhaitent bon anniversaire. Parmi les invités, Dalida, Michel Sardou, Johnny, Sacha Distel, Francis Lemarque. C'était drôle, il a freiné brutalement comme un personnage de dessin animé, on aurait cru voir les petits nuages qui accompagnaient sa trajectoire.

Je me souviens aussi de cette fête pour le mariage de Claude, au château de Bity, en Corrèze – un endroit pas spécialement gai, à vrai dire.

Claude m'avait raconté que, lorsqu'elle était enfant, la seule chanson que lui chantait son père était *Les Bateliers de la Volga*, qu'il vociférait en version originale – car Jacques, entre autres talents dissimulés, parlait le russe –, ce qui fichait une trouille épouvantable à la petite fille qu'elle était. « C'était sa façon de me chanter une berceuse pour m'endormir », concluait Claude, peu rancunière.

Je m'étais juré ce soir-là que je parviendrais à faire chanter Jacques. Mais il me précéda, lançant à l'improviste : « Et maintenant Line va nous chanter la *Cabane au Canada* ! » Je contre-attaquai aussitôt : « Je veux bien, si tu nous chantes *Les Bateliers de la Volga* en russe. » Il fit monter les enchères : « D'accord, mais tu nous chantes la *Cabane* en occitan. »

Le défi était lancé, je le relevai. Un vieux maire des environs me traduisit obligeamment les paroles, je les écrivis phonétiquement et, une heure plus tard, je me plantai devant Jacques. « Tu veux toujours la *Cabane* en occitan ? » Il réalisa tout de suite qu'il était tombé dans un piège et tenta maladroitement d'y échapper. « C'était pour rire ! »

Mais j'étais lancée. Je demandai le silence, on me tendit un micro, et moi qui avais chanté la *Cabane au Canada* en anglais, en espagnol, en allemand, en italien et même en japonais, je l'interprétai cette fois en langue d'oc – version qui fort heureusement ne fut pas enregistrée. Après quoi l'assistance réclama à grands cris *Les Bateliers de la Volga* et Jacques, homme de parole, s'exécuta.

Je serais incapable de dire si son accent russe était correct, mais je compris rétrospectivement la terreur de la petite Claude qui subissait ces beuglements avant de s'endormir. Les enfants font souvent preuve de beaucoup d'indulgence envers leurs parents…

*

À l'occasion des Jeux olympiques de 1984, Jacques Chirac se rendit à Los Angeles en tant que maire de

Paris. Ensemble nous avons visité le village français et rencontré nos sportifs. Jacques les encouragea avec l'enthousiasme et la sincérité qui le caractérisaient. Au moment de nous séparer, on entonna *La Marseillaise* et, pour une fois, ce n'est pas moi qui donnai le ton, mais tous les athlètes chantant à l'unisson.

J'avais pris l'initiative de réunir à son intention les correspondants de la presse française autour d'un déjeuner au St Germain, le restaurant de mon ami Paul. Je fus surprise par le mépris et l'agressivité des journalistes à son égard. Visiblement, ils étaient là pour profiter d'un bon repas dans le restaurant à la mode de Los Angeles. À leurs yeux, Chirac, battu en 1981, confiné dans son bastion de la mairie de Paris, n'existait plus ; ils considéraient de toute évidence que son avenir était derrière lui. Je m'efforçai de faire bonne figure, mais intérieurement je bouillais d'indignation. Chirac, lui, se montra détendu, calme, sympathique. Il répondit avec application aux questions des journalistes, ne releva pas ce qu'il pouvait y avoir de blessant dans leur comportement, eut une attention pour chacun. Sa force était dans la certitude qui l'habitait, dans sa foi inaltérable en son propre destin. Le reste n'était que péripétie.

Marie-Antoinette Isnard, fidèle parmi les fidèles de Jacques, était chargée au sein du RPR des relations avec les électeurs à l'étranger. Elle avait mis sur pied une rencontre avec les hommes d'affaires français travaillant aux États-Unis et les patrons américains travaillant en France. Cette fois les choses se passèrent beaucoup mieux, si l'on excepte une panne de micro. Loulou, passionné de technique et bricoleur dans l'âme, plongea sous la table et y remédia en moins de deux. Jacques, très à l'aise, parlant couramment anglais, séduisit son auditoire par son brio. Il avait *le truc américain*, le sens du timing, la façon de balancer une blague au bon moment. Ancien Premier ministre, maire d'une grande capitale, il possédait une connaissance des dossiers qui lui permettait d'apporter des réponses précises aux questions de son auditoire. Il fit un tabac.

Succès aussi pour sa rencontre avec les Français de Californie. La salle de cinq cents places se révéla trop petite et, devant l'affluence, on dut organiser successivement trois réunions au lieu d'une. Trois réunions, trois *Marseillaise* que j'interprétai avec conviction et qui furent reprises par les salles successives.

*

J'ai encore le fou rire quand je pense à la manière dont se déroula le dîner d'adieu que j'organisai pour Jacques avant son retour en France.

Lorsque je séjournais à Los Angeles, j'habitais le superbe appartement de mon amie Carole Curb. Et inversement, Carole, lorsqu'elle venait à Paris, s'installait à La Jonchère. Chez Carole, on pouvait dîner à vingt personnes autour d'une immense table ronde. Mettant à contribution mon carnet d'adresses, j'en profitai pour inviter toutes les personnalités dont je pensais que Jacques aurait intérêt à les connaître et qui seraient curieuses de le rencontrer.

Parmi elles, Kirk Kerkorian, que j'avais très bien connu à Vegas. Kirk était propriétaire ou actionnaire de plusieurs hôtels-casinos sur le Strip, dont le Bellagio et le MGM Grand Las Vegas – longtemps classé plus grand hôtel du monde. Génie de la finance, il vendait, rachetait, revendait ses participations au gré des opportunités, engrangeant au passage des bénéfices astronomiques. Il appliqua la même stratégie à Hollywood, où il acquit successivement la MGM, United Artists et la Columbia, peu sensible au contenu des films, mais très attentif à la valorisation boursière de ces compagnies au passé prestigieux.

Autre personnalité richissime et puissante devenue je ne sais plus trop comment un ami, Armand Hammer, alors âgé de quatre-vingt-six ans. Dans les années 1920, Hammer s'était rendu en URSS, pressentant qu'il y avait certainement moyen de faire de bonnes affaires avec la jeune République des soviets qui manquait de tout mais disposait d'importantes ressources naturelles. Comment ce garçon de vingt-quatre ans parvint à rencontrer Lénine en personne, mystère. Toujours est-il qu'il mit sur pied un vaste et très profitable système de troc avec les Soviétiques : du blé américain et des médicaments contre des fourrures, du bois, du caviar et des pierres précieuses. Ce fut l'origine de sa fortune. De là son surnom de Milliardaire Rouge.

Bien que Jacques le rencontrât pour la première fois, Armand Hammer était loin d'être un inconnu pour lui. Grand collectionneur et mécène, il avait, au travers de sa fondation, aidé au rayonnement du musée Jacquemart-André à Paris. Il se sentit immédiatement à l'aise en sa compagnie. Hommes d'action autant qu'hommes de culture, ils avaient de quoi s'entendre.

Le problème survint avec mes autres invités, personnalités, et non des moindres, du monde du cinéma. Je ne sais à quoi attribuer la timidité, on pourrait même dire la panique, qui s'empara de lui quand fut annoncée la première d'entre elles : Gregory Peck.

« Gregory qui ? » me demanda-t-il, affolé.

Je le regardai, éberluée. Se pouvait-il qu'il ignore qui était Gregory Peck ?

« Gregory Peck… *Moby Dick*… Sa femme s'appelle Véronique, elle est française…

– *Moby Dick... Véronique... Française...* », marmonna Jacques mécaniquement.

Véronique et Gregory arrivèrent sur le palier. Je les présentai.

« *Moby Dick !* Quel grand film ! » s'extasia Jacques en secouant vigoureusement la main de Gregory. Puis baisant celle de Véronique : « Véronique ! La plus belle Française des États-Unis ! »

Mais déjà s'annonçait Cary Grant. Même affolement de Jacques. Le nom de Cary Grant ne semblait susciter aucun écho dans sa tête. Je me sentis gagnée par sa fébrilité. Le titre de film qui me vint à l'esprit n'était pas le plus significatif de son talent. « *Charade !*

– D'accord, *Charade*… »

Et aussitôt, agitant la main de Cary comme une pompe à eau : « Charade *is my favorite movie !* (*Charade* est mon film favori.)

– Ah ? Pas le mien », répliqua Cary, qui parlait couramment français.

Troisième invitée – et amie : Angie Dickinson. Cette fois j'étais moi-même complètement paralysée. Incapable de me souvenir du moindre film d'Angie. Le noir total. En désespoir de cause, je soufflai à Jacques : « Angie Dickinson… *Sergent Anderson*… » C'était le nom d'une série télévisée en quatre-vingt-douze épisodes dans laquelle Angie tenait le rôle d'un officier de police de Los Angeles. Ce titre sembla inspirer Jacques. Il embrassa de bon cœur Angie Dickinson – il faut dire qu'elle était ravissante –, la gratifia d'un sonore :

« Sergent Anderson !... » et, pointant sur elle un revolver imaginaire : « *Poum-poum !* »

Mais le pire restait à venir.

Nous sommes passés à table. Loulou, on le sait, professait qu'une bonne maîtresse de maison – c'est ainsi qu'on disait en des temps pas si lointains – devait veiller à ce qu'il n'y ait jamais un blanc dans la conversation lorsqu'elle recevait des invités. J'avais acquis un certain savoir-faire dans ce domaine. Mais, tourmentée par la crainte d'avoir placé Jacques dans une situation impossible, je manquai à mes devoirs et laissai s'installer une certaine gêne. C'est alors que Jacques, conscient du malaise, décida de prendre le problème en main. Se tournant vers Cary Grant et voulant être aimable, il lui dit :

« J'ai vu tous vos westerns, Cary.

– Je n'ai jamais tourné un seul western de toute ma carrière », rétorqua Cary.

L'instant de stupeur passé, toute la table éclata de rire.

La glace était rompue. Chacun se mit à parler à son voisin, les propos s'entrecroisèrent, la maîtresse de maison n'eut pas à intervenir pour combler les blancs. Tout le monde passa une charmante soirée et chacun repartit en trouvant que Chirac était vraiment un chic type. *A nice guy !*

Ce soir-là, une grande amitié naquit entre Jacques et Gregory Peck. Érudits l'un et l'autre, ils pouvaient parler pendant des heures aussi bien de science que de poésie japonaise. Ils se sont revus régulièrement jusqu'à la mort de Gregory, en 2003, à l'âge de quatre-vingt-sept ans.

*

Je n'ai pas précisé que Claude accompagnait son père pendant ce voyage. Elle avait alors vingt et un ans, elle se cherchait encore. C'était la première fois que j'avais l'occasion de l'observer d'une façon un peu suivie. Elle m'intriguait. Réservée, souvent perdue dans ses pensées, mais réagissant avec finesse dès qu'on s'adressait à elle et prouvant par ses remarques qu'elle n'avait rien perdu de la conversation. Il y avait en elle une fragilité qui me touchait. Je souhaitais mieux la connaître. Aussi est-ce tout naturellement que, vers la fin de leur séjour, j'ai suggéré à Jacques de me la confier durant quelques semaines. Il n'y vit que des avantages. Lui-même avait adoré les États-Unis étant jeune. Il pensait que ce serait une belle aventure pour Claude. Et puis, comme il le disait : « Plutôt que de faire des conneries à Paris avec sa bande de copains, autant qu'elle soit avec toi ! »

J'étais un peu inquiète de la réaction de Claude. À mon grand soulagement, elle accepta sans la moindre hésitation. Ce furent quatre semaines de bonheur fou, pour elle comme pour moi.

Dire que je trouvai en elle la fille que je n'avais pas eue ferait un peu cliché, même si c'est ce que je ressentis. J'étais assez lucide pour comprendre que je savourais là le meilleur et n'aurais jamais à assumer le plus difficile. Une chose est d'élever un enfant, une autre de profiter, pour un temps limité, sans la moindre source de conflit, de la présence à ses côtés d'une toute jeune femme à la recherche d'elle-même, avide de conseils et d'expériences nouvelles.

Au cours du séjour, je demandai à Claude si ça l'intéresserait d'assister à la convention républicaine. J'avais la possibilité d'obtenir des entrées par le gouverneur du Nevada, Paul Laxalt, avec qui j'étais très liée. Paul était d'origine française par ses parents, des bergers basques émigrés aux États-Unis au début du XXe siècle. Aussitôt dit, aussitôt fait, nous sommes parties pour Dallas, au Texas, et nous avons assisté à la désignation de Ronald Reagan comme candidat pour un deuxième mandat.

Claude se montra extrêmement attentive au déroulement de ce grand show républicain. Elle observait tout, notait que les pupitres étaient transparents, presque invisibles, et que les orateurs utilisaient des prompteurs, ce qui était totalement inédit en France et permettait à Reagan de s'adresser à l'assistance sans paraître consulter ses notes. Pour ceux qui l'ignorent, un prompteur est un écran sur lequel défile le texte pour prévenir un éventuel trou de mémoire.

Claude entrevoyait certainement des idées qui pourraient être utiles à son père, à tel point que nous avons acheté des cassettes vidéo de la convention pour les rapporter en France.

C'était l'époque où la série *Dallas*, diffusée chez nous par TF1, obtenait un grand succès. Claude voulut visiter Southfork Ranch, où rôdaient les fantômes de J.R., de Sue Ellen et de Bobby Ewing. Elle adorait la disponibilité et la décontraction des Américains. Elle s'abandonnait totalement, profitait de chaque instant, montait à cheval, discutait pendant des heures avec de parfaits inconnus rencontrés au beau milieu du désert. Je ne la quittais pas des yeux. Jacques, père inquiet, m'avait recommandé : « Surtout, ne la laisse pas faire quelque chose de dangereux ! »

Avant de rejoindre Las Vegas, nous avons passé une semaine chez des amis à San Diego. Un soir, je surpris sans le vouloir Claude en train de pleurer sur le balcon de sa chambre, qui donnait sur l'admirable panorama de la baie. Je la pris dans mes bras, lui demandai quelle était la cause de ses larmes. Elle me répondit : « Je pleure parce que je pense que ma sœur ne profitera jamais d'un voyage pareil. »

Sa sœur aînée, Laurence, victime d'une méningite à l'âge de quinze ans, avait développé à la suite de cette maladie une anorexie mentale qui la suivit toute sa vie.

Le fait qu'elle s'abandonne sans honte à ses émotions et parvienne à les exprimer devant moi témoignait de sa confiance à mon égard. Peut-être est-ce le moment où s'installa entre nous cette relation qui perdure aujourd'hui et sans laquelle il me serait impossible de vivre.

Claude vient d'une famille où l'on se tient droit, où l'on ne dit jamais à quelqu'un qu'on l'aime, où l'on n'a pas de gestes de tendresse, en tout cas le moins possible, où l'on n'avoue jamais que ça ne va pas, où il est interdit d'avoir des états d'âme.

Je lui ai offert, à La Jonchère, un endroit où elle peut se poser, pleurer ou rire, raconter ses joies ou ses malheurs à quelqu'un qui l'écoute, la conseille ou bien ne dit rien du tout, si c'est ce qu'elle souhaite. De même, dès que j'ai besoin d'une oreille attentive, je me tourne vers Claude, assurée qu'elle sera toujours là pour moi. N'a-t-elle pas fait ses recommandations à Marie-Annick : « S'il arrive quoi que ce soit à Line, la première chose que vous faites, c'est m'appeler ! »

*

Oui, Jacques Chirac fut le meilleur, le plus fidèle des amis pour moi. Sa disparition me plonge dans des abîmes de tristesse. Sa loyauté, sa bonne humeur, son enthousiasme me manquent.

Jusqu'au bout, avec un courage et un dévouement admirables, Claude aura été à ses côtés. Elle lui parlait sans cesse, refusait de s'adresser à lui comme à un être diminué. Quand je venais lui rendre visite, elle le préparait. « Line va venir te voir, tu sais, Line… »

Et quand j'arrivais : « C'est Line. Tu la reconnais ? Line… » Et lui levait les yeux, son visage s'éclairait :

« Ah, ma Line ! Ma bichette… »

Comment ne pas pleurer ?

8

Elle serait capable de parler au Président

Je n'ai jamais rencontré le général de Gaulle. Je n'ai pas même imaginé que cette rencontre puisse avoir lieu. Sans doute que mon admiration pour lui était trop grande, sa stature trop imposante. Comment l'homme du 18 juin aurait-il pu s'intéresser à quelqu'un d'aussi insignifiant que moi ?

Il y a quelques années, je croisai l'amiral Philippe de Gaulle lors d'une émission de Michel Drucker. Il parut enchanté de me voir. « Line Renaud ! s'exclama-t-il. Savez-vous que mon père vous aimait beaucoup ? » Je le fixai avec des yeux ronds. « Oui, oui, reprit-il. Il appréciait vos chansons, ainsi que celles de M. Bourvil. Il lui arrivait de les fredonner en se rasant. » J'essayai d'imaginer le Général en maillot de corps, debout devant le lavabo, le visage couvert de mousse à raser, en train de chantonner *La Tactique du gendarme*. Ça ne collait pas vraiment. La suite encore moins. « Sa chanson favorite, c'était *Le Chien dans la vitrine*, poursuivit l'amiral. Il la chantait à mes enfants. » Je crus un instant qu'il se moquait de moi.

« Est-ce que le Général faisait les Ouah, Ouah ? hasardai-je.

– Non, corrigea Philippe de Gaulle. C'étaient ses petits-enfants qui faisaient Ouah, ouah. »

Une précision historique qui s'imposait.

*

Je n'ai pas été une très bonne élève à l'école. À mes parents qui s'inquiétaient pour mon avenir, Mémère, mon arrière-grand-mère, répliquait : « Ne vous en faites pas pour Jacqueline, elle s'en tirera toujours. Elle serait capable d'aller parler au président de la République… »

Au cours de ma vie, j'ai eu l'occasion d'approcher, il est vrai, maints présidents et têtes couronnées. « C'est écrit dans la Constitution. Les présidents de la République passent et vous, Line, vous êtes toujours là », plaisantera François Hollande en me remettant les insignes de grand officier de la Légion d'honneur, le 21 novembre 2013.

Le premier président dont je me souvienne était Vincent Auriol, qui fut élu dans l'immédiat après-guerre. J'avais rencontré son épouse – on ne disait pas encore *la première dame* – en juin 1952 à Lens, où elle présidait les fêtes du centenaire du charbon. Un podium avait été installé sur la pelouse du stade Bollaert, il y avait l'orchestre des Concerts Colonne, dont le chef s'appelait Gaston Poulet – nom qui suscitait notre hilarité, à Loulou et moi –, la grande danseuse Janine Charrat, et le duo de fantaisistes Verlor et Davril, totalement oubliés aujourd'hui. Je chantai *Étoile des neiges* et la *Cabane au Canada*, qui, pour ce public simple et chaleureux, étaient comme des hymnes repris en chœur bras dessus, bras dessous dans les tribunes.

Quant au Président lui-même, je fis sa connaissance un an plus tard, à l'Élysée, à l'occasion d'un autre centenaire, celui du *P'tit Quinquin*, composé en 1853 par le poète lillois Alexandre Desrousseaux. Un poupon en Celluloïd dans les bras, j'interprétai la célèbre berceuse en duo avec une chorale de mineurs, les Sans-Souci. J'ai sous les yeux une photographie en noir et blanc publiée à l'époque par *La Voix du Nord*. J'ai vingt-cinq ans, j'en parais à peine vingt, malgré mon chapeau et ma voilette censés faire sérieux, mais qui me rajeunissent encore.

Ma rencontre avec Vincent Auriol s'est en grande partie effacée de ma mémoire. Ce bon papa à l'accent rocailleux – homme de valeur, du reste – ne m'avait pas particulièrement impressionnée. Si bien que la prédiction de Mémère se révéla parfaitement exacte : tout président de la République qu'il était, je conversai avec lui le plus naturellement du monde.

*

René Coty succéda à Vincent Auriol en janvier 1954. À l'image de son prédécesseur, c'était un homme simple et débonnaire, un Français comme un autre et qui n'entendait pas déroger à ses habitudes sous prétexte qu'il avait emménagé dans les ors de la République. Lorsque François Hollande, bien des années plus tard, se rêvait en « président normal », il n'innovait pas, il renouait avec une tradition. Mais les temps avaient changé. De Gaulle était passé par là. La Ve République n'est pas la IVe et les citoyens attendent de leur président, désormais investi de pouvoirs importants, qu'il soit exceptionnel. D'où, à chaque fois, leur inéluctable déception. Quelques mois, quelques semaines après l'avoir élu, les Français critiquent à qui mieux mieux celui dont ils constatent qu'il n'est qu'un homme semblable à eux, avec ses hésitations, ses faiblesses et ses erreurs.

René Coty vint inaugurer la Kermesse aux étoiles en juin 1955. C'est à cette occasion que je lui fus présentée. Véritable institution de l'après-guerre, la Kermesse était une fête de charité organisée en juin dans les jardins des Tuileries par la maréchale Leclerc de Hautecloque, veuve du libérateur de Paris, au profit des anciens de la 2e DB. Des dizaines de milliers de visiteurs se pressaient autour des stands publicitaires – le savon Lux, les laines Sofil, l'huile Dulcine –, et toutes les plus grandes vedettes du cinéma, du théâtre et de la chanson se faisaient un devoir de venir signer des autographes et défiler sur le pont d'argent qui surplombait la fête. La télévision en était à ses débuts, le public n'était pas saturé de célébrités comme il l'est aujourd'hui. Il était ébahi de voir « en vrai » Gabin, Michèle Morgan, Fernandel, Luis Mariano, Gérard Philipe, Martine Carol, François Perrier, Danielle Darrieux… et Line Renaud. On s'était imaginé l'une plus grande, l'autre plus mince, le troisième plus âgé, on s'émerveillait de voir ces « grandes gentilles vedettes » – comme les appelle Charles Trenet dans l'une de ses chansons – accessibles, souriantes, « pas fières ». Les haut-parleurs nasillaient : « On annonce la présence de Françoise Arnoul au stand Lustucru ! » Hop ! aussitôt c'était la ruée.

La foule déambulait dans la poussière, les restaurants en plein air, les buvettes débordaient de monde, c'était une sorte de fête de l'Huma au cœur du Paris historique. Chouchoute de Pierre Lazareff et de Sam Cohen, j'avais ma place réservée au stand de *France-Soir*, « Le seul quotidien français vendant à plus d'un million », qui occupait une place centrale dans la fête. C'étaient les années de tous mes grands succès, j'étais jolie – je l'ignorais alors, mais je m'en rends compte aujourd'hui –, souriante, toujours disposée à faire un brin de causette, les gens patientaient sagement sous le grand soleil du mois de juin et repartaient en serrant comme un trésor ma photo dédicacée : *Pour Josette, amicalement*, *Pour Chantal et Raymond, avec tous mes vœux de bonheur*. Il m'arrive de regretter ce temps où nous étions rares et d'autant plus aimés.

Sur un reportage en noir et blanc des *Actualités françaises*, que Michael a déniché sur Internet, on me voit, dans le même cadre du jardin des Tuileries, serrer la main d'une dame au sourire timide en qui je reconnais Germaine Coty, la femme du président Coty. Me reviennent tout à coup en mémoire les commentaires désobligeants qui ont fusé lorsque sont apparues les premières photographies du couple présidentiel. Horreur ! La femme du Président était, disons, en surpoids. Signe de vulgarité pour l'élite. Elle faisait « peuple », on la traitait de bouchère, on la voyait à la caisse plutôt qu'à l'Élysée. Bref, elle présentait mal. Prévention sociale d'autant plus ridicule qu'elle était en réalité issue de la bonne bourgeoisie normande, fille d'armateur, élevée dans un pensionnat anglais, ce qui lui valait d'être parfaitement bilingue.

Comme son mari avait été élu un 23 décembre, les chansonniers la surnommèrent « la Bûche de Noël ». Très vite pourtant sa simplicité, sa gentillesse lui ouvrirent le cœur des Français, qui l'adoptèrent. Malgré cela, durant les quelques mois qu'elle passa à l'Élysée, elle continua à faire l'objet, dans les beaux quartiers, d'un mépris à peine déguisé. On prétendait qu'elle ne prenait jamais un repas sans une bouteille de bière Valstar en litre à proximité. Les chansonniers l'affublèrent d'un nouveau surnom : « Madame Sans Gaine ». On racontait qu'au cours d'un dîner d'État elle avait dit à un souverain qui déclinait au deuxième passage d'un plat : « Reprenez-en, Majesté, sinon ça va nous rester ! »

Germaine Coty mourut d'une crise cardiaque moins de deux ans après son entrée à l'Élysée. La malveillance à son égard ne s'arrêta pas au seuil de la tombe. Certains firent courir le bruit que son décès avait pour cause un régime amaigrissant qu'elle s'était imposé – hypothèse jamais vérifiée.

Trente mille Parisiens se pressèrent à ses obsèques, à la Madeleine. Le peuple, en sa grande sagesse, l'avait faite sienne et avait tenu à lui manifester son affection.

Aujourd'hui on condamne à juste titre la « grossophobie » – le néologisme n'est pas très heureux –, autrement dit les attitudes ou les propos qui stigmatisent et discriminent les personnes grosses, en surpoids ou obèses.

C'est la réhabilitation posthume de Germaine Coty. Il a fallu soixante ans pour faire ce petit pas.

*

Passons de Gaulle, parenthèse titanesque. Je n'ai presque pas connu Georges Pompidou, sinon par l'intermédiaire de Claude, sa femme. Je suis restée en relation amicale avec leur fils, Alain Pompidou, professeur de médecine et chercheur renommé.

Claude et Georges Pompidou ne pouvaient pas avoir d'enfants. Ils en étaient non seulement très malheureux, mais aussi honteux, chose difficile à concevoir aujourd'hui. Comme si leur stérilité révélait une faille, un manquement, peut-être même une faute. Adopté à l'âge de trois ans, Alain fut élevé comme leur fils – et sans doute encore plus chéri que s'il avait été leur enfant biologique. On raconte que Georges Pompidou le trimbalait en poussette jusque dans les musées et lui récitait

L'Odyssée d'Homère à l'âge de quatre ans. Mais ils omirent délibérément de lui révéler qu'il était un enfant adopté, bien que beaucoup de gens, à Paris, soient au courant.

Quelques années après le décès de son père, Alain prit un jour un taxi pour rentrer chez lui quai de Béthune. Comme ils arrivaient à destination, le chauffeur, tout en rendant la monnaie, observa : « C'est bien là qu'habitent Mme Pompidou avec son fils adoptif, n'est-ce pas ? » En dix secondes, trente-cinq ans de silence furent abolis.

Le plus étonnant est que par respect pour sa mère, pour ne pas la mettre dans l'embarras, Alain Pompidou ne lui avoua jamais qu'il savait.

Il en va ainsi des secrets de famille.

*

Giscard ? J'étais bien trop populaire pour lui, il était bien trop hautain pour moi. Loulou disait de lui : « C'est un fin de race. » Je ne suis pas trop certaine du sens de cette formule, mais je sais que, dans sa bouche, ça n'était pas un compliment.

Du reste, mon amitié pour Jacques Chirac créait un mur entre nous. Lorsque nous nous croisions, Giscard ironisait : « Comment va votre poulain ? »

Durant son septennat, je ne fus conviée qu'une seule fois à l'Élysée, à l'occasion d'un dîner en l'honneur du président du Cameroun, Ahmadou Ahidjo. Lorsque nous avions reçu l'invitation, Loulou et moi, nous nous étions demandé ce qui nous valait cet honneur. Pénurie de volontaires ? Un trou à boucher ? Nous avons compris lorsque, au café, Giscard s'approcha de moi et, dans son style contourné, me fit comprendre que Mme Ahidjo, l'épouse du Président, était une grande fan et qu'elle souhaitait faire ma connaissance. Je réalisai alors que nous n'étions pas les invités de Giscard, mais ceux du couple présidentiel du Cameroun !

Je m'entretins un long moment avec Mme Ahidjo et lui proposai de lui faire parvenir un exemplaire du microsillon 30 cm qui venait de sortir et réunissait mes plus grands succès. Impatiente de l'écouter, elle l'avait déjà acheté la veille chez Lido Musique sur les Champs-Élysées.

Un an plus tard, un écho dans la presse m'avait appris que Giscard, qui fêtait dans un village de Haute-Savoie ses quatre ans de mandat, avait chanté *Étoile des neiges* en s'accompagnant à l'accordéon. Aussitôt je fis porter le disque de mes succès à l'Élysée, accompagné d'une dédicace : « *Merci, Monsieur le Président, d'avoir choisi ma chanson. Puis-je vous suggérer, si vous vous rendez au Canada, de chanter la* Cabane *?* »

À chaque fois que je raconte cette histoire, je sens l'incrédulité dans le regard de mes auditeurs : « Tu n'as pas osé écrire ça, tout de même ? » Eh bien, si, j'ai osé.

Mais je dois reconnaître que Giscard n'a jamais accusé réception de mon envoi. Nous n'avions pas la même conception de l'humour.

*

En 1952, Hélène et Pierre Lazareff s'installèrent à Louveciennes, dans une vaste propriété, La Grille Royale, à vingt-cinq kilomètres de Paris par l'autoroute de l'Ouest. Une gentilhommière de style néo-je ne sais quoi, environnée d'un parc de sept hectares, orné d'arbres centenaires, avec des pelouses impeccablement tondues, des allées soigneusement ratissées et un étang où flottaient des cygnes. Le charme des hôtes compensait ce que les lieux pouvaient avoir d'apprêté.

Ici, pendant quinze ans, le patron de *France-Soir* et la fondatrice de *Elle* – deux des plus belles réussites de la presse française d'après-guerre – reçurent chaque dimanche tout ce que Paris comptait de personnalités marquantes.

Pierre Lazareff consacrait sa vie à son journal, ces déjeuners hebdomadaires étaient pour lui une façon de se détendre tout en étoffant son réseau d'influence. Hélène et lui dosaient savamment leurs invités, hommes politiques de tous bords, vedettes du cinéma, du théâtre ou de la chanson, ténors du barreau, écrivains, peintres, hommes d'affaires, médecins et scientifiques. Pierre siégeait à un bout de la grande table ovale, Hélène à l'autre, Antoine Pinay côtoyait Joseph Kessel, Jacques Chaban-Delmas bavardait avec Françoise Sagan ou Jeanne Moreau, Me Floriot s'entretenait avec le patron de Publicis Marcel Bleustein-Blanchet, l'écrivain Maurice Druon avec le peintre Bernard Buffet, et Line Renaud avec… pas grand monde. Je crois que Pierre Lazareff nous invitait, Loulou et moi, parce qu'il nous aimait bien, mais sans doute aussi par provocation, vis-à-vis de sa femme – qui, il faut bien le dire, était un peu snob – et vis-à-vis des autres convives, pour qui j'étais irrémédiablement une chanteuse populaire, tare suprême à leurs yeux. Spectateur malicieux de cette foire aux vanités, Loulou, qui venait d'un milieu bourgeois et dont la culture était vaste, conversait avec les uns et les autres. Moi j'écoutais, j'observais. Bizarrement je ne me sentais pas atteinte par l'hostilité à peine déguisée que certains me témoignaient. L'idée qu'il puisse y avoir des gens supérieurs et des gens inférieurs m'était profondément étrangère. Je n'avais ni complexe vis-à-vis des puissants, ni mépris pour les humbles. De retour à La Jonchère, Loulou, flegmatique, me rassurait : « T'inquiète pas, ma chérie. Ils y viendront ! » Ce qui voulait dire que ceux qui me regardaient de haut aujourd'hui finiraient par me tolérer, puis un jour par m'apprécier, et peut-être même par me considérer.

En voyant mon portrait à la une du très sérieux supplément du *Monde*, il y a quelques mois, je n'ai pas ressenti d'émotion particulière. Tout juste me suis-je souvenue, avec une pointe d'ironie, de la phrase de Loulou. *Ils y étaient venus*, finalement…

*

Parmi les habitués des dimanches à La Grille Royale, un homme jouissait d'un prestige particulier. C'était François Mitterrand. Ce n'était pas à proprement parler un bel homme, mais il possédait un charme indiscutable dans le genre ténébreux. Il avait aussi une certaine façon de regarder les femmes, qui signifiait clairement qu'il les aimait et consacrait une part notable de son temps à les séduire. Un halo de mystère flottait autour de lui, c'était l'homme des conciliabules à voix basse, il y avait quelque chose de romanesque dans son personnage, qui excitait la curiosité mais aussi la méfiance. À quarante ans, il avait vu sa déjà longue carrière politique stoppée net par l'arrivée du général de Gaulle au pouvoir en 1958. Usé par ses nombreux passages dans les cabinets ministériels de la IVe République, il avait du mal à se positionner comme il l'aurait souhaité en tant que chef de l'opposition. Il restait pourtant un acteur important de la vie politique française, et chez Pierre Lazareff, lorsque après le déjeuner les invités effectuaient une petite promenade digestive sous les chênes centenaires, il était toujours très entouré. Certains appréciaient le brillant causeur et l'homme d'esprit, d'autres – éventuellement les mêmes – étaient soucieux de ménager l'avenir : un jour ou l'autre, un tel homme rebondirait.

Un événement vint rebattre les cartes.

Dans la nuit du 15 au 16 octobre 1959, François Mitterrand fut victime d'un attentat alors qu'il rentrait chez lui au volant de sa 403. Une voiture le prit en chasse, il eut la présence d'esprit de se garer et de courir se mettre à l'abri dans les jardins de l'Observatoire, dont il escalada la grille, tandis que la 403 était criblée de balles.

Le lendemain, toute la presse salua le sang-froid du sénateur de la Nièvre et vilipenda les auteurs du lâche attentat. Mais voilà, une semaine plus tard, le journal d'extrême droite *Rivarol* publiait le témoignage d'un ancien député poujadiste, Robert Pesquet, qui affirmait être l'auteur de ce qui aurait été un faux attentat commandité par François Mitterrand lui-même pour tenter de redorer son étoile pâlissante.

Le scandale fut énorme, François Mitterrand s'empêtra dans ses déclarations sans parvenir à se disculper. Loin d'être rehaussé, son crédit s'en trouva durablement entamé.

Le dimanche qui suivit la publication de *Rivarol*, Loulou et moi sommes allés déjeuner à Louveciennes. François Mitterrand était présent ce jour-là. Alors qu'il était d'ordinaire très sollicité, le vide s'était fait autour de lui. La conversation, toujours animée, évitait soigneusement le sujet qui enfiévrait Paris et dont le principal protagoniste était assis parmi nous. Je me sentis tout à coup très mal à l'aise. Loulou, que je consultai à voix basse, me répondit d'un geste évasif. « La politique… »

Quand un homme, à cette époque, vous faisait ce genre de réponse, cela voulait dire que ce qui relevait de la politique était si complexe qu'il valait mieux renoncer à l'expliquer, particulièrement à une femme, dénuée de tout jugement dans ce domaine.

Après le café, comme d'habitude, la plupart des convives sortirent dans le parc pour profiter du joli soleil d'automne. J'aperçus Mitterrand qui, les mains derrière le dos, se promenait à l'écart, privé de la petite cour qui se pressait habituellement autour de lui. Sans bien réfléchir à ce que je faisais, je le rejoignis.

Nous avons marché quelques instants en silence. Je crois qu'il ne m'avait jamais adressé la parole auparavant. Que lui dire ? Toute phrase aurait pris l'allure d'une formule de condoléances. Je crois que je finis par articuler quelque chose comme : « C'est cruel… » Et qu'il me répondit : « Lorsqu'on a sa conscience pour soi… » Les points de suspension marquent bien que, dans ces moments-là, les mots comptent moins que les silences.

*

Je n'eus pas beaucoup d'occasions de croiser François Mitterrand dans les années qui suivirent. Mon soutien affirmé à Jacques Chirac ne contribua pas à nous rapprocher. Mais contrairement à Giscard, aristocrate « fin de race », Mitterrand était un vrai seigneur. Il ne se serait jamais risqué à me demander, avec une moue de mépris, des nouvelles de mon poulain.

Lorsqu'il fut élu président de la République, ce n'est pas tant à sa personne que je m'opposai, mais à certains de ses proches ou de ses ministres. Georgina Dufoix en tout premier lieu, calamiteuse ministre des Affaires sociales, qui, loin de nous accompagner dans la lutte que nous avions entreprise contre le sida, fit tout pour entraver notre action, motivée par de médiocres intérêts de boutique. Je dois reconnaître que je n'éprouvais pas non plus une sympathie démesurée pour Jack Lang, sans conteste remarquable ministre de la Culture, mais entouré d'une camarilla arrogante et sectaire.

Une anecdote montrera jusqu'où pouvait aller la mesquinerie de ce petit cercle. J'avais eu un appel de la secrétaire d'Armand Hammer, le Milliardaire Rouge dont j'ai déjà parlé. « Line, m'avait-elle avertie, le docteur Hammer va recevoir la Légion d'honneur. C'est le président Mitterrand qui la lui remettra en personne. M. Hammer tient absolument à ce que vous soyez présente à la cérémonie.

– Vous savez, avais-je répondu, le président Mitterrand et moi, c'est pas le grand amour. Je doute beaucoup qu'il m'invite.

– Ah ? répondit-elle, surprise. Je vais en faire part au docteur Hammer. »

Quelques jours plus tard, le téléphone sonna de nouveau à La Jonchère. C'était Armand Hammer lui-même. « Line, me dit-il, le président Mitterrand est un homme intelligent et poli. Du moment que je souhaite que vous soyez là, je suis certain qu'il n'y verra aucun inconvénient. Surtout notez bien la date. »

Les semaines passaient, la date se rapprochait, je ne recevais aucun carton d'invitation. Le docteur Hammer m'appela à nouveau : « Line, vous serez bien là, n'est-ce pas ?

– Je ne suis pas invitée.
– Comment ? C'est incroyable ! Je vais appeler Jean-Paul Scarpitta, c'est à lui que j'ai donné ma liste d'invités. De toute façon, ne vous inquiétez pas, ma femme et moi descendons au Bristol, juste en face de l'Élysée. Rejoignez-nous là-bas avant la cérémonie, nous irons ensemble. »

Jean-Paul Scarpitta était le responsable à Paris et à Londres de la Fondation Armand Hammer, qui gérait la prestigieuse collection d'œuvres d'art du docteur Hammer. Je pris quelques renseignements et compris vite que Scarpitta, familier de Jack et Monique Lang, étoile brillant au firmament de la galaxie culturelle qui entourait le ministre, était très probablement à l'origine du blocage.

Le jour de la cérémonie, je rejoignis comme prévu au Bristol Armand Hammer et Frances, sa femme, et c'est au bras du docteur que je pénétrai dans le palais. Jean-Paul Scarpitta se tenait dans le vestibule pour accueillir son patron. Il se troubla en m'apercevant et fit mine de s'enthousiasmer.

« Line ! je suis si heureux que vous ayez pu vous libérer. »

Le docteur Hammer, que j'avais mis au courant de toute l'affaire, interrompit ses simagrées d'un ton cinglant.

« *Jean-Paul, you are a fourty carats idiot !* » (Jean-Paul, vous êtes un idiot de quarante carats !)

Une insulte de milliardaire.

Plus tard dans la soirée, alors que je profitais de l'un des nombreux miroirs qui ornaient les murs pour me repoudrer furtivement, je vis le président Mitterrand se diriger vers moi. Il me salua avec courtoisie, ainsi que

Loulou qui nous avait rejoints, et nous avons engagé une conversation à propos du procès *Feelings*, dont il connaissait le moindre détail. Ce qui était tout à fait étrange avec François Mitterrand, c'est qu'il donnait le sentiment, lorsqu'il vous parlait, que vous étiez la personne la plus importante à laquelle il s'était jamais adressé et qu'il disposait de tout le temps voulu pour converser avec vous. Et de même qu'il faisait preuve d'une stupéfiante mémoire lors des cérémonies de remise de Légion d'honneur, lorsqu'il prononçait sans notes l'éloge des récipiendaires, de même il était capable d'évoquer à votre sujet des événements que vous n'étiez pas loin d'avoir vous-même oubliés.

François Mitterrand était indiscutablement un personnage remarquable. Le temps qui passe gomme les divergences politiques et les réticences que pouvait inspirer cet homme ambigu et secret. Il restera l'un des grands présidents de la Ve République.

*

Roselyne Bachelot affirme qu'au plus dur de la vague balladurienne, avant les élections présidentielles de 1995, lorsqu'il était donné perdant par tous les organismes de sondages, Jacques Chirac, profondément atteint, lui avait déclaré : « Je ne pardonnerai pas. » Ni à Édouard Balladur, ni à ceux qui l'avaient abandonné pour rejoindre le camp du Premier ministre : Nicolas Sarkozy, Charles Pasqua et d'autres de moindre importance.

Après un temps de purgatoire, cela n'empêcha pas Nicolas Sarkozy d'être nommé ministre de l'Intérieur, puis de l'Économie et des Finances lors du deuxième mandat de Jacques Chirac à la tête de l'État. Et c'est bien Jacques Chirac qui appela à voter en sa faveur pour lui succéder en 2007.

La politique impose ce genre de volte-face. On met ses états d'âme de côté et on se range à la solution qui semble la plus favorable pour son camp. Cela s'appelle la realpolitik.

Je n'avais pas les mêmes raisons de faire taire mes sentiments. Nicolas Sarkozy restait toujours pour moi celui qui avait trahi Jacques Chirac. Pourtant, quand Carla Bruni est entrée dans sa vie, notre relation a évolué. J'aime beaucoup Carla, sa beauté, son charme, son intelligence. Elle a contribué à ce que nous nous rapprochions quelque peu, Nicolas et moi, tout en gardant nos distances. Et puis, comme le disait Léo Ferré, *Avec le temps, va, tout s'en va...*

*

J'aurais pu, en d'autres circonstances, développer une grande amitié avec François Hollande. Nous nous sommes contentés d'une relation extrêmement cordiale, ce qui n'est déjà pas mal. Bertrand Delanoë, son camarade de parti, est par contre l'un de mes proches. Nous nous sommes rencontrés chez Dalida, alors qu'il était très jeune et n'avait pas encore embrassé une carrière politique. Ses idées, ses convictions, ses jugements, les valeurs progressistes qu'il défendait m'ont fait prendre conscience que je me sentais bien plus proche de la gauche que de ce qu'était devenue l'UMP en 2012. La guerre des chefs pour s'emparer de la présidence du parti, les mesquines querelles de personnes m'ont atterrée. Quelle triste image.

François Hollande me fit successivement grand officier de la Légion d'honneur en 2013 puis grand-croix de l'ordre national du Mérite en 2017. À chaque fois, grâce à son humour, ce qui aurait pu apparaître comme une pesante cérémonie protocolaire se transforma en une fête familière et décontractée. Plus qu'à la solennité de l'instant, les amis proches qui m'entouraient se montrèrent sensibles comme moi au paradoxe qui faisait d'une ci-devant artiste de variétés devenue comédienne, fille d'ouvriers élevée dans un coron au Pont de Nieppe, la titulaire des plus hautes distinctions que puisse attribuer la République à ses enfants méritants.

Je me souviens d'une soirée pleine d'imprévus à La Jonchère en juillet 2015, où j'avais convié quelques amis à dîner en compagnie du couple charmant que forment François Hollande et Julie Gayet. La table était mise sur la terrasse, il faisait une température délicieuse, Dominique Besnehard, particulièrement en verve ce soir-là, régalait tout le monde d'anecdotes à propos de Marlène Dietrich, qu'il avait beaucoup fréquentée dans les dernières années de sa vie. Le Président nous avait prévenus dès son arrivée : il ne s'attarderait pas trop longtemps car il devait partir aux aurores pour Berlin le lendemain matin. On était en pleine crise avec la Grèce. Les Européens, divisés, devaient décider des mesures à prendre pour tirer d'affaire ce malheureux pays asphyxié par une dette monumentale. À intervalles réguliers, un officier de sécurité s'approchait de François Hollande et lui tendait un téléphone. « Excusez-moi, c'est Angela », disait le Président en se levant. Il allait sous le gigantesque cèdre bleu, cadeau de Michel Audiard planté en 1952, et parlementait longuement avec la chancelière allemande.

Puis il revenait s'asseoir et reprenait le fil de notre conversation. Au bout du cinquième aller-retour et comme l'heure avançait, je lui proposai de mettre un terme à la soirée. « Non non, me dit-il. Nous avons tout arrangé par téléphone avec Angela. La réunion est annulée. » Et, enfin libéré, il put profiter de quelques instants supplémentaires de détente.

*

J'ai déjà dit l'admiration que je porte à Emmanuel Macron et l'amitié qui me lie à Brigitte, son épouse. Je me souviens de la campagne éclair qu'il mena brillamment en 2017, et tout particulièrement du grand meeting qui eut lieu à Bercy le 17 avril. Je m'y étais rendue avec quelques amis et nous sommes allés le saluer dans sa loge avant qu'il prenne la parole. J'ai confessé à Emmanuel que mon dernier meeting datait de 1995, que c'était pour Chirac et déjà à Bercy. Emmanuel s'est tourné vers Brigitte et lui a dit : « Tu as entendu ? Line porte chance, on va gagner ! »

Dans la tribune où j'écoutai le discours qui suivit, Brigitte Macron m'avait placée entre elle et la mère d'Emmanuel, proximité émouvante avec ces deux femmes remplies d'amour pour l'homme, si jeune et si talentueux, sur qui reposaient tant d'espoirs. Deux semaines plus tard, il était élu. L'état de grâce, la période d'indulgence dont bénéficie traditionnellement le nouveau président, fut exceptionnellement court. Bien vite les critiques se mirent à pleuvoir, selon un rite désormais établi. Loin de laisser sa chance au nouvel arrivant, on le condamne au moindre faux pas, on le pousse à la faute, on anticipe son possible échec.

Le manège tourne et reviennent inlassablement les mêmes erreurs.

Connaîtrai-je d'autres présidents ? Si je réussis ma traversée du siècle, j'atteindrai cent ans en 2028. La prochaine élection présidentielle aura lieu en 2022 et, si les Français font une nouvelle fois confiance à l'actuel Président, il faudra que j'attende 2027 pour connaître le suivant.

Qui sait, une présidente ? Voilà qui changerait. J'aimerais bien voir ça.

*

Un artiste voyage, il lui arrive souvent d'être, aux quatre coins du monde, une sorte d'ambassadeur de son pays. J'ai parlé des présidents français, j'aurais pu évoquer les reines et les rois, les présidentes et les présidents étrangers que j'ai été amenée à rencontrer depuis mes débuts. À commencer par la toute jeune reine Elizabeth II d'Angleterre et son mari le prince Philip, devant qui j'ai chanté *Lavender Blue* au Drury Lane, à Londres, dans les années 1950.

C'est un souvenir moins officiel – et beaucoup plus drôle – que je garde d'une rencontre avec le président Reagan lors d'un dîner chez Al-Midani, un Syrien très riche, grand donateur de l'association d'Elizabeth Taylor contre le sida. Le couple Reagan y assistait. Au cours de la soirée, Nancy Reagan me dit : « Vous savez, mon mari chante très bien. Il connaît des chansons en français. » Aussitôt j'empruntai un micro et je m'approchai de Reagan : « Monsieur le Président, est-ce vrai que vous connaissez des chansons françaises ? – Yeah ! – Pourquoi ne chanteriez-vous pas quelque chose maintenant ? »

Imperturbable, Reagan entonna *La Marseillaise* en français. Énorme éclat de rire, applaudissements.

Le dîner se termine, les conversations se poursuivent dans les salons. Tout à coup, j'entends une voix qui susurre à mon oreille : « Frère Jacques, Frère Jacques, dormez-vous ?… » Je me retourne : c'était Ronald Reagan !

J'ai eu beaucoup d'estime pour le président Reagan. On peut penser ce qu'on veut de son action politique, c'était un grand bonhomme. Je suis loin d'éprouver le même sentiment pour son lointain successeur Donald Trump. Ne vient-il pas d'affirmer que les chercheurs américains avaient découvert un vaccin contre le sida ? Comment accorder la moindre confiance à un homme capable de proférer de telles contre-vérités ?

Je l'ai rencontré pour la première fois en 1999, lors de l'inauguration du Paris Hotel. Trump était bien loin de faire de la politique à l'époque. Il souhaitait investir à Vegas et le fera d'ailleurs par la suite en y construisant le Trump Hotel et en investissant dans différents casinos. Lors du dîner, nous étions assis à la même table. Il était trop jeune pour avoir connu le Vegas des années 1960, je lui ai raconté à quel point la ville s'était transformée depuis cette époque.

Rien que de très banal, en somme.

Mais là où l'histoire se corse, c'est quand je m'aperçus, quelques jours plus tard, que sur une photo que nous avions faite au cours de la soirée, avec Catherine Deneuve, Quincy Jones et Charles Aznavour, apparaît un intrus dans le coin droit de l'image : Donald Trump, qui, sans rien demander à personne et sans que quiconque s'en aperçoive, s'était invité sur le cliché ! Preuve que cet homme savait déjà se placer.

Naturellement, l'image prend un relief particulier aujourd'hui que Trump est devenu le quarante-cinquième président des États-Unis…

Dix-huit ans plus tard, le 13 juillet 2017, Donald Trump, en visite officielle en France, dîne avec le couple Macron au Jules-Verne, le restaurant de la tour Eiffel.

Dans la cuisine, les journalistes glanent des informations auprès des serveurs. « Ils parlent du Moyen-Orient », disent-ils entre les entrées et le plat principal. « Ils parlent de l'accord de Paris », ajoutent-ils au moment du dessert. « Ils parlent de Line Renaud », complètent-ils au café.

Preuve que Trump n'a pas oublié notre rencontre.

Le lendemain, j'assiste au défilé militaire du 14 juillet. Brigitte Macron vient me chercher. Donald Trump souhaite me rencontrer. Bouleversant bien malgré moi le protocole, je me retrouve projetée face à Trump, qui s'exclame en me voyant : « *There she is !* » (La voilà !) Je lui serre la main, j'échange quelques mots avec lui devant les ministres, les parlementaires et les journalistes médusés.

End of the story.

9

Ça prendra dix ans

Cette nuit, à l'hôpital, j'ai très mal dormi. Ma cheville m'a fait terriblement souffrir. Jacinthe, dont c'était le tour de garde, dormait dans le lit voisin. Est-ce l'instinct ou mes soupirs, elle s'est réveillée, inquiète. « Je vais appeler l'infirmière de nuit. » J'ai protesté. « Non non, c'est inutile de la déranger.

– Mais elle est là pour ça, madame.

– Ce n'est pas une raison. »

Les aides-soignants m'ont raconté que certains patients les appellent à tout bout de champ. Pour ramasser le mouchoir qui est tombé, pour baisser ou remonter le store. Simplement parce qu'ils s'ennuient ou s'angoissent à force de solitude. Moi, je serais plutôt dans l'excès contraire : attendre l'extrême urgence pour réclamer de l'aide.

Jacinthe se recouche. Peu après, j'entends sa respiration régulière. Elle a un sommeil d'enfant et s'endort sitôt la tête sur l'oreiller.

Me voilà seule avec mes réflexions. Elles sont rarement joyeuses à cette heure de la nuit. Souvent je pense aux derniers instants de ma mère. La blessure ne s'est jamais refermée.

Maman a survécu quatre ans à Loulou. C'est elle qui m'a permis de surmonter le choc de sa disparition. Les deux premières années, le devoir qu'elle s'imposait vis-à-vis de moi a décuplé son énergie. Elle s'occupait de mon courrier, tenait mon agenda, répondait aux appels à ma place. Dotée d'une mémoire phénoménale, elle savait par cœur un nombre impressionnant de numéros de téléphone. Je n'ai jamais eu meilleure assistante. À La Jonchère, je lui avais fait aménager une chambre voisine de la mienne, nous étions proches jour et nuit.

Les deux années qui suivirent auraient mieux fait de ne pas exister. Toute sa vie, ma mère, comme la sienne, comme mon arrière-grand-mère, a souffert du ventre. J'ai vu quotidiennement ces trois générations de femmes grimacer comme si elles avaient reçu un coup de poignard, porter les mains à leur estomac et gémir : « Mon ventre ! » Mais comme elles s'interdisaient le repos et que se plaindre était considéré comme un signe de faiblesse, vite elles se reprenaient et poursuivaient leur tâche. Moi-même, bien qu'à un moindre degré, je ressentais les mêmes troubles. Les derniers mois de maman furent terribles. Torturée de douleur, elle ne pouvait presque plus rien manger, elle souhaitait mourir. « Mais c'est pas moi qui décide », disait-elle. Femme de devoir, elle redoutait surtout de me laisser seule. Cette crainte la maintenait en vie.

Ce qu'il faut bien appeler son agonie fut interminable et d'autant plus difficile à supporter, pour elle comme pour moi, qu'elle restait parfaitement consciente et comme spectatrice de sa propre mort. Une infirmière relayait à son chevet la gouvernante qui, à cette époque, tenait la maison.

Je voulais absolument accompagner sa fin comme je l'avais fait pour Loulou, et que le dernier visage qu'elle contemple, penché sur elle, soit le mien. Je n'osais plus quitter La Jonchère, je ne dormais plus, j'étais épuisée, mais je tenais bon.

Muriel, qui était en tournée, m'appelait chaque jour. Un soir, je la vis débarquer. Elle avait sauté dans un train pour me rejoindre, saisie d'un mauvais pressentiment. Mais rien ne se produisit cette nuit-là, non plus que le lendemain. Sa présence me fit du bien, ce fut comme une trêve.

Elle repartit, mal rassurée.

Quelques jours plus tard, même chose. Muriel donnait son spectacle à Toulouse, à Bordeaux, je ne sais plus, quand brusquement elle eut l'intuition qu'elle devait immédiatement remonter à Paris pour être avec moi. Elle me trouva dans un état alarmant, incapable de m'alimenter, incapable de trouver le sommeil. Elle me fit avaler quelque chose pour le dîner, j'acceptai de m'étendre pour me reposer un peu, à une seule condition : qu'on me réveille si l'état de maman se dégradait. À peine couchée je m'endormis, presque évanouie de fatigue. Muriel s'assoupit un peu plus tard. À cinq heures du matin, l'infirmière et la gouvernante vinrent m'avertir : « Madame ! Madame ! Réveillez-vous ! Votre maman vient de mourir. » J'ai hurlé : « Pourquoi vous ne m'avez pas réveillée ? Vous me l'aviez juré ! » Je me suis précipitée auprès de ma mère et me suis effondrée sur elle. J'avais encore tant de choses à lui dire. Je l'aurais accompagnée au seuil de la mort, entourée de mots d'amour, comme je l'avais fait pour Loulou. Hélas, ce n'est pas mon visage que maman avait aperçu en dernier, mais celui de deux étrangères.

Merci maman, merci pour tout ce que tu m'as donné.

*

Pénible ordinairement, l'insomnie est insupportable à l'hôpital. L'inquiétude rôde, sournoise, opiniâtre. Elle se nourrit d'elle-même, chaque tentative pour l'apaiser est source d'angoisses supplémentaires. Quel soulagement lorsqu'on entend, au petit matin, le grincement des premiers chariots qui roulent dans le couloir. On s'endort enfin quand vient l'heure de se réveiller.

Je pensais à Loulou, je pensais à maman, je me raccrochais à eux pour éviter de sombrer. J'imaginais qu'ils me rassuraient : « Tu t'en es toujours tirée. Pourquoi pas cette fois-ci ? » Alors je remontais le cours de ma vie, je faisais le compte des situations où j'aurais pu perdre pied.

C'est vrai que j'avais eu de la chance…

Ainsi lorsque j'ai abandonné le music-hall pour devenir comédienne. Quel saut dans le vide ! D'autres s'y étaient risqués sans jamais atteindre, dans leur nouvelle carrière, le succès obtenu dans la précédente. Un pied dans chaque camp, transfuges d'un côté, ignorés de l'autre.

En France, les artistes sont enfermés dans des catégories. Une chanteuse est faite pour chanter. Aux États-Unis, en revanche, avoir plusieurs cordes à son arc est un atout. Judy Garland, Doris Day, Liza Minnelli… Ces femmes chantaient, dansaient et jouaient la comédie avec un égal talent.

Je ne me faisais aucune illusion : ce serait long, difficile. Dans le métier, personne ne m'attendait – sinon avec un fusil. Il faudrait que j'accepte humblement de repartir au bas de l'échelle. Je devrais faire mes preuves. J'y étais prête.

Encore fallait-il que je décroche un rôle, cinéma, théâtre, télévision, n'importe. Mais qui pourrait avoir l'idée de faire appel à moi ?

Bernard Hilda était un ami de Loulou. Ancien chef d'orchestre, il avait monté une agence artistique qui comportait plusieurs départements : music-hall, cirque, théâtre... Il nous invita, Loulou et moi, à visiter son agence. La première porte devant laquelle nous sommes passés était celle du secteur « Music-Hall ». J'ai dit à Bernard : « Inutile de frapper à cette porte, c'est fait ! Frappe plutôt à la porte Théâtre. » Il me présenta alors Claude Briac, chef de ce département. Ce fut le premier à être au courant de mes nouvelles envies.

Le lendemain de ma rencontre avec Briac, le téléphone sonna à La Jonchère. « Vous êtes Line Renaud ?

– Tout à fait.

– Je m'appelle Georges Herbert. Je suis organisateur de tournées. Il paraît que vous aimeriez faire du théâtre ? Seriez-vous libre en octobre ? J'ai une pièce pour vous. Connaissez-vous *Folle Amanda* ? »

J'avais bien sûr entendu parler de la pièce de Barillet et Grédy qui s'était jouée dix ans plus tôt avec un immense succès au théâtre des Bouffes Parisiens. Mais, par chance, je ne l'avais pas vue à l'époque. Car alors, je n'aurais sans doute pas eu l'audace de reprendre un rôle dont la grande Jacqueline Maillan avait donné une interprétation qu'on disait inoubliable.

Chanter, mener une revue et jouer la comédie sont trois choses différentes. J'avais l'expérience des deux premières, j'ignorais tout de la troisième. Saurais-je

« jouer » ? Au fond de moi, j'en étais certaine, mais il fallait que j'en aie la preuve.

Les galas Karsenty-Herbert rayonnaient aux quatre coins de France pour y présenter soit des pièces déjà jouées à Paris, soit des spectacles spécialement montés pour l'occasion. Pour débuter, un galop d'essai en province était ce qui pouvait me convenir le mieux. Le public de Metz, Pau ou Besançon était non pas moins connaisseur, mais certainement moins blasé que le public parisien. Mieux valait faire mes gammes dans un relatif anonymat et face à un auditoire mieux disposé.

Pour le principe, je demandai un court délai de réflexion à M. Herbert, mais en raccrochant j'étais déjà plus qu'à moitié décidée à saisir cette proposition tombée du ciel.

Je le fus entièrement après avoir lu la pièce. Elle était drôle, rapide, et le personnage d'Amanda possédait de nombreux traits de caractère qui le rapprochaient de celle que j'étais dans la vie. Optimiste, un peu fantasque, prête à se lancer tête baissée, par défi, par jeu, par inconscience, dans les entreprises les plus insensées. Et de surcroît ex-vedette à succès du music-hall, ce que j'étais devenue depuis peu. À croire que la pièce avait été écrite pour moi. La comparaison, heureusement, s'arrêtait là : lorsque le rideau se lève, on apprend qu'Amanda est criblée de dettes. Ce n'était pas encore mon cas, Dieu merci.

Détail qui a son importance : l'accompagnateur et confident d'Amanda, dans la pièce, répondait au surnom affectueux de… Loulou. Pour quelqu'un d'attentif aux signes, j'étais comblée.

*

Avant de donner ma réponse définitive, je passai un coup de fil à mon amie Jacqueline Cartier, critique de *France-Soir*, qui m'encouragea vivement à accepter. Le rôle, selon elle, était tout à fait pour moi. Jacqueline Maillan avait été, certes, extraordinaire dans le rôle d'Amanda, mais elle me croyait capable de donner une version très différente du personnage, peut-être plus nuancée, plus humaine. Puisque je n'avais pas vu Maillan à la création, je ne serais pas tentée de l'imiter.

Sa conviction emporta mes dernières hésitations. Je rappelai Georges Herbert et lui donnai mon accord.

Les répétitions commencèrent peu après, sous la direction de René Clermont. C'était un homme de talent, patient, attentionné. Il ne me fit jamais sentir mon inexpérience et sut me guider sans m'accabler d'indications. De mon côté, je me donnai totalement à mon travail. Je n'étais plus Line Renaud, j'étais redevenue une débutante. J'éprouvais des sentiments mélangés, à la fois malade de trac et terriblement excitée par ce nouveau challenge. Mes deux partenaires principaux étaient Jean Bretonnière et Geneviève Kervine, mari et femme dans la vie et très épris l'un de l'autre. Jean Bretonnière avait d'abord fait carrière dans la chanson et l'opérette, où il avait acquis une certaine notoriété. Geneviève Kervine, quant à elle, ancienne élève de Charles Dullin, s'était consacrée à la scène et au cinéma. En 1968, Jean, par amour pour sa femme, laissa tomber la chanson pour le théâtre. Enfin réunis, tous deux écumèrent alors préfectures et sous-préfectures sous l'étendard des tournées Herbert-Karsenty, dont ils firent les beaux soirs. Ils eurent un fils, Marc, qui entra lui aussi dans le métier. Que celui-ci me pardonne si je dis que son père n'était pas aussi bon comédien que sa maman.

Geneviève jouait avec finesse et autorité ma sœur Lucette, aussi raisonnable qu'Amanda est insouciante. Bretonnière composait d'une façon hélas un peu appuyée le personnage de Philippe Morhange, ex-mari d'Amanda devenu ministre, qui tente par tous les moyens de s'opposer à ce qu'Amanda publie ses mémoires.

Je n'avais pas prévu que Georges Herbert organiserait en septembre une première au théâtre Montansier à Versailles, avant le démarrage officiel de la tournée. Je tenais à faire une entrée discrète dans le monde de la comédie, où je prenais pied pour la première fois. Georges Herbert me garantit que cette première se donnerait en toute discrétion, un peu à la manière des *sneak previews*, les projections surprises organisées aux États-Unis pour tester les films. Aussi, quel ne fut pas mon étonnement de découvrir, après le spectacle, que j'avais joué devant François Perrier, Michèle Morgan, Sophie Desmarets, quelques journalistes parmi les plus en vue et à peu près tous les directeurs de théâtre de la capitale.

Loulou et Jacqueline Cartier, de *France-Soir*, avaient été mis dans la confidence et m'avaient soigneusement caché que la représentation ne serait pas aussi confidentielle qu'annoncé.

Dès le lendemain, des articles dithyrambiques paraissaient dans les principaux quotidiens nationaux et les salles se battaient pour accueillir le spectacle à Paris la saison suivante. Le prestigieux théâtre des Variétés se manifesta en premier. Je refusai. Fidèle à ma ligne de conduite, je voulais démarrer petit, jouer dans une salle plus modeste. C'est ainsi que je choisis finalement le théâtre des Nouveautés, cinq cents places, dirigé par le charmant couple Moreau-Chantegris.

La tournée de *Folle Amanda* fut triomphale. Partout où nous passions, nous faisions salle comble. Au premier abord, j'avais été surprise de me sentir aussi à l'aise. Le théâtre me semblait facile par rapport à la chanson et surtout par rapport à la revue. C'était réjouissant d'entendre rire le public, de tester chaque soir un effet inédit et d'en éprouver aussitôt l'efficacité. J'étais comme un amateur qui s'essaie à un nouveau sport et s'émerveille d'être bon du premier coup. Mais comme dans bien des domaines, le doute, contrairement à ce qu'on pourrait penser, vient avec l'expérience. Au fur et à mesure des représentations, j'appris à me méfier des ajouts racoleurs, ces petites choses dont les acteurs – les mauvais surtout – sont friands parce qu'elles attirent l'attention sur eux au détriment de leurs partenaires. Lorsqu'on joue à Paris, le metteur en scène vient régulièrement assister aux représentations et nettoie le jeu des comédiens de ces scories qui finissent par nuire à l'ensemble. Mais livrés à eux-mêmes, les acteurs en tournée s'en donnent à cœur joie, chargent, forcent la note, tirent la couverture à eux hors de tout contrôle. Dire le texte, rien que le texte, épurer son jeu, s'en tenir à ce qui a été réglé au moment des répétitions demande discipline et modestie. On n'est jamais bon si ses partenaires ne le sont pas.

En scène, j'étais comme chez moi, ce qui me permettait de répondre sans difficulté aux situations les plus imprévues. Un soir, par exemple, je m'aperçus soudain que l'accessoiriste avait oublié de suspendre au mur un grand portrait d'Amanda, posant nue de dos, qu'un antiquaire veut lui acheter. Ma réplique était : « Non, non, ça je ne le vends pas ! » À la seconde, montrant le mur vide, j'improvisai : « Dommage, il y avait là un superbe tableau, mais vous tombez mal, je l'ai vendu hier ! » Cette aisance était un avantage. Elle aurait pu m'entraîner vers la facilité. Mais les leçons de Loulou restaient gravées en moi. Ne jamais se contenter du premier résultat, travailler encore et encore, cultiver une sorte d'insatisfaction permanente qui fait qu'au lieu de dire « C'est bien » on pense : « Ça aurait pu être mieux. »

Passé le premier moment d'ivresse, je découvris la complexité de mon nouveau métier et m'appliquai à m'améliorer.

À la rentrée de septembre, nous avons repris le spectacle comme prévu au théâtre des Nouveautés à Paris. Jean Bretonnière et Geneviève Kervine cédèrent leur place à Pierre Hatet et Pascale Lievyn.

Pierre Hatet était un très bon comédien. Il avait joué les classiques au TNP, sous la direction de Jean Vilar. Bel homme – je ne fus pas insensible à son charme –, il était très cultivé mais un petit peu ennuyeux. Ses trois sujets de prédilection étaient, dans l'ordre, les Templiers, Philippe le Bel et Diderot. Ce qui, dans la vie courante, limitait singulièrement le plaisir qu'on pouvait prendre en sa compagnie. Mais sa haute stature, sa prestance et son côté empesé collaient parfaitement avec son rôle de ministre dans la pièce. Le spectacle, avec lui, trouva son équilibre et, comme j'avais fait moi-même quelques progrès, nous remportâmes un beau succès à la fois public et critique.

Edwige Feuillère était une remarquable comédienne, respectée par le métier et très aimée du public. Je l'ignorais, mais Edwige n'avait pas raté une seule de mes revues. Quand elle apprit que je jouais au théâtre, elle vint voir *Folle Amanda*. Ce qu'Edwige Feuillère me dit ce soir-là dans ma loge me toucha particulièrement : « Vous ne jouez pas, Line, vous êtes. Vous avez des rires d'enfant et des larmes de femme. » Edwige devint ma marraine de théâtre, me conseillant sur le choix des pièces, sur la manière d'aborder les rôles, me faisant profiter de l'expérience considérable qu'elle avait acquise depuis ses débuts sur scène, dans les années 1930. Une grande dame.

*

J'ai pensé très vite que *Folle Amanda* était exactement le genre de pièce qui plairait aux Américains. Le mélange d'humour et de sentimentalité, l'efficacité des situations, la légèreté de touche me rappelaient les meilleures comédies des années 1930 et 1940, avec James Stewart, Katharine Hepburn ou Cary Grant.

Comme toujours lorsqu'une idée me vient à l'esprit, je n'eus rien de plus pressé que de la mettre en pratique. Barillet et Grédy, ravis de la deuxième carrière dont leur pièce avait bénéficié, ne firent aucune difficulté pour m'accorder une option sur les droits.

Dix ans plus tôt, j'avais rencontré à Las Vegas Charlene Nederlander, dont le mari, Jimmy, possédait plusieurs théâtres à Broadway. Lors d'un de mes fréquents séjours aux États-Unis, j'appris que Jimmy était de passage à Los Angeles. Charlene nous mit en rapport et je le retrouvai au restaurant du Beverly Hills Hotel pour lui parler de *Folle Amanda*. Jimmy me conseilla, avant toute chose, de faire adapter la pièce en anglais. Justement, me dit-il, il connaissait un très bon auteur, un certain Ron Clark, que le projet pourrait intéresser. Et comme par miracle, avant même qu'il ait fini sa phrase, un serveur lui apporta un téléphone. « Un appel pour vous, monsieur Nederlander.

– *Hello ? Oh, Ron ! Wonderful !* Je suis justement avec une amie qui veut vous parler. »

Un peu éberluée, je saisis l'appareil qu'il me tendait.

« Allô, *mister Clark, my name is Line Renaud*...

– Line Renaud ! C'est vous au bout du fil, Line Renaud ? »

Il était canadien, parlait couramment français et me déclara qu'il était l'un de mes fans. Je lui fis parvenir par coursier *Folle Amanda*, il lut le texte en vingt-quatre heures et me rappela, enthousiaste. Il adorait la pièce, avait mille idées pour l'adaptation et ne demandait qu'une chose : s'y mettre au plus tôt. Le problème, à présent, était de trouver un producteur.

J'ai déjà parlé de l'appartement de Carole Curb, où je logeais lorsque je séjournais à Los Angeles. C'est là que j'avais organisé, on s'en souvient, un mémorable dîner pour Jacques Chirac.

Jerry Jackson, qui avait réglé les chorégraphies de plusieurs de mes revues, vivait à Los Angeles. Pour le remercier de toutes ses merveilleuses créations, je lui proposai de donner chez Carole un dîner à son intention et de lui laisser le choix des invités. Jerry était gay, je fus la seule femme autour de l'immense table ronde.

Le hasard, ce bienheureux hasard qui fut si souvent mon meilleur allié, voulut que je sois placée à côté de Larry Kasha, un producteur de télévision qui était aussi à l'origine de l'un des grands succès de Broadway, la comédie musicale *Applause*, d'après *All about Eve*, avec Lauren Bacall. Je ne manquai pas l'occasion de lui raconter *Folle Amanda* et de lui faire part de mon projet de monter la pièce aux États-Unis.

Je pensais être rapide, mais Larry l'était encore plus que moi. En quelques instants, il avait décidé : 1) qu'il voulait produire *Folle Amanda* ; 2) que ce ne serait pas une pièce de théâtre, mais une minisérie pour la télévision ; 3) que le personnage principal s'appellerait Loulou et non pas Amanda.

Le projet *The Incomparable Loulou* venait de naître. Comme par magie, depuis que je m'étais mis en tête de monter *Folle Amanda* aux États-Unis, le hasard avait placé sur ma route tous ceux qui pouvaient m'y aider.

Durant toute l'année 1985, je multipliai les allers-retours entre la France et Los Angeles. Ron Clark écrivait l'adaptation, il me lisait les scènes au fur et à mesure, je lui proposais des modifications, nous en discutions, puis je repartais pour Paris tandis qu'il poursuivait sa tâche.

C'était l'époque où nous venions de créer l'Association des artistes contre le sida, j'étais lancée à fond dans cette lutte qui était bien loin de faire l'unanimité. Je recevais des lettres d'insultes : « Laissez-les crever, ils n'ont que ce qu'ils méritent ! » *Ils*, c'étaient les homosexuels légitimement punis, selon beaucoup, pour leur abominable perversion.

Mais je recevais également des lettres de mères : « Madame, aidez-moi, mon fils a le sida. Je ne sais pas quoi faire. Je n'ose même pas le dire à son père. »

Je reviendrai plus longuement sur cette période à la fois exaltante et terrible où chercheurs, médecins, membres d'associations et malades s'unirent avec la ferme intention de faire reculer le fléau du sida.

Alors que j'étais accaparée par ces activités militantes nouvelles pour moi, il m'était parfois difficile de me dédoubler, citoyenne engagée à Paris, comédienne à Los

Angeles, où les répétitions allaient bientôt commencer. Car Larry Kasha était parvenu à conclure un partenariat avec CBS et la production semblait quasiment montée. Hélas, Wall Street en décida autrement. Un beau matin, on apprit que CBS avait changé de mains. Comme souvent aux États-Unis, en politique comme dans les affaires, les nouveaux actionnaires appliquèrent le *spoil system*, le système des dépouilles. Du haut en bas de la chaîne, tous les responsables furent remerciés et les nouvelles équipes s'empressèrent d'annuler les productions engagées par leurs prédécesseurs.

La mini-série ne pouvant se faire, Larry Kasha, à son grand regret, se retira du projet. Mais ni moi ni Ron Clark n'étions décidés à lâcher l'affaire. Est-ce par l'intermédiaire d'Elizabeth Taylor que nous avons rencontré Zev Buffman ? Ils avaient été associés dans la production de *Little Foxes*, de Lillian Hellman, qui vit en 1981 les débuts de Liz à Broadway. Buffman avait des intérêts en Floride, particulièrement à Palm Beach, où il exploitait le Royal Poinciana Playhouse, et à Fort Lauderdale, avec une salle de plus de mille places, le Parker Playhouse. Il adora la pièce et décida de reprendre le flambeau.

Pour moi, l'enjeu était de taille. Présente en scène pendant tout le spectacle, j'avais, pour la première fois, un texte considérable à apprendre en anglais. Serais-je capable de le mémoriser ? Les spectateurs américains supporteraient-ils mon accent français deux heures durant ? Certes, Gaby Deslys et Maurice Chevalier l'avaient fait avant moi. Mais nous n'étions plus en 1911, quand la divine Gaby émoustillait le public mâle au Winter Garden de New York, ni en 1931, lorsque Maurice faisait chavirer les cœurs féminins en incarnant à l'écran *Le Lieutenant souriant* d'Ernst Lubitsch. Le spectateur d'aujourd'hui aimait son confort. D'autant que le public de Miami, composé en grande partie de retraités, avait toutes les chances d'être dur d'oreille. On m'avait même prévenue qu'il ne fallait pas s'inquiéter si je voyais certains d'entre eux se lever et quitter discrètement la salle en cours de représentation. Ce ne serait pas qu'ils n'aimaient pas la pièce, mais qu'ils avaient un besoin urgent à satisfaire.

Je garde un excellent souvenir des répétitions. Le metteur en scène, Charles Nelson Reilly, lui-même ancien acteur, avait joué dans des comédies musicales à succès, comme *Bye Bye Birdie*. Or l'adaptation de Ron avait considérablement augmenté la part des intermèdes musicaux, ce qui, évidemment, n'était pas pour me déplaire. Je pris aussi un grand plaisir à travailler avec Robert Pine, très connu pour son rôle du sergent Getraer dans la série *Chips*, Barbara Carson et tous les autres interprètes, acteurs de premier ordre et charmants camarades.

Les deux dernières répétitions, ce qu'on appelle des *filages*, où l'on joue la pièce d'un bout à l'autre sans interruption, se firent dans le salon de Ron, à Los Angeles, en présence de quelques-uns de ses amis, et non des moindres : Mel Brooks, Burt Reynolds, Anne Bancroft, Julie Harris… On jouait sous le nez des invités, c'était très impressionnant. À la fin, Ron interrogeait chacun, sollicitait des avis, des suggestions, la discussion était franche et constructive. Nous en sommes sortis convaincus que nous tenions un bon spectacle et bien décidés à le mener au succès.

La première représentation eu lieu le 21 janvier 1986 au Royal Poinciana de Palm Beach. L'accueil, là comme plus tard à Fort Lauderdale, combla nos plus folles espérances.

De passage à Miami, Claudette Colbert, autre Française à s'être imposée – et de quelle manière – au public américain, vint nous voir jouer. Elle me dit : « Vous avez tous les registres ! » Pourquoi dissimuler que ce compliment me remplit de joie ? De même que je fus très heureuse de me voir attribuer, à la fin de la saison théâtrale en Floride, le titre de *Best Actress*. Et pour couronner le tout, le Beacon Council de Miami me remit les clés de la ville. Je ne sais pas quelles portes elles ouvraient, mais je ne fus pas mécontente de les joindre à mon trousseau.

*

Marie-Annick m'arrache à ma rêverie. Elle est venue à l'hôpital accompagnée de Pirate et de Nueva. Nous sommes allées nous installer dans le petit bout de jardin qui entoure l'hôpital, bien loin de la végétation luxuriante de Miami. Les chiens sont fous de bonheur de me revoir, ils en tremblent. Je me contrôle à peine mieux, prononçant ces mots tendres par lesquels on espère faire comprendre aux bêtes à quel point elles nous sont essentielles.

Je m'étais promis dans ce livre, qui sera peut-être le dernier, de rendre hommage à tous les chiens qui ont accompagné ma vie. Mais jusqu'ici j'ai beaucoup parlé de moi et bien peu d'eux.

J'ai toujours aimé les chiens, je n'ai jamais cessé d'en être entourée. Je me souviens de chacun d'entre eux comme on se souvient d'amis proches, de compagnons attentifs et sûrs. Depuis Rex, le tout premier, au Pont de Nieppe, partenaire de mes jeux, complaisant souffre-douleur, auditeur d'une infinie patience lorsque ma grand-mère, étourdie par mes bavardages, m'expédiait dans la cour pour ne plus m'entendre. Je rejoignais Rex dans sa niche et poursuivais à son intention mon histoire interrompue. Ou bien, si je m'étais fait gronder, je me confiais à lui, me plaignant d'être injustement traitée. Il m'écoutait, compatissant, tout en prenant soin de ne pas désavouer ses maîtres.

Mon père s'était mis en tête d'en faire un chien d'attaque. Il lui avait appris à sauter, à escalader les murs, il s'était procuré tout un matériel de dressage, veste de protection, manchettes pour l'entraîner au mordant. Tant et si bien que Rex devint si méchant qu'il finit par constituer un réel danger pour le voisinage. Jusqu'au jour où Blanche, une voisine, venue nous apporter une part du gâteau à peine sorti du four, faillit se faire dévorer toute crue. J'étais seule à la maison, j'eus toutes les peines du monde à maîtriser l'animal furieux. Mon Dieu, quelle peur ! Mon père, la mort dans l'âme, se décida à s'en séparer. Nous habitions à quelques centaines de mètres de la frontière, nous connaissions bien les douaniers, ils acceptèrent de s'en charger, persuadés qu'ils en viendraient à bout. Mal leur en prit. C'est Rex qui menaça de les mettre en pièces. Ils durent l'abattre.

Diane lui succéda. Nous l'adorions. Elle était douce, fidèle, excellent chien de garde. Vint la guerre, celle qu'on qualifia d'abord de drôle – ce qui, à distance, paraît bien impropre –, puis la vraie, avec la percée des troupes allemandes et la déroute de l'armée française. Nous autres, dans le Nord, étions en première ligne. Ce fut l'exode.

Papa était mobilisé, nous étions sans nouvelles de lui. Maman prit la situation en main. Avec l'aide de grand-mère, elle chargea un matelas sur le toit de notre vieille Renault, bourra la malle de tout ce qu'elle pouvait contenir, installa Mémère, mon arrière-grand-mère, qui pesait plus de cent kilos, à l'arrière et moi à côté. Grand-mère prit place sur le siège avant, tandis que maman ficelait son vélo sur le flanc de la voiture côté droit, condamnant du même coup les portières.

C'est quand je vis maman s'installer au volant et mettre le moteur en route que je compris que Diane ne serait pas du voyage. Où l'aurait-on mise ?

Maman l'avait confiée à une amie employée comme elle chez Hacot Frères. Lorsque nous avons regagné Pont de Nieppe, deux semaines plus tard, l'amie était partie se réfugier à son tour chez des cousins qui habitaient le sud de la France. Nous n'avons plus jamais revu Diane.

Je voudrais aussi évoquer le souvenir de Wady. Il le mérite, les *Ouah ! Ouah !* dans *Le Chien dans la vitrine*, c'est lui. On peut le voir posant à côté de moi sur la partition et les paroles de la chanson – on disait le *petit format*. Loulou m'avait offert ce très beau caniche noir pour mon Grand Prix du disque en 1949. Il est mort à l'âge de dix-sept ans. Entre-temps, j'étais devenue une chanteuse à succès. Ce qui permit à Loulou de dire de lui, en guise d'oraison funèbre : « Il a commencé comme chien de personne, il a fini en chien de quelqu'un. »

Wady partait en goguette sans prévenir, disparaissait quatre ou cinq jours, puis ressurgissait brusquement, sale, épuisé. Il filait se coucher entre le mur et un vieux frigo, dans la maison qu'habitaient Marcelle et Fernand, nos fidèles employés. À peine avait-il la force de se soulever, deux fois par jour, pour manger, boire, faire ses besoins. Puis il se rendormait. Où allait-il courir la gueuse ? Nous ne l'avons jamais su.

Sa mort fut un véritable déchirement pour nous. Peut-on dire que de tous nos chiens il fut le préféré ? Il faudrait alors classer les multiples préférés par ordre… de préférence. Ce qui n'aurait pas grand sens.

Je suppose qu'il en va de même pour ses enfants, quand on a la chance d'en avoir plusieurs.

*

Ce jour-là, dans l'étroit jardin de l'hôpital Stell, les chiens béatement couchés à mes pieds, Marie-Annick et moi avons déjeuné dehors toutes les deux, bien couvertes, car le froid avait fait un retour inattendu en plein mois de juin. Au menu, apportés dans un panier par Marie-Annick : un plateau de fruits de mer, un petit morceau de fromage et une cannette de bière sans alcool. C'était royal. Aucun restaurant gastronomique ne m'avait jamais paru plus délicieux.

10

Domino

Dans ces années 1980 où ma carrière prenait un tour nouveau, j'entendais souvent parler d'un fameux directeur de casting, un certain Dominique Besnehard. Le directeur de casting est celui qui, dans un film, aide le metteur en scène à distribuer les rôles, à faire son casting. Certains réalisateurs connaissent parfaitement les acteurs, vont souvent au théâtre et au cinéma, regardent la télévision et pourraient a priori se passer de conseils. Mais même ceux-là apprécient qu'on leur souffle l'idée inattendue, le nom auquel ils n'auraient jamais pensé, l'acteur qui, de prime abord, ne correspond pas du tout au personnage, mais qui, par sa singularité, apportera un éclairage original au rôle.

Le directeur de casting est aussi un découvreur de talents. Dans un cours d'art dramatique ou à la sortie d'un collège, il repère l'inconnu, fille ou garçon, qui sera la star de demain. De ce point de vue, Dominique Besnehard affichait un palmarès impressionnant. Sandrine Bonnaire, Béatrice Dalle, Juliette Binoche et bien d'autres lui devaient leurs débuts.

Je répétais sans cesse à Loulou : « Il faut absolument que je rencontre Dominique Besnehard ! » Oui, mais comment m'y prendre ? J'avais passé l'âge de me présenter à un casting en espérant qu'il me remarquerait.

Contrairement à mon habitude qui consiste à ne jamais dire « Je vais faire » mais à faire sans même réfléchir, j'hésitais à décrocher mon téléphone pour l'appeler. Qu'est-ce que je pouvais bien représenter aux yeux de ce brillant échantillon de la jeune génération ?

Tous les ans, Loulou et moi étions invités au Festival de Cannes. Un soir, comme nous sortions de l'ascenseur en tenue de gala pour nous rendre au palais des Festivals, j'aperçus dans le hall de l'hôtel Martinez où nous logions l'homme que je cherchais désespérément à rencontrer depuis des mois, le fameux Dominique Besnehard. Très entouré, visiblement courtisé, il était accompagné d'une dame âgée enveloppée de châles noirs, impériale malgré sa très petite taille : Margot Capelier, légende vivante du cinéma français, amie de Jacques Prévert. On disait qu'elle avait collaboré au scénario des *Enfants du paradis*. Longtemps seule et unique directeur de casting de la profession, elle avait vu l'arrivée de Dominique mettre fin à son règne sans partage. Elle l'avait surnommé Attila, tant elle redoutait son influence dévastatrice. Mais la gentillesse et l'évident talent de l'intrus avaient eu raison de ses réticences premières. Tous deux partageaient maintenant la couronne et le territoire en bonne intelligence.

Me voici donc figée au milieu du hall, observant de loin Besnehard, ne sachant quel parti adopter. Fallait-il saisir l'occasion, le tirer par la manche en lui disant que je désirais lui parler ? Ce ne serait guère habile. Il se croirait obligé de me consacrer quelques secondes par politesse et m'oublierait aussitôt. Avec le recul, je me dis que ma notoriété m'aurait permis de lui demander le plus simplement du monde un rendez-vous et qu'il me l'aurait accordé sans difficulté. Mais je n'en avais pas conscience à l'époque.

Les groupes s'effilochaient peu à peu, chacun se hâtant vers le palais des Festivals pour assister à la soirée. J'échafaudai rapidement une stratégie. Massé devant l'hôtel, le public guettait chaque jour l'apparition des célébrités et les acclamait au passage. Je dois dire qu'à l'applaudimètre je n'étais pas la plus mal servie. Je n'ai jamais considéré le succès comme un dû et je m'étonnais de cette ferveur intacte. Mais puisque tel était le cas, autant en profiter. Il fallait que Besnehard en soit le témoin. Pour cela, nous devions quitter l'hôtel exactement au même moment. Or il s'attardait, faisait un pas en arrière, deux en avant, happé par les uns et les autres. Réglant mes mouvements sur les siens, j'oscillais à son rythme, pendue au bras de Loulou. Si bien que nous devions avoir l'air, vus de loin, d'exécuter un tango ou une valse chaloupée. Enfin j'entendis Besnehard dire à Margot Capelier : « Eh, Margot, faut y aller, on va être en retard ! » Et elle, de sa voix traînante, avec son accent parigot, lui répondre : « Ça fait deux plombes que je t'attends ! » Cette fois, c'était la bonne. Parfaitement synchronisés, nous sommes sortis ensemble sur le perron du Martinez. Une formidable clameur s'éleva de la foule. Le hasard avait voulu qu'elle soit particulièrement dense et enthousiaste ce soir-là. Dominique, surpris, jeta un coup d'œil alentour. Quelle était la star qui provoquait de telles réactions ? Il constata qu'il n'y avait que moi et que cet accueil m'était manifestement destiné. Il m'adressa un petit signe de tête, tandis que les flashs crépitaient et que les gens s'époumonaient.

Mon stratagème avait fonctionné. Quoi qu'il arrive, Dominique Besnehard ne m'oublierait pas. Un jour ou l'autre, avec un peu de chance, il aurait besoin, pour un casting, de doter les jeunes comédiens dont il faisait la carrière d'une mère, d'une tante, voire d'une jeune grand-mère. Peut-être alors penserait-il à moi…

*

Johnny vivait alors une belle histoire d'amour avec Nathalie Baye, la grande copine de Dominique Besnehard. Celui-ci les rejoignait souvent dans la Creuse, où Nathalie possédait une propriété. Je savais qu'au cours de ces week-ends campagnards Johnny lui parlait souvent de moi. « Ça me ferait plaisir que tu rencontres ma marraine. Elle en a marre du music-hall, elle veut être actrice. » Dominique répondait oui, mais rien ne se passait.

Notre première rencontre eut finalement lieu lors d'un dîner chez un ami commun, attaché de presse et organisateur d'événements, Axel Schmitt. À peine assis à table, Dominique me dit : « Vous savez qu'on se connaît déjà ? » Je le fixai, interloquée, et brusquement tout s'éclaira. Il ne m'était jamais venu à l'esprit de faire le rapprochement entre le gamin intimidé venu me voir, cinq ou six ans plus tôt, dans ma loge au Casino de Paris et l'homme épanoui que j'apercevais parfois à la télévision aux côtés des plus grands acteurs du moment. Dominique, je m'en souvenais maintenant, était à la recherche, pour un film de Pierre Granier-Deferre, d'une débutante, jeune, belle, sexy, et avait eu l'idée d'aller au Casino de Paris voir s'il ne trouverait pas son bonheur parmi les girls qui m'entouraient dans la revue *Paris-Line*. Il assista au spectacle, nota le nom de certaines danseuses, et demanda s'il pouvait les rencontrer, ce qu'on lui accorda sans difficulté. « Mais, lui dit-on, il serait préférable que vous alliez d'abord saluer Line

Renaud. » C'est ainsi qu'il se retrouva dans ma loge. Il m'assure que je le reçus aimablement, allant jusqu'à lui présenter une à une les filles qu'il avait sélectionnées. Vues de près, celles-ci le déçurent. Il repartit bredouille, mais heureux de m'avoir rencontrée. D'autant, me confia-t-il au cours du dîner, que je faisais partie de ses souvenirs d'adolescent. Ses parents, qui tenaient une supérette en Normandie, passaient de temps à autre une soirée à Paris. Ils avaient vu ma première revue, *Plaisirs*, et en avaient rapporté un programme, dont ils avaient fait cadeau à Dominique, déjà passionné de spectacle. Mais auparavant, décence oblige, sa mère avait pris soin de découper à l'aide d'une lame de rasoir les photos de femmes un peu trop dénudées qui parsemaient la brochure.

En ce temps-là pourtant, leur fils était déjà fixé sur son orientation sexuelle et les femmes nues n'avaient probablement aucun effet sur ses émois intimes.

Qu'avons-nous échangé d'exceptionnel ce soir-là, entre l'apéritif et le café ? Qu'avons-nous révélé de nous-mêmes qui nous lia immédiatement ? Notre commune origine, modeste et provinciale ? L'optimisme, la curiosité, l'ouverture aux autres ? Sait-on jamais ce qui fonde une grande amitié. Elle demeure toujours aussi vive trente-cinq ans plus tard. Dominique est ma boussole. Un doute, une interrogation, une décision importante à prendre sur le plan professionnel, je le consulte et suis aveuglément son conseil. Il allie le bon sens à l'instinct, il vit avec son temps ; l'expérience, loin de le scléroser, lui permet de s'adapter sans se renier. C'est un homme honnête et loyal, et cela, plus que tout, me le rend cher.

*

En 1986, Dominique abandonna son activité de casting pour devenir agent artistique au sein de la puissante société Artmedia, dirigée alors par Jean-Louis Livi.

Tous les jeudis matin, les différents agents se réunissaient pour rendre compte de leur activité, signaler les comédiens qu'ils avaient remarqués, proposer que certains d'entre eux rejoignent l'agence. L'une des premières fois où Dominique participa à cette cérémonie un peu soporifique, il expliqua, lorsque vint son tour de parole, qu'il m'avait rencontrée, que je souhaitais désormais travailler comme comédienne et qu'il aimerait me représenter. Mieux qu'une sonnerie de clairon, cette annonce réveilla tout le monde. Michèle Meritz, Yvette Étiévant, les représentantes de la vieille garde, se regardèrent, horrifiées. « Line Renaud ? Mais enfin ! » articula Yvette Étiévant, au bord de l'évanouissement. D'autres, en revanche, soutinrent chaudement la proposition de Dominique. Finalement, Jean-Louis Livi trancha : « Tu as raison, Dominique. C'est une grande personnalité. » Il m'avait vue dans *Folle Amanda* et avait apprécié mon jeu.

Voilà comment j'entrai dans la meilleure agence de Paris, cautionnée par Dominique Besnehard, dont le prestige et l'autorité allaient s'affirmer au fil des années.

*

Je n'avais pas tourné depuis 1959. Avant cela, j'étais apparue dans une dizaine de films dont l'ambition cinématographique n'était pas le souci premier. À cette époque d'avant la télévision, il était d'usage que les chanteurs à la mode figurent dans ces œuvrettes sans prétention où ils incarnaient plus ou moins leur propre personnage. Le scénario, transparent, n'était qu'un prétexte à les entendre interpréter quelques-uns de leurs succès. Charles Trenet, Tino Rossi, Luis Mariano s'étaient essayés à l'exercice et je n'y avais pas échappé. Seul *La Madelon*, par son sujet et le savoir-faire de son metteur en scène, Jean Boyer, méritait de sortir du lot.

Curieusement, je revins au cinéma par le biais d'une adaptation théâtrale : *La Folle Journée ou le Mariage de Figaro*, de Roger Coggio, d'après Beaumarchais. Je jouais le rôle de Marceline, secrètement amoureuse de Figaro, dont elle ignore qu'il est en réalité le fils qu'elle a eu de Bartholo, un ancien amant. C'est Michel Galabru qui faisait Bartholo, Roger Coggio lui-même était Figaro, tandis que Fanny Cottençon, sa compagne dans la vie, tenait le rôle de Suzanne. Claude Giraud, Marie Laforêt, dont la beauté irradiait, Jean Lefebvre, Paul Préboist complétaient une brillante distribution.

Contrairement à ce qu'on pourrait penser, ce n'était pas la première fois que j'étais l'interprète d'un classique du théâtre français. Jean Nohain, dans les années 1950, me prédisait une grande carrière de théâtre, et mieux encore de tragédienne. Dans son émission *Trente-Six Chandelles*, il m'avait fait interpréter *L'Aiglon* d'Edmond Rostand, déclamer les imprécations de Camille dans *Horace* de Corneille et, dans un genre plus souriant, personnifier l'acariâtre Yvonne de *Feu la mère de Madame* de Feydeau.

L'idée de Dominique, lorsqu'il suggéra mon nom, n'avait donc rien d'absurde. Mais si Coggio l'adopta immédiatement, c'est aussi qu'il entrevoyait un bénéfice secondaire : il savait que je connaissais bien Charles Pasqua, alors ministre de l'Intérieur, ce qui pourrait lui être utile pour obtenir les aides financières et les autorisations dont il avait besoin. Roger Coggio était sans aucun doute talentueux, mais il avait de nombreux défauts. Excessif, toujours à court d'argent et prêt à tout pour s'en procurer, il terrorisait par ses hurlements la malheureuse Fanny Cottençon, être dévoué s'il en fut, et par là même victime toute désignée. Je ne suis pas étonnée qu'elle soutienne aujourd'hui la lutte contre les violences faites aux femmes. Elle sait de quoi elle parle.

Je n'ai jamais revu *La Folle Journée*. Je me souviens d'un gala sur la Côte d'Azur où j'étais placée à côté d'Yves Montand. Au moment où je m'installais, Yves me prit la main et me dit : « J'ai vu ton film. Bravo ! C'est ça que tu dois jouer, petite ! Des rôles forts ! »

Cher Yves. Comment aurais-je pu me douter qu'il mourrait à peine un an plus tard ? Une profonde complicité l'unissait à Loulou. Lorsqu'il me prit en lever de rideau, dans son récital en 1948, c'était en partie pour remercier l'auteur de ses premiers grands succès, *Battling Joe* et *Luna Park*, deux chansons qu'il conserva à son répertoire tout au long de sa carrière. Mais deux ans plus tard, c'est en vedette américaine que je figurai au même programme que lui, avec six chansons. C'était un bond extrêmement rare. Il fallait généralement plusieurs années pour passer du lever de rideau à la fin de la première partie. Il est vrai qu'en 1949 il y avait eu le prodigieux succès de la *Cabane* et un Grand Prix du disque. Yves était fier de ma popularité naissante, de cette fierté démonstrative et ensoleillée d'homme de la Méditerranée. C'était la preuve qu'il ne s'était pas trompé en misant sur moi.

*

Peu après le tournage de *La Folle Journée*, alors que nous nous apprêtions, Loulou et moi, à partir en vacances dans le Midi, Dominique me parla d'un autre projet cinématographique. Claude Zidi préparait la suite des *Ripoux*, dont le premier volet avait fait un triomphe. Le public avait adoré cette histoire truculente et bon enfant qui voyait Philippe Noiret, vieux policier *ripou* – pourri en verlan –, convertir à ses méthodes un jeune flic épris d'idéal, Thierry Lhermitte. Régine, qui interprétait le rôle de Simone, ex-prostituée concubine de Noiret, n'étant pas libre aux dates prévues pour le tournage, Zidi se voyait contraint de la remplacer. Il pensait à Michèle Mercier. Jean-Louis Livi n'était pas chaud. Il consulta Dominique. N'aurait-il pas une meilleure proposition ? « Line Renaud ! » s'exclama Dominique. Livi réfléchit un instant. « Pas bête. Appelle Zidi. » Ce que Dominique fit à l'instant.

« J'aime bien l'idée, répondit Claude, mais tu crois qu'elle a envie de tourner ?

– J'en suis certain !

– Laisse-moi téléphoner à Noiret pour savoir s'il est d'accord. »

Ça ressemblait de plus en plus au jeu *Passe à ton voisin*.

« Très bonne idée, réagit Noiret à son tour. Mais va-t-elle accepter de reprendre le rôle ? Et puis, ce n'est qu'une participation… »

À ce stade, le plus simple était de consulter la principale intéressée, laquelle se montra enthousiaste. À tel point que je proposai de différer nos vacances pour me tenir à la disposition de Zidi. Dominique calma mon ardeur. Il me conseilla de partir tranquillement dans le Midi, où il me ferait parvenir le scénario. Claude Zidi possédait lui-même une propriété à Saint-Tropez. Ce ne serait pas difficile pour lui de faire un saut en voisin pour me rencontrer le moment venu.

Ainsi fut fait. Deux jours après être arrivés chez nos amis Virginie et Gérard à Grasse, je reçus le scénario, sur lequel je me jetai.

Certes, le rôle n'était pas bien grand, mais il marquait mon vrai retour au cinéma, dans une production prestigieuse, en compagnie d'acteurs que j'admirais. Une phrase, pourtant, me chagrinait dans l'une des répliques de Philippe Noiret. Je m'en ouvris à Loulou, qui lut à son tour le scénario et, comme moi, le trouva très bien hormis cette phrase qui… enfin cette phrase que…

Si bien que lorsque Dominique me téléphona, deux jours après, il sentit à mon ton que quelque chose clochait.

« Vous avez lu le scénario, Line ?

– Bien sûr.

– Oui, oui, on l'a lu, renchérit Loulou derrière moi.

– Il y a un problème ?

– Non, non.

– Le rôle est trop petit ?

– Non, le rôle ça va. Et puis c'est un retour au cinéma, c'est important.

– Ça vous gêne de jouer une prostituée ?

– Pas du tout.

– Mais alors ?

– Vous avez le scénario devant vous, Dominique ?

– Bien sûr !

– Lisez la séquence 15. »

On entendit Dominique tourner hâtivement les pages. Puis un court silence, et de nouveau sa voix, perplexe :

« Je ne comprends pas. Vous n'êtes même pas dans la séquence, je ne vois pas ce qui vous dérange.

– Vous avez lu ce que Noiret dit à propos de Simone, mon personnage ? "*Je me demande combien elle peut encore se faire de passes, ce morceau de viande avariée.*"

– Eh bien ?

– *Ce morceau de viande avariée*, tout de même », argumenta Loulou d'une voix faible.

Dominique ne se laissa pas désarçonner.

« C'est tout à fait normal ! Ça n'a pas été écrit pour vous, Line, ça a été écrit pour Régine ! Zidi va changer ça ! »

Le jeu *Passe à ton voisin* reprit. Dominique appela Zidi, qui fut d'accord pour modifier la réplique si toutefois Noiret n'y voyait pas d'inconvénient. Sur quoi il téléphona à Noiret, qui dit qu'il s'en fichait royalement, puis à Didier Kaminka, son coscénariste, lequel me proposa une nouvelle rédaction de la fameuse réplique, sur laquelle nous sommes tombés d'accord. Nous sommes devenus à cette occasion les meilleurs amis du monde, si bien que lorsqu'il s'est agi, peu de temps après, d'adapter *Pleins Feux*, dont j'avais acquis les droits, c'est à lui que j'ai fait appel.

*

Pleins Feux était à l'origine une courte nouvelle d'une autrice américaine, Mary Orr, publiée dans *Cosmopolitan* en 1946. Le sujet en était simple : une actrice célèbre engage comme secrétaire particulière une jeune admiratrice d'apparence timide. Secrètement dévorée d'ambition, la jeune femme l'évince et prend sa place. Joseph Mankiewicz devait en tirer un incomparable chef-d'œuvre du cinéma, *All about Eve*, avec Bette Davis, Anne Baxter et George Sanders.

Lorsque j'avais vu – et adoré – le film à sa sortie en France, en 1951, j'avais dit à Loulou : « Si je devais faire du cinéma, c'est un rôle comme ça que je voudrais jouer ! » J'avais vingt-trois ans, je pensais bien entendu au rôle d'Anne Baxter, je n'imaginais pas que je reprendrais quarante ans plus tard au théâtre celui de Bette Davis.

Dès le milieu des années 1980, j'avais parlé à Jean-Michel Rouzière, le directeur du théâtre des Variétés, de mon envie de monter *All about Eve* à la scène. Il m'avait écoutée poliment mais, j'en fus un peu surprise, le projet ne semblait aucunement l'intéresser. Qu'à cela ne tienne, il y avait d'autres théâtres dans Paris. Toutefois, avant de le présenter ailleurs, je jugeai plus prudent de m'assurer des droits. Je m'envolai donc pour New York afin de rencontrer l'autrice, Mary Orr.

C'était une femme charmante, mais le rendez-vous à peine commencé elle me dit : « Line, je suis absolument désolée, j'ai cédé les droits pour la France il y a moins d'une semaine ! » Je pâlis. « Ah bon ! À qui ?

– Jean-Michel Rouzière. C'est Pierre Laville qui va en faire l'adaptation. »

Je m'expliquai immédiatement les réserves de Rouzière. Il m'avait tout simplement doublée. Ce qui, on s'en doute, réveilla mes instincts combatifs.

Je dis à Mary Orr : « Mary, pouvez-vous me montrer une copie du contrat que vous avez signé avec Rouzière ? » C'était une option pour un an, ce qui signifiait que, si dans ce délai la pièce n'avait pas été montée dans au moins une grande ville française, le contrat devenait caduc.

Pierre Laville était tout sauf un bon auteur de comédie. J'étais convaincue que la pièce, telle qu'il l'adapterait, n'aurait aucune chance de se faire. Je ne me trompais pas. Au bout d'un an, les droits d'*All about Eve* étaient de nouveau libres et j'ai confié à Didier Kaminka le soin d'en écrire l'adaptation. La pièce s'appelait désormais *Pleins Feux*.

Jean-Claude Camus, qui n'était pas encore le grand ami qu'il devint pour moi par la suite, accepta de produire le spectacle, à la condition que nous puissions en faire une captation pour la télévision. C'était financièrement indispensable. Je me mis en quête des droits audiovisuels et découvris qu'ils appartenaient à la 20th Century Fox. D'où un nouveau voyage en Californie.

Le soir même de mon arrivée, à peine descendue de l'avion, j'étais conviée à un cocktail au consulat de France. J'entrai dans le hall qui surplombait la salle où cent cinquante convives discutaient, une coupe de champagne à la main. Levant la tête vers moi, une femme blonde me sourit. Visiblement nous nous connaissions. Je la rejoignis. Elle me dit : « Line ! Vous vous souvenez de moi ? Je travaillais avec Guy Lux ! Voilà vingt ans que je suis remariée avec un Américain, Bill. » Sur ce, elle interpella son époux : « Bill ! Bill ! *Come on !* »

Bill arriva et, pour meubler la conversation, je lui demandai : « Que faites-vous dans la vie, Bill ?

– Je travaille à la 20th Century Fox. Je suis directeur international de la branche télévision. » Mes jambes se mirent à trembler. « Bill, j'ai fait le voyage depuis la France pour rencontrer une seule personne, vous ! »

Le lendemain, j'étais dans son bureau. Il s'agissait maintenant de négocier le coût des droits, et dans ce domaine les Américains n'ont pas l'habitude de plaisanter. C'est alors qu'à ma très grande surprise Bill me dit : « Pour vous, Line, ce sera un cadeau ! » Trois jours plus tard, je rentrai en France avec dans mes valises les droits télé de *All about Eve*. « C'est bon, on y va ! » me dit Jean-Claude Camus.

Les répétitions débutèrent fin août 1991 au théâtre de la Michodière. Ce fut un grand bonheur pour moi de retrouver la scène. La distribution comprenait Véronique Jannot, Nicole Jamet, Pierre Maguelon. Petit souci, la location démarra plus lentement que prévu – ce qui veut dire que les spectateurs ne se précipitaient pas aux guichets pour réserver leur place. Nous n'étions pas trop inquiets, persuadés que dès les premières représentations le bouche-à-oreille ferait son effet.

Mais sans attendre, un événement imprévu vint donner un coup de fouet salutaire à la location. Un samedi de repos, le metteur en scène de *Pleins Feux*, Éric Civanyan, me dit qu'il souhaitait me présenter la costumière. Nous étions au cœur de l'été, il faisait un temps magnifique, il me fixa rendez-vous en terrasse au parc de Saint-Cloud, qui n'est pas très loin de chez moi. La costumière était en retard. Un quart d'heure, puis une demi-heure s'écoulèrent. Pour un premier rendez-vous, son manque de ponctualité ne jouait pas en sa faveur. Éric se leva et me dit qu'il allait lui téléphoner. Peut-être avait-elle eu un empêchement. À peine avait-il tourné les talons qu'une voiture d'auto-école déboula en trombe. L'élève semblait complètement incapable de maîtriser son véhicule, au point qu'en tentant de se garer en marche arrière il percuta une voiture, qu'il projeta dans le ravin dix mètres plus bas ! J'étais totalement ahurie et interpellai vivement le moniteur. « Vous êtes un inconscient ! Vous demandez à votre élève de faire une marche arrière alors qu'il est incapable de rouler en marche avant ! » Loin de s'interrompre, le moniteur persévéra, si bien que l'élève maladroit percuta une seconde voiture, qui subit le même sort que la première : dans le ravin. C'était complètement incroyable, d'autant que les consommateurs installés aux tables voisines ne semblaient pas s'émouvoir et, loin de se joindre à moi, assistaient placidement à la scène.

C'est alors que Civanyan réapparut, tout sourire, et tandis que les consommateurs m'applaudissaient je compris que je venais d'être piégée par la célèbre émission *Surprise sur prise* du Canadien Marcel Béliveau. Tout était faux, le bistrot où il m'avait donné rendez-vous était un décor, le moniteur et son élève des comédiens, les consommateurs des figurants !

J'étais venue au rendez-vous en voisine, je n'étais pas maquillée, j'avais les cheveux plaqués en arrière et j'avais mis un tee-shirt avec des rayures en largeur que j'adorais, mais que j'évitais de porter, car il me grossissait. Bref, je n'étais pas du tout à mon avantage. J'hésitai à donner mon accord pour que la séquence soit diffusée. Avant de me décider, je voulus, comme toujours, prendre l'avis de Dominique Besnehard.

La production organisa un visionnage à son intention. Il en sortit enthousiaste et m'appela aussitôt : « Line ! Je t'en supplie, dis oui ! Laisse passer ça ! C'est tellement drôle ! J'étais sous mon siège tellement je riais ! » Faisant confiance à Dominique, je donnai finalement mon accord.

L'émission fut diffusée et obtint un grand succès, avec pour conséquence inattendue de doper les réservations de *Pleins Feux*. Jean-Claude Camus proposa alors à Jacques Crépineau, le directeur du théâtre de la Michodière, de prolonger les représentations. Mais celui-ci – qui avait avant tout l'œil sur son tiroir-caisse – s'était empressé, au vu des premiers résultats décevants, de louer son théâtre pour un autre spectacle.

Jean-Claude Camus, sur notre insistance, accepta de reprendre la pièce au théâtre Antoine. Hélas, le changement de salle déconcerta le public. En effet, à cette époque, les réseaux sociaux n'existaient pas, il y avait beaucoup moins d'émissions promotionnelles, à la radio ou à la télévision, et nous n'avions pas les moyens de refaire une campagne publicitaire. Les réservations en pâtirent et nous avons été contraints d'arrêter.

Ce fut un rude coup. J'appris à cette occasion à quel point, au théâtre, l'échec, aussi injuste soit-il, est immédiatement sanctionné. Contrairement au cinéma, où les sources de financement sont multiples et plus ou moins anonymes, au théâtre on est directement confronté, chaque soir, à la personne clairement identifiable qui perd de l'argent si la salle n'est pas remplie. Difficile de lui demander, les yeux dans les yeux, de se ruiner pour l'amour de l'art.

Sur le plan personnel, je n'avais pas à me plaindre, loin s'en faut, de ces quelques mois passés sur scène. Comme me le répétait Loulou : « N'oublie pas que tu es la seule à savoir que c'est un échec. Le public, lui, n'en sait rien. »

C'était d'autant plus vrai que j'avais bénéficié d'articles particulièrement élogieux. Dans *Le Monde*, le critique écrivait : « … Les trois générations de femmes sont de beaux personnages de garces – les plus gratifiants pour une comédienne. Nicole Jamet et Véronique Jannot sont d'ailleurs très bien, et Line Renaud, amazone tumultueuse et tyrannique, idole qui tombe de son piédestal en se faisant très mal, est épatante. Elle est juste, marque l'émotion avec une dignité attendrissante, sans verser dans le mélo larmoyant. »

J'aurais volontiers troqué ces compliments contre cent représentations supplémentaires, mais c'était au moins la preuve écrite que j'avais fait quelques progrès.

Belle revanche, *Pleins Feux* fut remonté avec succès en 2017 pour quatorze représentations au théâtre Hébertot, dans une mise en scène de Ladislas Chollat, avec autour de moi Fanny Cottençon, Lionel Abelanski, Pierre Santini et Raphaëline Goupilleau. France 2 retransmit le spectacle le 7 février en *prime time*. Près de trois millions et demi de téléspectateurs se donnèrent rendez-vous devant le petit écran ce soir-là. Loin d'avoir vieilli, la pièce avait rencontré un nouveau public.

*

Dominique avait adoré *Pleins Feux* et ne s'était pas privé de le faire savoir. Dès que quelqu'un entrait dans son bureau, chez Artmedia, il n'y coupait pas : « Tu as vu *Pleins Feux* ? Vas-y, Line est ex-tra-or-di-naire ! » Pendant tout le temps où nous avons joué la pièce, rares étaient les soirs où il n'y avait pas dans la salle un metteur en scène, un producteur, un *casting director* envoyé par Dominique.

Le succès de la série *Dix pour cent* qu'il produira plus tard familiarisera le public avec les diverses facettes du métier d'agent, à la fois intermédiaire, confident, négociateur et un peu lobbyiste.

Un soir, Claire Denis vint me voir lors de la reprise au théâtre Antoine. Après le spectacle, je l'emmenai dîner aux Artistes, rue du Faubourg-Saint-Martin. Claire était une toute jeune femme d'apparence fragile mais, bien qu'elle ait seulement réalisé deux films – dont le premier, *Chocolat*, avait été présenté en compétition à Cannes –, il émanait d'elle une tranquille autorité, qui en imposait.

Difficile de décrire le sentiment qu'éprouve un acteur lorsqu'il rencontre pour la première fois une réalisatrice ou un réalisateur. Pourquoi *ça accroche* immédiatement, ou bien à l'inverse pourquoi on sait à l'instant même que ça n'ira pas. C'est une relation de désir, et comme en amour le désir ne s'explique pas. Avec Claire, le temps de quitter le théâtre et de marcher jusqu'au restaurant distant d'à peine cent mètres, j'eus l'absolue certitude que je travaillerais avec elle. Si bien qu'un peu plus tard dans la soirée, lorsqu'elle me dit : « J'ai un rôle à vous proposer. Je sais seulement que le personnage s'appelle Ninon, mais je n'ai aucun scénario à vous faire lire », je lui répondis sans hésiter : « Ne m'en dites pas plus. Vous êtes Claire Denis, ça me suffit. Je n'ai pas besoin de lire le scénario, j'accepte. »

Ce préalable posé, nous avons tout de même parlé du film. Car si le scénario n'existait pas sur le papier, Claire l'avait déjà parfaitement en tête. Il lui avait été largement inspiré par le personnage de Thierry Paulin, un tueur en série d'origine martiniquaise surnommé *le tueur de vieilles dames*, dont les exploits macabres provoquèrent une véritable psychose dans la capitale, entre 1984 et 1987. Paulin, serveur au Paradis Latin, vivait avec son amant et complice, Jean-Thierry Mathurin, dans un hôtel de la rue Victor-Massé. Élégamment vêtu, habitué du Palace, organisateur de fêtes somptuaires, Paulin, pour financer son train de vie, s'introduisait avec Mathurin chez des femmes âgées, les torturait pour leur faire avouer l'endroit où elles cachaient leurs économies, puis les tuait par étouffement ou strangulation. Arrêté presque par hasard en 1987 à l'occasion d'un contrôle dans la rue, Thierry Paulin reconnut être l'auteur de vingt et un meurtres et dénonça son complice. Il mourut un an plus tard du sida à l'hôpital Bichat.

Il se trouve que je connaissais un peu Thierry Paulin. Il m'avait contactée pour me parler d'un projet qui m'avait semblé intéressant et je lui avais fixé rendez-vous à mon bureau rue du Bois-de-Boulogne. Très en retard ce jour-là, je téléphonai à ma mère, qui tenait mon secrétariat, pour lui demander de le faire patienter. Ils restèrent ensemble trois quarts d'heure, elle le trouva absolument charmant et loua sa bonne éducation. Quand elle reconnut, deux ans plus tard, sur la photo de Thierry Paulin à la une de *France-Soir*, l'aimable jeune homme avec qui elle avait si agréablement conversé, elle en trembla rétrospectivement. « Quand je pense que tu m'as laissée quarante-cinq minutes en tête à tête avec un meurtrier ! » me gronda-t-elle, mi-amusée, mi-sérieuse.

Après tout, maman avait quatre-vingts ans, un très joli collier de fines perles autour du cou, qui sait ce qui aurait pu passer par la tête du *tueur de vieilles dames*, lui qui n'hésitait pas à couper le doigt de ses victimes pour ne pas perdre de temps à leur retirer une bague ?

Thierry Paulin était venu ce jour-là me proposer d'organiser une soirée au cours de laquelle tous les établissements de nuit parisiens, cabarets, night-clubs, discothèques, verseraient leur recette à l'Association des artistes contre le sida. C'était à la fois séduisant et parfaitement irréaliste. Notre toute jeune association aurait été bien en peine à l'époque de mettre sur pied un tel événement. J'avais décliné sa proposition et je n'entendis plus parler de Thierry Paulin jusqu'à son arrestation.

*

J'ai beaucoup aimé le travail avec Claire Denis. Un tournage peut rapidement devenir monotone, voire carrément ennuyeux. On arrive sur le plateau, la lumière est déjà faite, on vous indique vos places, tout est réglé d'avance, il n'y a plus qu'à entrer dans le moule. La méthode de Claire, à l'inverse, consistait à maintenir le plus longtemps possible la scène en suspens, ouverte, susceptible de prendre à tout moment un virage inattendu. Elle adorait les surprises, les incidents, ce qui n'aurait pas dû se produire, tout ce qui fait que d'habitude le réalisateur hurle un « Coupez ! » exaspéré. Souvent elle laissait tourner la caméra bien après la fin de la scène, attendant de voir comment se débrouilleraient les comédiens, soudain contraints d'improviser. C'est ainsi qu'elle procéda pour la séquence de la danse avec la jeune Lituanienne. J'attendais son *Coupez !* et, comme il ne venait pas, je poursuivis du mieux que je pus en m'inspirant de la situation. Claire verrait plus tard au montage s'il y avait des expressions à piquer dans ce que j'inventai pour meubler.

Dans le film, mon personnage, Ninon, tenait l'hôtel où vivait Camille, l'équivalent de Thierry Paulin. Maîtresse femme, elle enseignait des rudiments d'autodéfense à des vieilles dames inquiètes de la présence d'un tueur en série dans leur quartier. Au cours d'une scène d'entraînement avec des bâtons, je devais crier : « Le haut ! Le bas ! Cou ! Tempe ! » pour indiquer la position du bâton. À un moment, je ne sais pourquoi, je dis : « Couilles ! » au lieu de « Cou ! » et la vieille dame en face de moi mit son bâton devant sa tête. J'improvisai : « C'est plus bas, les couilles, tu t'en souviens pas ? » Claire garda la réplique, qui l'avait fait rire.

Le tournage approchait et Claire ne trouvait pas l'actrice qui lui convenait pour jouer ma mère.

« Line a une maman, dit un jour Dominique. Pourquoi tu ne lui demandes pas ? »

Maman, qui n'aimait pas être au premier plan, se fit un peu prier, mais elle finit par accepter et elle fut parfaite.

Le tournage des scènes d'hôtel avait lieu en décor naturel, dans un véritable hôtel en fonctionnement. Quand ça tournait, on bloquait les clients, qu'on relâchait une fois le plan en boîte. Ma mère se tenait à la réception pour les besoins de son rôle. Mais comme elle ne savait pas très bien quand on filmait ou pas, elle continuait à jouer entre les prises, tendait leur clé aux clients, les renseignait sur leurs déplacements dans Paris, etc. Tout le monde l'adorait et les patrons de l'établissement regrettèrent d'être privés d'une employée aussi dévouée lorsque le tournage prit fin.

À un moment donné, dans le dialogue, je devais dire à ma mère : « Va te coucher, maman » et il était prévu qu'elle soulèverait seulement les épaules, sans répondre. Mais maman, de sa propre initiative, ajouta : « J'ai pas sommeil ! »

Claire Denis retint sa réplique et en fit le titre de son film. *J'ai pas sommeil* fut projeté à Cannes dans la section Un certain regard et me permit d'obtenir ma première nomination aux Césars dans la catégorie Second rôle féminin.

J'avais prévu dix ans. Dix ans pour faire oublier la chanteuse et la meneuse de revue. Dix ans pour que la profession et la critique admettent que je n'étais pas une comédienne occasionnelle. La prédiction était en passe de se réaliser.

Mon obstination, les conseils avisés de Dominique et les dispositions dont j'avais fait preuve faisaient que je commençais à enchaîner, comme on dit dans le métier.

Un jour, au début des années 1990, je reçus une lettre d'un fan portant la mention *Madame Line Renaud, comédienne*. Ce fut comme si, après une longue attente, on m'avait décerné un brevet. Une autorisation d'exercer.

Ça y est, j'étais reconnue comme comédienne. Enfin.

*

Un soir de 1997, Gabriel Aghion, le réalisateur à succès de *Pédale douce*, m'invita à dîner chez lui avec quelques amis. Au cours du repas, très sympathique, je racontai des histoires drôles, dont quelques-unes, je dois l'admettre, étaient particulièrement osées.

Le lendemain, Gabriel m'appela. « Line, tu m'as tellement fait rire, je voudrais que tu sois dans mon prochain film. Tu tiendras un hôtel aux Bahamas avec ta compagne – car dans le film tu es lesbienne – et tu raconteras aux clients des histoires un peu lestes. » Voilà comment je me suis retrouvée à interpréter le personnage de Nicou dans *Belle Maman*.

À la lecture du scénario, je me suis aperçue que je devais fumer le cigare, ce que je n'avais jamais fait de ma vie. J'ai donc demandé à Josée Dayan, grande amatrice, de m'expliquer comment on coupe un cigare, comment on l'allume, comment on le tient, comment on le fume. C'était très drôle.

L'une de mes scènes, que nous avons tournée non pas aux Bahamas mais en Martinique, consistait à sauver une baleine échouée sur la plage. Les pieds dans l'eau, je devais me tenir proche de la baleine et la réconforter. Il était prévu que je dise : « Si tu m'entends, envoie-moi un signe », sur quoi la baleine ouvrait un œil. Il n'y avait pas d'autre réplique, le reste était laissé à mon imagination. C'était une grande première, on ne m'avait jamais demandé d'improviser, à plus forte raison avec une baleine pour partenaire…

Je ne revois jamais mes films, mais *Belle Maman* est si souvent rediffusé à la télévision qu'il m'est arrivé d'en apercevoir des passages. À chaque fois j'ai ri de bon cœur.

Gabriel Aghion avait réuni un casting particulièrement brillant. Qu'on en juge : Catherine Deneuve, Vincent Lindon, Stéphane Audran, Danièle Lebrun, Jean Yanne et Mathilde Seigner. Je suis restée très proche de Mathilde, ma petite-fille dans le film, une femme épatante dans la vie. J'ai été très heureuse de la retrouver, fin 2019, pour le tournage d'*Un tour chez ma fille* d'Éric Lavaine, avec Josiane Balasko, autre actrice que j'apprécie énormément.

Parmi mes partenaires de *Belle Maman*, je n'ai pas cité un débutant, un jeune homme avec un accent anglais à couper au couteau. Il s'appelait Idris Elba, c'était son tout premier film. Il est devenu par la suite une grande vedette du cinéma américain. Il est tête d'affiche dans des blockbusters comme *Avengers Infinity War*, *Star Trek*, *Fast and Furious* ou la série *Luther*. Quand je le vois aujourd'hui sur les tapis rouges du monde entier, je ne peux m'empêcher de repenser à la scène culte de *Belle Maman* où je le déshabille dans les toilettes en chantant *Marcia Baila* des Rita Mitsouko.

Belle Maman me valut une deuxième nomination aux Césars.

Je ne peux pas refermer ce chapitre sur le cinéma sans citer les films de mon Dany. En tant que réalisateur, sur un plateau, Dany Boon est exactement comme dans la vie : drôle, chaleureux, attentif aux autres. Entre deux scènes, il nous fait rire, et même parfois au beau milieu d'une scène. Pour Dany, peu importe le rôle, tous les comédiens sont à égalité, il n'y a pas de hiérarchie. Tourner pour lui est une fête.

Bienvenue chez les Ch'tis a battu tous les records du box-office avec vingt millions et demi d'entrées, et a permis de donner une nouvelle vision, positive, de notre région. Avec *La Ch'tite Famille*, Dany m'a offert, à quatre-vingt-huit ans, mon premier « premier rôle » au cinéma. Avec plus de cinq millions et demi d'entrées, ce fut un magnifique succès.

Je retrouverai Dany l'an prochain pour un nouveau film. Seule certitude, il n'y aura pas de ch'ti et je ne serai pas sa mère !

11

La reine du *prime time*

Il y a maintenant plus de deux mois que je suis hospitalisée à Rueil. À mon arrivée, mon arbre, le frêne dont je voyais pointer la tête par l'étroit espace du pare-fenêtre, venait timidement de mettre ses feuilles. À présent, il s'est enhardi. Je le croyais jeune et malingre, il semble avoir pris de l'âge d'un seul coup.

C'est aussi mon cas, je le constate dans le petit miroir que me tend Marie-Annick ou Jacinthe lorsque chaque matin je fais l'effort de me maquiller. Ou pour mieux dire, j'ai rejoint mon âge. Comme si j'avais résisté trop longtemps et qu'il fallait maintenant se rendre à l'évidence : j'ai quatre-vingt-dix ans.

Ce constat matinal n'a rien de réjouissant. Mais c'est là que je puise la force de ne pas me résigner. Il faut tenir.

Dans cette vie d'hôpital, raréfiée à l'extrême, sans but, sans avenir prévisible, on apprend à concentrer tous ses espoirs sur un seul objectif. C'est la condition première de survie. Pour moi, l'objectif ne fait aucun doute : je serai de retour à La Jonchère pour mon anniversaire, le 2 juillet.

« C'est pas impossible, a réagi le chirurgien. Tout dépend de ce que nous diront les radios. »

Langage de médecin, qu'on apprend vite à décrypter. Ça veut dire en clair : 1) c'est très improbable ; 2) je ne veux pas vous décourager ; 3) ça ne dépend pas de moi.

Ces fameuses radios transpercent le plâtre et permettent de déterminer où en est la consolidation de ma cheville. La précédente datait de trois semaines et n'avait guère été encourageante. « Ça suit son cours », avait sommairement commenté le chirurgien. Traduction : « C'est pas terrible. »

Quand aura lieu la prochaine ? Claude, qui me sert d'intermédiaire auprès du corps médical, reste évasive. « Dans les tout prochains jours. »

Qu'importe, je m'accroche à mon objectif. Je fêterai mon anniversaire à La Jonchère.

Au-dehors, l'oiseau pépie gaiement. Je le soupçonne d'être un incorrigible optimiste. Peut-être sait-il que derrière cette façade se morfond son alter ego, la femme la plus optimiste de France, et lui envoie-t-il un message d'encouragement.

*

À quoi occuper mes journées entre quatre murs ? Les soins, l'orthophoniste, l'ergothérapeute, le kiné, les visites tant attendues de Claude et de Muriel, les appels de mes amies Virginie et Nicole, la télévision, le soir, avec Marie-Annick ou Jacinthe… Il restait de longs moments d'inactivité. Ma pensée divaguait alors librement, sautant d'une époque à l'autre, reliant des événements sans lien apparent, percevant une logique là où je n'avais vu d'abord qu'incohérence et dispersion. Qu'on ne m'en veuille pas si parfois les souvenirs que j'évoque paraissent éparpillés. Je les raconte comme ils me sont venus au cours de ces journées toutes semblables.

La récente pandémie qui a endeuillé la planète a hélas appris à beaucoup ce que signifie le *confinement*. Mais en temps dit « normal », de grands malades, des personnes handicapées, des prisonniers, des otages vivent en permanence murés dans un espace restreint, en proie à la solitude, à l'ennui, au désespoir. Les trois mois d'hôpital que j'ai vécus ne sont rien, j'en suis consciente, comparativement aux épreuves endurées par ceux-là. Du moins m'ont-ils rendue sensible à leur souffrance.

*

Je l'ai dit, Dominique Besnehard, mon cher Domino, avait profité de ma présence sur scène dans *Pleins Feux*, à la Michodière puis au théâtre Antoine, pour inviter metteurs en scène et directeurs de casting.

J'ai cité Claire Denis, il y eut aussi, parmi bien d'autres, Nelly Kaplan et Jean Chapot, tous deux réalisateurs et scénaristes. D'origine argentine, Nelly Kaplan était aussi exubérante que Jean Chapot était effacé, aussi démonstrative qu'il était réservé. Il faut dire qu'elle lui laissait peu l'occasion d'exprimer son point de vue, répondant à sa place et décidant de tout.

Nelly et Jean avaient imaginé une suite de téléfilms autour d'un personnage baptisé Honorin, maire d'un petit village provençal dans les années 1930. C'est Michel Galabru qui prêtait sa bonhomie, sa faconde et ses colères tonitruantes à Honorin. À ses côtés, une actrice invitée, une *guest*, était l'héroïne de chaque épisode. Deux d'entre eux, réalisés par Jean Chapot, avaient déjà été tournés, *Les Mouettes*, avec Macha Méril, et *Honorin et la Lorelei*, avec Grace de Capitani. Ils me proposaient le troisième, intitulé *Polly West est de retour*.

Le scénario racontait l'arrivée inopinée dans le village d'une belle et célèbre actrice américaine, Polly West. Non contente d'avoir acquis le château de Sainte-Apolline, orgueil de la commune, elle mettait la main en secret sur toutes les terres du village. Polly West, on le devine, n'était pas là par hasard. Il devenait peu à peu évident qu'elle s'était installée dans ce village perdu pour assouvir une vengeance.

Jean Chapot était certes un homme faible, tyrannisé par une femme volcanique, mais c'était aussi un metteur en scène de talent, très respecté par son équipe, et je pris beaucoup de plaisir à travailler sous sa direction.

Dans *Polly West*, un peu à la manière du *Manon des sources* de Pagnol, la cocasserie des situations, le pittoresque des personnages, la splendeur des paysages provençaux accentuaient l'intensité d'un drame paysan d'une extrême cruauté.

Excepté dans mes films anciens, c'était la première fois qu'on me confiait un rôle principal, avec un personnage à défendre de bout en bout.

C'était un très beau rôle et je ne tardai pas à réaliser le parti que je pouvais en tirer. En jouant sur tous les registres, la fantaisie, la séduction, l'autorité, l'émotion, c'était un peu comme si on m'offrait l'occasion de faire, grandeur nature, ma *bande démo*, ces petits montages dans lesquels les comédiens collent à la suite des extraits de films pour démontrer ce dont ils sont capables.

Le film fit un score d'audience prodigieux lors de sa diffusion sur TF1 et j'y gagnai la confiance et l'amitié de Claude de Givray, qui dirigeait le département fiction de la chaîne.

*

On pourrait dire, en exagérant à peine, que dans ma carrière *Polly West* fut pour la télévision l'équivalent de ce qu'avait représenté la *Cabane au Canada* pour la chanson. À partir de ce moment, je n'ai plus jamais cessé de travailler à la télévision, enchaînant parfois deux ou même trois téléfilms par an.

Ce n'est pas par hasard que je rapproche télévision et chanson. L'une et l'autre sont des arts profondément populaires. Un bon téléfilm, comme une bonne chanson, s'appuie sur un sujet simple, son thème est immédiatement identifiable, on comprend tout de suite de quoi il est question. Téléfilm et chanson privilégient la rapidité, l'ellipse. C'est l'univers de M. et Mme Tout-le-Monde. S'il y a des héros, ce sont des héros ordinaires. Je suis entrée dans l'univers du téléfilm sans prévention, sans frustration, sans condescendance. Il ne faut pas oublier qu'à cette époque aucune *star* de cinéma n'aurait voulu d'un rôle à la télévision. C'eût été déchoir. Le premier à oser franchir le pas fut Gérard Depardieu, dans le *Monte-Cristo* de Josée Dayan. Grâce lui en soit rendue. Le plus étonnant n'est pas qu'il ait bravé la frontière entre cinéma et télévision, c'est que son attitude passe pour une rare manifestation de courage et d'indépendance.

*

Durant les quinze ans qu'il passa à TF1, Claude fut un exceptionnel directeur de la fiction, ouvert et bienveillant. Il avait le don d'inspirer des projets originaux, de dénicher des talents, de marier astucieusement auteurs, réalisateurs et interprètes.

Critique aux *Cahiers du Cinéma* et scénariste de François Truffaut, dont il était proche, Claude avait lui-même réalisé des films et des téléfilms. C'était un passionné de séries télévisées. Il connaissait par cœur tout ce qui se faisait alors aux États-Unis, bien plus avancés que nous en la matière.

C'est Claude qui me conseilla d'accepter un rôle de chef habilleuse dans *Les Filles du Lido*, une minisérie en trois épisodes de Jean Sagols. Inutile de dire que le milieu m'était familier. J'avais vécu la vie de troupe au Casino de Paris, la compétition acharnée, les jalousies, les intrigues amoureuses, les drames parfois. Que se passe-t-il, par exemple, quand une danseuse se trouve enceinte ? Comment essaie-t-elle de dissimuler le plus longtemps possible sa grossesse, au risque de compromettre sa santé et celle de l'enfant à naître ? Nous en avions longuement parlé avec Jean Sagols et je lui avais raconté de nombreuses anecdotes à ce sujet.

Le grand bonheur de ce tournage fut de travailler avec Annie Girardot, une femme extraordinaire et une actrice rare. À cette époque, elle commençait déjà à souffrir de problèmes de mémoire. Comme elle ne parvenait pas à retenir son texte, elle brodait autour des situations. Son instinct lui permettait toujours de retomber sur ses pieds. Ça sonnait juste, c'était même parfois mieux que le vrai dialogue. À ses partenaires de sauter dans le train en marche. Exercice auquel chacun se pliait volontiers, aussi bien moi que Francis Huster, Alexandra Kazan ou Jacques Spiesser. Nous adorions Annie et ne désirions qu'une chose : qu'elle continue à exercer son métier le plus longtemps possible.

Les excès, le stress, l'alcool l'avaient abîmée prématurément. Mais elle était vaillante. Elle traversait la vie et ses déboires avec désinvolture, son humour mordant, son sens du dérisoire lui tenaient lieu de bouclier. Je me souviens de ce cocktail organisé pour le début du tournage des *Filles du Lido*. Annie ne buvait que de la bière. Sur la table abondamment servie, le traiteur, averti de ses préférences, avait prévu le nombre voulu de bouteilles. Mais il avait oublié le décapsuleur. Annie, sous mes yeux, a ouvert son sac et, tout en continuant à discuter avec moi, a sorti tranquillement le précieux instrument, comme s'il était parfaitement naturel d'avoir toujours un décapsuleur sur soi. Je ne saurais expliquer pourquoi ce geste, en même temps qu'il me fit sourire, me bouleversa.

Le dialogue prévoyait qu'Annie me traite de poufiasse. Pendant le tournage, c'était devenu un jeu entre nous. On se donnait du *poufiasse* à tout bout de champ. « Ça va, Annie ? – Et toi, poufiasse ? » Des années plus tard, alors qu'Annie ne reconnaissait presque plus personne, je suis allée la voir à l'institut où elle était soignée. J'ai poussé la porte de sa chambre, elle était couchée sur le côté. Je lui ai dit : « Annie, c'est ta poufiasse ! » Elle s'est tournée vers moi, son visage s'est illuminé : « Oh ! C'est toi, Line ! »

Je n'oublierai jamais ce moment.

Encore une femme qui a subi, comme tant d'autres, la violence des hommes. Je pense à ma grand-mère, si belle et dont mon grand-père était horriblement jaloux. Un jour, pour un regard que lui avait lancé un client du café qu'ils tenaient à Armentières, il s'était jeté sur elle et lui avait retourné le bras.

Comment ne pas se réjouir que celles qui ont si longtemps souffert en silence osent aujourd'hui prendre la parole ?

*

Au moment du tournage des *Filles du Lido*, Loulou était au plus mal. Entre deux scènes, je sortais sur les Champs-Élysées et j'appelais La Jonchère depuis une cabine. Je ne voulais pas que Loulou parte sans que je sois à ses côtés. Loulou décéda en janvier 1995 et, le lendemain de ses funérailles, je retournai sur le plateau. Jean Sagols m'attendait. Il me prit la main et m'emmena découvrir le décor où nous allions tourner. C'était la loge de la chef habilleuse, mon personnage. Il y avait des portants où étaient suspendus les costumes, une table de repassage, du matériel de couture et un grand miroir autour duquel la décoration avait placé des photos sur lesquelles je figurais en compagnie d'artistes susceptibles de s'être produits au Lido : Maurice Chevalier, Mistinguett, Joséphine Baker. En haut du miroir, sur la droite, une photo de moi prise par Loulou, où, sur les pointes, je m'exerçais à la danse.

Au moment où je quittais le décor avec Jean, la photo se décrocha. J'ai serré fort la main de Jean et lui ai dit : « C'est un signe de Loulou. Il est là ! »

*

Très souvent, aux beaux jours, Claude de Givray venait passer l'après-midi à La Jonchère. Et tandis que nous barbotions dans la piscine, nous discutions projets.

Il avait mille idées à la seconde, idées dont il se faisait aussitôt le critique impitoyable pour conclure : « Non, c'est pas bon, ça vaut rien ! » Et de rebondir immédiatement sur une autre proposition, tout aussi mirifique et tout aussi vite abandonnée. Sa seule certitude, rabâchée à longueur de temps : « Il te faut des rôles à la Simone Signoret ! » De la même façon que Loulou me serinait : « Il te faut des rôles à la Gabin ! »

Encore fallait-il qu'on me les propose, ces rôles. On ne trouve pas tous les jours dans sa boîte aux lettres le scénario de *Casque d'or*, du *Quai des brumes*, ou du *Chat*, pour citer un film qui les réunissait tous les deux.

Sans prétendre atteindre de tels sommets, j'eus l'idée d'un sujet que j'exposai à Claude, à l'heure bienfaisante où, après une longue exposition au soleil, nous prenions le frais sur la terrasse en regardant la nuit tomber sur Paris.

Il s'agissait d'une mère qui tente d'arracher sa fille à l'emprise d'un gourou. Après plusieurs tentatives infructueuses, elle décide, avec l'aide d'amis, de s'introduire dans la secte où la jeune fille croit avoir trouvé sa vraie famille.

C'était un fil encore mince, mais suffisamment solide pour que nous ayons envie de voir où il nous mènerait. Nous en avons discuté tout en dînant, arrivant à la conclusion, au moment où Claude prit sa voiture pour rentrer chez lui, que nous tenions une bonne histoire.

Henri Helman écrivit le scénario de *Rendez-moi ma fille* en collaboration avec Michèle Letellier et Viviane Zingg, et réalisa le film. Dominique Besnehard – qui par ailleurs tint un petit rôle dans le film – fit, comme d'habitude, d'excellentes suggestions de casting. Il eut l'idée de proposer à la très belle Valérie Kaprisky de jouer le rôle de Clara, ma fille, et à Jean-Claude Drouot celui de grand maître de la secte.

L'ex-Thierry la Fronde était devenu un comédien absolument remarquable, mais je dois reconnaître que sa prétention m'horripilait. Peut-être était-ce simple maladresse de sa part. Je pris mon mal en patience. J'ai horreur des conflits et je considère que le seul défaut qu'on puisse légitimement reprocher à un partenaire, c'est d'être mauvais comédien. Le reste est affaire de coulisses et le public doit être tenu à l'écart de ces petits tracas. Quand on mange dans un bon restaurant, on n'a pas envie que le chef vienne vous raconter les malheurs qu'il a eus en cuisine !

Pour les besoins du tournage, nous sommes restés un mois au Maroc, à Ouarzazate, la Porte du Désert. À l'issue du film, j'ai passé un an sans pouvoir manger de couscous – plat que pourtant j'adore.

Couscous et Jean-Claude Drouot mis à part, je garde le meilleur souvenir de *Rendez-moi ma fille*. Henri Helman réussit ce qu'il savait faire le mieux, un film bien écrit, réalisé avec soin, très efficace. On dira : *à l'ancienne*. Cet ancien-là résiste au temps. Ce n'est pas pour rien que je tournai par la suite quatre autres téléfilms sous sa direction.

Si je ne devais choisir qu'un film parmi les quatre autres sous la direction de Helman, ce serait *Une vie pour une autre* avec Florence Thomassin, de quarante ans ma cadette. Deux paumées, des accidentées de la vie réunies par le hasard, en route pour un voyage dont elles ignorent l'issue.

Je me souviens aussi du film parce que Loulou se manifesta deux fois durant le tournage.

On se rappelle peut-être la passion qu'il avait pour les rapaces et le passage épisodique d'un épervier au-dessus de La Jonchère.

Une scène du film se déroulait en mer, moi sur un bateau, la caméra sur un autre. L'équipe, techniciens, matériel, embarqua à Boulogne-sur-Mer. Le port était noir de curieux qui criaient : « Line ! Line ! » J'essayais de paraître à mon aise, mais je mourais de trouille, non pas tant à cause de la mer elle-même que du mal de mer, auquel je suis très sensible.

Mais peu avant de partir, alors que j'étais déjà installée dans la barque, j'aperçus soudain un bateau de pêche dont je lus le nom inscrit sur la poupe : *L'Épervier*. Aussitôt mes craintes s'envolèrent. « Loulou m'envoie un signe. Tout va bien se passer. Je ne serai pas malade en mer. »

Et en effet, malgré une mer agitée, je supportai d'être ballottée trois heures durant sans en éprouver la moindre gêne, tandis que toute l'équipe rendait tripes et boyaux.

La deuxième apparition de Loulou eut lieu par un matin pluvieux, sur un bord de route. Suivant les indications d'Henri, Florence, au volant de la voiture, moi à côté d'elle, devait démarrer sur les chapeaux de roue et passer très près de la caméra. Je pris place sur le siège passager, pas très rassurée.

Première prise, Florence démarre et cale aussitôt. Au départ !

Deuxième prise, Florence démarre et fonce en direction de l'équipe massée sur le bord de la route. Le cameraman voit le bolide se ruer droit sur l'objectif. Paniqué, il lâche la caméra pour se mettre à l'abri. À refaire !

Troisième prise, je remets mon sort entre les mains du destin, regrettant de ne pas avoir fréquenté plus assidûment l'église au cours de ma vie qui va bientôt s'achever. Moteur ! Florence appuie sur l'accélérateur et, au moment où la voiture démarre, je vois un épervier qui vient droit vers nous, majestueux, altier, comme au ralenti, et passe juste au-dessus du pare-brise. Bien sûr, c'était Loulou qui me disait : « Ne t'en fais pas, Jacqueline, je m'en occupe ! »

Partez ! Florence démarre au quart de tour et rase la caméra à la vitesse d'un bolide de formule 1.

L'équipe applaudit, Henri est fou de joie, Florence sort de la voiture, toute fiérote, il la serre dans ses bras et la félicite chaudement.

Dans mon coin, je n'en pense pas moins. Tout ça c'est bien beau, mais si Loulou n'avait pas pris la situation en main…

*

Bernard Stora préparait pour TF1 *Sixième classique*, un téléfilm dont l'action se situait en province, au début des années 1950. Aurélien, un garçon d'une dizaine d'années, s'invente par jeu une vie imaginaire. Il raconte qu'il est orphelin, que son père adoptif est en sana, sa mère dans la plus noire misère… Ému par son destin cruel, un couple de retraités aisés, les Cotelle, s'attache à l'enfant et décide de lui venir en aide. Peu à peu Aurélien en vient à mener une double vie, se partageant entre sa vraie famille et les Cotelle. Une situation de vaudeville, en somme, mais vécue par un enfant, avec ses chassés-croisés, ses quiproquos et ses courses échevelées. C'est Véronique Genest qui jouait la vraie mère d'Aurélien, Antoine Duléry son père, et lorsque Bernard me proposa le rôle de Mme Cotelle j'acceptai avec joie. D'autant qu'il me donna pour mari le délicieux Gérard Séty.

Bernard m'avoua plus tard qu'il me connaissait mal en tant que comédienne – c'est le désir d'approcher Line Renaud ex-vedette de la chanson qui motiva ce grand amateur de music-hall. « Vous étiez une icône pour moi, me dit-il. Je n'imaginais même pas que vous existiez en vrai ! »

Le tournage se déroula dans une excellente ambiance. Véronique Genest est une chic fille, drôle, généreuse, formidablement sympathique. Son personnage de Julie Lescaut, qui la rendit si populaire auprès du public, fut à la fois sa chance et sa déveine. Il occulta ses belles qualités de comédienne et limita sa carrière, elle qui aurait mérité les plus grands rôles.

Au fur et à mesure que nous tournions mes scènes, je me rendais bien compte que Bernard paraissait satisfait de mon travail. Je me disais : « Tiens, il a l'air de penser que je m'en tire pas trop mal. »

Vint mon dernier jour sur le film. Nous étions à Bergerac, le soir même je reprenais le train pour Paris. J'offris, comme c'est la tradition, un apéritif à l'équipe. À un moment, Bernard vint vers moi et m'attira à l'écart. « Line, il faut que je vous dise une chose. Vous avez en vous des qualités de comédienne que vous ne soupçonnez même pas. Un jour, nous retravaillerons ensemble et je vous donnerai un grand rôle. »

Ce n'était pas un compliment de circonstance. C'était un engagement qui nous obligeait tous les deux : lui à m'écrire ce rôle, moi à comprendre que l'aisance, le savoir-faire auxquels j'étais parvenue n'étaient qu'une étape. Il fallait aller plus loin, creuser plus profond.

Rendez-vous était pris. Serait-il tenu ?

*

Il fallut patienter huit ans.

Entre-temps, Bernard Stora réalisa bien d'autres films, tandis que j'enchaînais les tournages, sous la direction d'excellents réalisateurs comme Luc Béraud, Alain Nahum, Edwin Bailly, Marc Rivière et d'autres. Ce fut l'occasion de belles rencontres avec des acteurs que j'ai profondément admirés : Bernard Fresson, Michel Aumont, Daniel Gélin, Jean-Pierre Cassel, Michel Duchaussoy ou Jean-François Balmer. Comme j'apprécierais plus tard Guy Bedos, Michael Lonsdale, Pierre Mondy, Bernard Le Coq, Pierre Arditi…

Je constate avec embarras que cette énumération ne comporte aucun nom d'actrice féminine. Nulle volonté d'exclusion de ma part. La raison est à chercher ailleurs : pour des motifs économiques, les téléfilms peuvent difficilement s'offrir plus de deux acteurs importants. Étant femme, il est logique que j'aie eu majoritairement des partenaires masculins. Mais j'ai déjà dit le plaisir que j'ai eu à tourner avec Florence Thomassin, Annie Girardot, Véronique Genest, et je pourrais citer aussi Clémentine Célarié, Danièle Lebrun, Fanny Cottençon, Françoise Fabian ou Romane Bohringer.

*

Suzie Berton… Huit ans après notre conversation à Bergerac, je tenais enfin entre les mains le scénario du film que Bernard Stora et moi nous étions promis de faire ensemble. Huit ans pour cent pages… Mais le modeste livret ne disait rien de l'énorme travail préparatoire et des multiples métamorphoses dont j'avais été, en partie du moins, l'inspiratrice et le témoin.

À l'origine, Bernard et sa productrice de l'époque, Pascale Breugnot, s'étaient intéressés à l'affaire Simone Weber et avaient envisagé d'en tirer un film. Personne n'a oublié ce sinistre fait divers qui fit l'objet d'une couverture médiatique considérable dans les années 1980. Simone Weber, une femme de cinquante-cinq ans, était soupçonnée d'avoir abattu d'un coup de fusil son ex-amant, Bernard Hettier, puis d'avoir découpé son corps à l'aide d'une meuleuse à béton et d'en avoir dispersé les morceaux enveloppés dans des sacs-poubelle. Lassé par le caractère autoritaire et possessif de sa maîtresse, Bernard Hettier avait rompu avec elle peu avant. Simone Weber ne le lui aurait jamais pardonné.

Bien que tout l'accusait, la « diabolique de Nancy » ne cessa d'affirmer son innocence – et continue de le faire aujourd'hui, à quatre-vingt-dix ans passés. Quant au juge Gilbert Thiel, malgré cinq ans d'instruction et la constitution d'un dossier de dix-huit mille pages, il ne parvint jamais à produire la preuve formelle de sa culpabilité.

Défendue successivement par les plus grandes figures du barreau, de Jacques Vergès à Henri-René Garaud en passant par Paul Lombard ou Alain Behr, Simone Weber les découragea l'un après l'autre. Son procès devant la cour d'assises de Meurthe-et-Moselle fut l'occasion de multiples coups d'éclat. Interpellant le président, insultant les témoins, ricanant durant les interventions du procureur général, elle fut la vedette d'un show permanent. Sur la base de l'intime conviction, cette bizarrerie du droit français, les jurés la condamnèrent à une peine de vingt ans de réclusion criminelle.

Une première fois, Bernard et Pascale Breugnot avaient étudié le projet, réuni une documentation abondante, pris le conseil d'un avocat, Thierry Lévy. Pascale Breugnot était même allée jusqu'à prendre contact directement avec Simone Weber, qui purgeait sa peine à la prison de Rennes. Celle-ci ne se montra pas hostile, bien au contraire. Mais il fut très vite évident qu'elle entendait faire prévaloir *sa* vérité. Or l'intérêt de cette histoire résidait dans son ambiguïté. Coupable ou pas, rien ne permettait de trancher. Pour Simone Weber, c'était inacceptable. Si film il y avait, il ne pouvait servir qu'à la blanchir de tout soupçon. Mythomane, paranoïaque, elle s'était peut-être elle-même persuadée de son innocence, à force de la proclamer.

D'un commun accord, Pascale et Bernard renoncèrent au projet. L'affaire était trop récente, les blessures trop à vif, le réel trop envahissant pour laisser une chance à la fiction.

L'Affaire Simone Weber atterrit dans un tiroir et n'en bougea plus pendant cinq ans.

Bernard m'avait promis un grand rôle. Un jour l'idée lui vint de repêcher sous une pile de projets mort-nés le synopsis de *L'Affaire Simone Weber*. Il le relut et, au fur et à mesure qu'il tournait les pages, une évidence s'imposa : j'étais Simone Weber.

Même âge ou presque, moi née en 1928, elle en 1929, une certaine proximité morphologique, un commun aspect affable, souriant, bleu layette, souvent décrit par les journalistes pour mieux faire ressortir, par contraste, la monstruosité de la « diabolique ».

En trouvant son interprète, le projet abandonné reprit soudain toute sa vigueur.

Consulté, Dominique Besnehard, notre agent commun, fut immédiatement acquis à l'idée. C'était, selon lui, l'occasion rêvée de montrer l'étendue de mes possibilités et de rompre avec une image trop lisse.

Je m'accordai un court délai de réflexion. Menteuse, manipulatrice, escroc et finalement meurtrière, ce n'était pas vraiment l'idée que le public avait de moi. N'allais-je pas décevoir et choquer ? Tant pis, j'en prenais le risque !

Je connaissais déjà beaucoup de choses sur Simone Weber, car de mon côté j'avais conservé tout ce que j'avais lu à son propos avec l'idée d'en tirer un sujet. Mieux encore, un jour j'avais trouvé dans mon courrier une lettre d'elle, très longue et très embrouillée, envoyée depuis la prison pour femmes de Rennes. Elle me demandait d'intercéder en sa faveur auprès de Jacques Chirac en vue d'obtenir une remise de peine. Je m'étais abstenue de donner suite.

Qui la connaissait mieux que ses avocats ? Je choisis un excellent restaurant, Maison Blanche, sur le toit du théâtre des Champs-Élysées, et organisai un dîner qui nous réunit, Dominique, Bernard et moi, autour de Paul Lombard et d'Henri-René Garaud. Tout les opposait, Lombard haïssant la peine de mort, Garaud militant activement pour son rétablissement, l'un ami des arts, avocat de Picasso, Bonnard ou Chagall, l'autre défenseur autoproclamé des « franchouillards ». Ce qui les réunissait, c'était la passion du droit et une expérience humaine hors du commun. Ces hommes avaient tout vu, tout entendu, rien ni personne ne pouvait les surprendre. Personne excepté Simone Weber, cette femme qui tantôt les couvrait d'éloges, tantôt les traînait dans la boue, tantôt suscitait compassion et respect, tantôt les révoltait par son cynisme et sa cruauté. Ils avaient conversé des heures et des heures avec elle, ils avaient lu les innombrables lettres que cette graphomane invétérée leur avait adressées, ils avaient épluché les milliers de pages du dossier, ils l'avaient poussée dans ses derniers retranchements sans jamais parvenir à la cerner et sans pouvoir conclure en faveur de son innocence ou de sa culpabilité.

Ce que ni l'un ni l'autre n'osait avouer, mais qui semblait évident, c'est la peur irraisonnée qu'elle leur inspirait, cette peur qu'engendrent, même auprès des esprits les plus rationnels, sorciers et jeteurs de sorts.

Je sortis de ce dîner mémorable définitivement convaincue de l'intérêt du rôle et bien décidée à tout faire pour que le projet aboutisse.

*

Un temps nous avons envisagé de tourner ce film pour le cinéma et non la télévision. Dominique Besnehard approcha Charles Gassot, qui avait produit, entre autres succès, les films d'Étienne Chatiliez. Il fut tenté par le projet, mais ses avocats le mirent en garde. Simone Weber était procédurière, tourner un film directement fondé sur sa vie était judiciairement risqué. C'était aussi moralement discutable. Cette femme avait été lourdement condamnée, elle était incarcérée depuis et pouvait espérer, à terme, une libération anticipée pour bonne conduite. Était-ce le moment d'attirer l'attention sur elle ?

Charles Gassot, finalement, ne souhaita pas s'engager plus avant. Mais il donna à Bernard Stora un excellent conseil. Au lieu de traiter l'affaire de façon classique, à la manière d'un polar, avec de multiples personnages et une enquête à tiroirs, pourquoi ne pas faire un film semblable à *Garde à vue*, le célèbre film de Claude Miller ?

Un huis clos, un quasi face-à-face entre une meurtrière présumée et un policier qui tente, méthodiquement, d'obtenir ses aveux ? Un suspense psychologique et non un film d'action ? C'était, du même coup, s'affranchir des faits réels, tenir à distance la vraie Simone Weber et balayer les dernières préventions que je pouvais conserver à l'égard d'un personnage foncièrement négatif.

Exit Simone Weber, place à Suzie Berton.

Bernard écrivit le scénario en collaboration avec Mathieu Fabiani, flic de métier en même temps qu'excellent auteur. Pour le personnage du policier, son choix s'était rapidement fixé sur André Dussollier. Comédien exceptionnel, André avait à tort ou à raison la réputation d'hésiter longtemps avant de se décider. On disait même qu'il continuait à hésiter après s'être décidé. Les mauvaises langues, les jaloux ajoutaient : « Quand André a dit oui, ça ne veut pas dire qu'il n'ait pas dit non. » Cette fois cependant, non seulement André donna rapidement son accord, mais son « oui » ne varia plus. Je lui garde une grande reconnaissance d'avoir accepté sans la moindre hésitation un rôle qui pouvait, sur le papier, sembler moins présent que le mien. Je connais nombre d'acteurs de sa catégorie qui auraient refusé de *servir la soupe à Line Renaud*, selon l'horrible expression en usage dans ce métier qui n'est pas toujours aussi *cool* qu'il voudrait s'en donner l'air.

Bernard hésita plus longtemps sur le personnage de Marco. Fallait-il se conformer à l'image du gigolo, chercher un garçon au physique avantageux ? Il se décida finalement pour Daniel Russo, un acteur remarquable avec lequel il avait déjà plusieurs fois travaillé. Daniel était bien loin de manquer de séduction, mais il n'avait rien du *Latin lover*. Le personnage qu'il campa n'en fut que plus ambigu, bel homme un peu veule épouvanté par la violence d'un amour destructeur. Ce fut un bonheur d'avoir un tel partenaire.

Le scénario était à la fois très dense et épuré à l'extrême. La majeure partie du film se déroulait dans un décor unique, un bureau parfaitement banal, les seules échappées étant constituées par des flash-back retraçant la relation entre Suzie et Marco, son amant.

David Kodsi prit le relais des précédents producteurs avec l'énergie qui le caractérise. Je devais souvent le retrouver par la suite. Perrine Fontaine, pour France 3, fut une interlocutrice attentive et efficace.

Pourquoi certains tournages apparaissent à distance comme miraculeux ? Est-ce le succès final qui, rétrospectivement, embellit les souvenirs ? Est-ce le sentiment que tout s'est enchaîné, d'un bout à l'autre, sans heurt et comme naturellement pour concourir au meilleur résultat possible ? Un peu tout cela sans doute, mais aussi quelque chose de plus mystérieux qui, dès le premier plan, dès la première prise, vous donne la certitude qu'on va faire un bon film. Ce fut le cas pour *Suzie Berton*.

Le tournage débuta le 11 juin 2003, sur une plage des environs de Royan, par une séquence délicate entre Daniel Russo et moi. Excité par la vision d'un couple qui fait l'amour dans les dunes, Marco culbute Suzie à même le sable. On fait mieux comme scène de démarrage. Pourtant, nous avons trouvé tout de suite les gestes justes et le bon rapport entre nous. Comme si, alors que nous découvrions nos rôles, ils nous étaient déjà familiers.

À la fin de la séquence, Bernard a crié : « Coupez ! » Mais le couple dans les dunes, qui manifestement n'avait pas entendu, continua à se livrer avec beaucoup d'énergie à des ébats amoureux non simulés. Quel fou rire !

André Dussollier nous rejoignit une semaine plus tard. Nous avons commencé par la séquence où Ferran, le policier, au début du film, perquisitionne l'appartement de Suzie. Bernard avait prévu un plan-séquence. Il y avait beaucoup de texte, un parcours semé d'embûches et un chat que je devais tenir dans mes bras et qui ne songeait qu'à s'enfuir. J'avais un trac fou. Quelle humiliation si par malheur je me plantais face à ce grand comédien qui, fort de son expérience, allait, j'en étais sûre, se jouer des difficultés ? Et voilà qu'à la première prise André se trompe dans son texte. On coupe, André s'approche de moi : « Désolé, Line. » Je lui prends la main, magnanime, et m'aperçois qu'elle est glacée. André avait tout autant le trac que moi !

*

Nous avons fêté mon anniversaire sur le tournage. David Kodsi avait organisé un cocktail, je prononçai quelques mots de remerciement et dis à peu près ceci : « Je ne donne jamais mon âge mais, comme vous êtes des amis et que je sais que vous ne le répéterez pas, je vais quand même vous le dire : j'ai cinquante-sept ans à l'envers ! » On m'applaudit et quelqu'un lança : « Une chanson ! Une chanson ! », aussitôt suivi par toute l'assistance. Je m'étais fait une règle, depuis que j'étais passée à la comédie, de ne plus jamais chanter, quelles que soient les circonstances. Mais soudain le pianiste, un homme à cheveux blancs, se mit à jouer les premières mesures de l'une des plus belles chansons de Loulou, la chanson de notre couple, *Le Soir* :

Le soir tu es à moi, le soir j'entends ta voix
J'ai ton sourire et tes yeux tendres...

« Vous ne vous souvenez pas de moi, Line ? me dit-il. Je vous ai accompagnée en 1952, à Radio Alger... »

Émue, je pris le micro qu'on me tendait et chantai *Le Soir* in extenso, surprise de me souvenir sans difficulté des paroles et que ma voix ne soit pas trop rouillée.

Inutile de préciser qu'en cet instant je ne doutai pas une seconde que Loulou était venu me souhaiter bon anniversaire à sa façon...

*

Suzie Berton fut diffusé par France 3 le 1er mai 2004. Le film, très dialogué, exigeait une grande attention et durait deux heures quinze, longueur tout à fait inhabituelle à la télévision. Pourtant, il fut suivi par 5,8 millions de téléspectateurs, se classant largement en tête des audiences de la soirée avec 27,1 % de parts de marché. Preuve, s'il en était besoin, que le public est parfaitement capable d'apprécier une œuvre exigeante pour peu qu'on lui en propose. Multidiffusé, il constitue encore aujourd'hui l'un des plus grands succès de la chaîne dans le domaine de la fiction.

Au festival de télévision de Luchon, où il fut présenté en avant-première, le film rafla la presque totalité des prix : meilleure mise en scène, meilleur scénario, meilleure interprétation masculine pour Daniel Russo – mais André Dussollier l'aurait tout autant mérité. Je reçus pour ma part le prix de la meilleure interprétation féminine.

Suzie Berton obtint également le Grand Prix du Festival du film policier de Cognac dans la catégorie téléfilm.

J'ai coutume de dire qu'il y a pour moi un avant et un après *Suzie Berton*. Le film, il est vrai, marqua durablement la suite de ma carrière. Qu'on veuille bien m'excuser de m'y être arrêtée un peu longuement.

*

J'ai reçu et je reçois encore de très nombreuses propositions pour la télévision. Lorsqu'il s'est agi de choisir, j'ai toujours privilégié les thèmes qui faisaient écho aux problèmes de société. En 2012, on m'a soumis un sujet sur un jeune homme homosexuel rejeté par sa famille. Bien qu'hélas toujours actuel, ce type de situation avait déjà été traité et je sentais qu'il fallait aller plus loin. J'ai donc proposé qu'on réécrive le scénario autour d'un personnage transgenre. J'ai bien connu Bambi – Jean-Pierre Pruvot pour l'état civil, devenu Marie-Pierre Pruvot –, une femme d'une grande intelligence. Mais j'ai connu aussi Capucine, qui avait une féminité incendiaire, et Fétiche, avec qui j'étais très amie. Je savais à quel point elles avaient dû faire face au rejet de la société, et la douleur qu'elles éprouvaient de ne pas être nées dans le bon corps. Pour elles, c'était très clair, dès leur naissance elles étaient des femmes.

Thierry Binisti, le réalisateur, fut séduit par ma proposition. J'organisai une rencontre entre le scénariste et Bambi. Elle lui raconta toute son histoire, qui a énormément nourri le film. C'est ainsi qu'en 2014 France 3 diffusa *Belinda et moi*, la première fiction sur la transidentité qu'on ait pu voir à une heure de grande écoute sur le service public.

*

Je voudrais encore évoquer deux rôles avant de refermer ce chapitre. Louise, dans *La Femme tranquille* de Thierry Binisti en 2008, Mado dans *Rappelle-toi* de Xavier Durringer en 2015.

Suzie Berton était un personnage noir, à rebours de mon image. Louise et Mado ressemblaient à ce que je suis – ou essaie d'être. Ce n'est certainement pas un hasard si les deux personnages avaient eu des activités dans la Résistance, et si les deux films évoquaient la période de l'Occupation.

La Femme tranquille, ainsi nommé en référence au beau film de René Clément avec Noël-Noël, était un hommage à cet héroïsme de l'ombre qui me touche profondément. L'action se passait en 1943. Louise, mon personnage, tenait un petit hôtel-restaurant qui accueillait, entre autres clients, des soldats allemands. Un jour, tandis qu'elle se rend chez un fournisseur, elle découvre dans la campagne un parachutiste anglais blessé. Sans réfléchir aux conséquences, elle décide, le soir venu, de recueillir le jeune soldat et de le cacher dans sa cave. Ironie du sort, quand vient la Libération, elle est exécutée par des résistants de la dernière heure pour avoir servi à boire aux Allemands sous l'Occupation.

Il n'y a pas eu un jour, pendant le tournage, où je n'aie pensé à ma mère et à son courage quotidien pendant ces années difficiles. Je n'avais que douze ans quand la guerre a commencé, mais les souvenirs de cette époque ne se sont jamais effacés. En ce temps-là, les enfants n'étaient pas censés se mêler des affaires des « grands » et ne prenaient la parole que si on les interrogeait. Paradoxalement, cette mise à l'écart les rendait d'autant plus curieux du comportement des adultes. Leur petite taille les servait. Ils passaient inaperçus, ouvrant grand leurs oreilles et leurs yeux.

Je me souviens ainsi des journées passées dans le café-épicerie-mercerie de ma grand-mère. Ma mère venait l'aider le dimanche et servait les soldats et sous-officiers allemands qui fréquentaient l'établissement. On ne lui laissait pas le choix. Elle se montrait correcte en apparence, aimable comme on doit l'être dans un commerce, mais je n'ignorais rien, bien qu'elle n'en parlât jamais, des sentiments qu'elle éprouvait vis-à-vis de l'occupant.

Nous habitions à Armentières, face au collège, dont une partie avait été réquisitionnée par les Allemands pour y établir la Kommandantur. Chaque matin, ma mère partait travailler à vélo. Sur son porte-bagages, un panier contenant l'ouvrage qu'elle faisait à domicile et qu'elle était censée livrer à l'atelier. Au début, les soldats contrôlaient son barda, puis ils finirent par la laisser passer sans vérifier, échangeant un salut de bon voisinage.

Ce n'est que bien des années plus tard que je découvris ses activités sous l'Occupation. Un jour, comme je rangeais de vieux papiers, je tombai sur un rectangle de carton jauni. C'était une carte de *Combattant volontaire de la Résistance* au nom de ma mère, avec son pseudonyme dans la clandestinité : *Clairette.*

Le panier arrimé à l'arrière du vélo servait en réalité à dissimuler des vêtements civils à destination des aviateurs anglais parachutés dans le secteur. Elle les déposait chez Angèle, qui habitait sur la route nationale qui va du Pont de Nieppe à Dunkerque.

« Pourquoi ne m'en as-tu jamais parlé ? lui ai-je demandé.

– Parce que ça n'avait pas d'importance. »

Ce n'était pas de la modestie de sa part. Dans son esprit, elle avait simplement fait son devoir. Pas de quoi s'en vanter.

Bien qu'on ne puisse pas tout à fait comparer les situations, le dévouement du personnel hospitalier, lors de la récente épidémie de coronavirus, a fait la démonstration que l'héroïsme quotidien n'était pas un concept ringard, mais une attitude vivante et largement partagée.

*

Rappelle-toi ne fut pas un tournage comme un autre. Chacun, comédiens, techniciens, était conscient de participer à une entreprise qui avait du sens, non seulement par rapport aux faits historiques, mais aussi dans le contexte actuel.

Le sujet était le suivant. Résistante à seize ans, Mado fait partie d'un réseau dont la mission est d'informer les services secrets britanniques sur l'activité de la marine allemande dans le port de Brest. Soixante-dix ans plus tard, elle revient dans sa ville pour retrouver et punir celui qui a provoqué le démantèlement du réseau et la mort de ses principaux responsables, dont son propre frère.

Auteur et réalisateur du film, Xavier Durringer était un homme généreux et passionné qui s'enflammait rapidement lorsqu'il s'agissait de défendre les idées auxquelles il croyait. Le sujet exaltait les valeurs de courage, d'engagement, de fidélité, opposées à la lâcheté et à l'oubli. Il s'y impliqua totalement.

À Brest où nous tournions, cette évocation réveillait des souvenirs douloureux. La ville était sortie de la guerre presque entièrement détruite. Les Brestois s'intéressaient au tournage, apportaient leur témoignage personnel, nous montraient les photos de parents ou d'amis qui avaient péri dans les bombardements.

Jean-Yves Le Drian, ministre de la Défense et président de la Région Bretagne à l'époque, vint nous rendre visite sur le tournage. Il prononça des paroles très fortes sur l'importance de la Résistance à Brest et évoqua en termes émouvants la personnalité d'Yvonne Ropars, grande résistante, communiste et syndicaliste, dont s'était inspiré Xavier Durringer pour le personnage de Mado. Il se trouve que cette femme était la tante du régisseur du film. Il me parla longuement d'elle, à travers ses souvenirs familiaux. Selon lui, elle possédait une bonne partie de mes disques et j'étais sa chanteuse préférée.

Pendant le tournage, je suis allée me recueillir sur sa tombe. Il n'y était fait aucune mention de sa conduite exemplaire pendant la Résistance. Comme maman, elle avait *juste* fait son devoir.

Une avant-première fut organisée, quelques mois plus tard, au cinéma Liberté. On dut refuser du monde. J'étais présente, avec Xavier Durringer et les producteurs, Dominique Besnehard et Michel Feller. Le film fut longuement applaudi. Après la projection, nous avons répondu aux questions venues de la salle et je crois que, si les organisateurs, passé minuit, n'avaient pas mis fin à la soirée, nous y serions encore.

*

Louise, Mado, à travers ces beaux rôles, c'était ma mère qui était honorée. En incarnant au mieux ces personnages remarquables, j'avais l'impression de lui rendre un peu de ce qu'elle m'avait donné tout au long de sa vie.

Injustement décriés – comme le sont toutes les formes d'art populaire avant qu'elles deviennent à la mode –, les téléfilms osent, bien plus souvent que le cinéma, s'attaquer aux *grands sujets*. Ils ratent parfois leur but, n'évitent pas toujours le simplisme ou le pathos, mais au moins ils essaient d'être à l'écoute des préoccupations d'un vaste public.

Bien sûr, j'aurais aimé que le cinéma m'offre de plus grands rôles et en plus grand nombre. Mais j'ai adoré la richesse et la variété des personnages que j'ai interprétés à la télévision. Et je suis fière d'avoir réuni, presque à chaque film, des audiences aussi importantes. En 2019, après la diffusion d'*Huguette* sur Arte, le magazine *Le Film français* me qualifia de « Reine du *prime time* ».

Mon public m'a suivie, de la chanson à la comédie. Il s'est même élargi. Populaire j'étais, populaire je suis restée, dans tous les sens du terme.

12

Brûler les planches

C'est raté, je n'atteindrai pas mon objectif, je ne quitterai pas l'hôpital à la date espérée, je ne serai pas de retour à La Jonchère pour mon anniversaire le 2 juillet. Lors de sa visite matinale, le chirurgien, cette fois, a été très clair, Claude n'aura pas besoin de me traduire ses formules énigmatiques en langue de tous les jours. Les dernières radios ne sont pas bonnes, la consolidation progresse, mais trop lentement pour qu'il soit possible de me laisser partir sans risque.

Parce qu'il était nécessaire de préserver un petit coin de ciel bleu dans toute cette grisaille, le chirurgien m'a laissée espérer une permission de sortie pour mes quatre-vingt-onze ans. Une escapade à La Jonchère en ambulance, le temps d'un déjeuner de fête. Départ de l'hôpital à midi, retour à seize heures. Présence permanente d'un soignant capable d'intervenir en cas d'incident.

Ce petit retour avant le grand sera mon nouvel objectif. Celui qui me permettra de croire que le temps a un sens et que les jours ne s'écoulent pas en vain.

Que faire en attendant ? Il y a les dossiers posés sur ma table, que je n'ouvrirai pas aujourd'hui encore. On m'a confisqué mon téléphone : très mauvais pour moi, paraît-il. Perturbant pour le cerveau, pour l'équilibre nerveux, pour le sommeil. On m'en autorise l'usage seulement une heure par jour, entre dix-neuf heures et vingt heures.

Restent les souvenirs, ces bribes qui me reviennent à l'esprit comme les pièces d'un puzzle géant.

Ma vie.

J'en ai raconté une partie dans un précédent livre, *Et mes secrets aussi*. Pourquoi ne pas poursuivre ? Ma main, encore malhabile, ne me permet pas de prendre des notes. Mais je peux déjà assembler les petits morceaux dans ma tête, mettre un peu d'ordre dans ce méli-mélo, brouillonner en vue d'un travail futur. Que tout ce temps perdu ne soit pas tout à fait du temps gâché.

Heureusement, ma mémoire est intacte. Les noms, les lieux, les circonstances me reviennent sans effort. Comme un tiroir qu'on ouvre et où l'on s'étonne de retrouver, bien classés, des papiers auxquels on n'a pas touché depuis trente ans.

L'AVC m'a épargnée. Sans ma cheville fracturée, mon existence aurait repris son cours depuis longtemps.

*

Pendant des années, un couple de fans, Christiane et Michel Duperrier, a découpé tout ce qui paraissait sur moi et l'a minutieusement collé dans de grands classeurs noirs. Grâce à leur travail de bénédictin, je relis des articles qui, au fil des années, m'ont émue, d'autres qui m'ont blessée, certains qui m'ont laissée perplexe ou m'ont franchement fait rire. Une expression revient régulièrement sous la plume des critiques de théâtre : « Line Renaud brûle les planches. »

En ai-je brûlé, un stock de planches, depuis ma première apparition dans *Folle Amanda* !

J'ai cherché l'origine de cette curieuse métaphore, sans rien trouver de très convaincant. Les planches, ce sont évidemment celles dont est faite la scène, laquelle était éclairée, à l'origine, par des chandelles. Les comédiens qui brûlaient les planches, si l'on en croit les encyclopédies, étaient ceux qui s'approchaient au plus près des flammes, qui se mettaient en lumière au risque de mettre le feu à leur costume.

Il est vrai que, bien plus encore que le cinéma, la scène est mon univers, le lieu où, depuis mon adolescence, j'ai vécu professionnellement mes émotions les plus intenses. Quand j'ai cessé de chanter, c'est le théâtre qui m'a permis, tous les cinq ou six ans, de retrouver le contact des planches. Si je les brûle, comme l'écrivent les journalistes, c'est que sentir la présence physique du public me pousse à donner le meilleur de moi-même, quitte à frôler de trop près les lumières.

Je n'étais pas remontée sur scène depuis *Pleins Feux*. J'attendais l'occasion. Elle se présenta au plus mauvais moment.

*

Hiver 1995. Loulou vient de mourir. Je vis dans un brouillard perpétuel, submergée par le chagrin. Maman, Jacques et Bernadette Chirac, Claude, Muriel, des amis fidèles m'entourent et me poussent à réagir, à travailler, faire des projets. Ils ont raison, c'est la seule façon de m'en sortir. Mais Dieu que c'est dur…

Un matin, le téléphone sonne, un monsieur très poli est au bout du fil. Il s'appelle Jean-Paul Lucet, c'est le directeur du théâtre des Célestins, à Lyon. Il prépare la prochaine saison et a inscrit au programme *La Visite de la vieille dame* de l'écrivain suisse Friedrich Dürrenmatt. Il a pensé à moi pour le rôle principal.

Cette *Visite* me dit vaguement quelque chose, quelqu'un m'en a parlé, mais qui ?

Je suis si fatiguée, si désemparée, que je n'ai qu'une hâte, raccrocher le plus vite possible. Mais j'ai promis à maman de faire un effort et je n'ai aucune raison d'être désagréable avec ce monsieur qui a la gentillesse de m'appeler pour me proposer un rôle. Je réponds machinalement :

« La vieille dame, c'est ça ?

– Pardon ?

– Le rôle que vous me proposez, c'est celui de la vieille dame ? »

Silence. Il craint de m'avoir choquée et se lance dans des explications embarrassées. En réalité, elle n'est pas vraiment vieille, cette dame. Elle est entre deux âges, encore très jeune finalement.

Je le rassure. L'âge n'a pas d'importance. Qu'il m'envoie la pièce.

Elle m'arrive le lendemain et, secouant ma torpeur, je m'oblige à la lire aussitôt.

Entre-temps, je me suis souvenue que Madeleine Robinson avait joué la pièce en Suisse quelques années plus tôt. C'est elle qui m'en avait parlé et le titre m'était resté en mémoire.

Les premières scènes me plaisent, je suis prise par le texte. Mais au fur et à mesure que je tourne les pages, un curieux sentiment de déjà-vu s'empare de moi. Je connais le thème, je connais les situations, je connais les personnages.

Et pour cause : j'ai déjà interprété le rôle !

Polly West est de retour, que j'ai tourné trois ans plus tôt, raconte à peu près la même histoire que *La Visite de la vieille dame*, pièce écrite en 1955.

Sans citer leur source, Nelly Kaplan et Jean Chapot avaient puisé leur inspiration chez Dürrenmatt !

Dans le téléfilm comme dans la pièce, une femme richissime et extravagante retournait dans son village natal pour se venger de l'homme qui l'avait mise enceinte et l'avait contrainte à fuir trente ans plus tôt.

Polly West était la version solaire, provençale et bouffonne du thème, la *Vieille Dame* sa version germanique, dérisoire et féroce. Personne n'en sortait indemne, y compris la justicière.

Dans l'état de confusion qui était le mien, cette pièce longue, pessimiste, parfois un peu didactique, aurait dû me rebuter. Au contraire, elle me réveilla. N'était-ce pas pour moi une opportunité exceptionnelle ? Un texte ambitieux, vingt comédiens en scène, un rôle pivot ? L'occasion de mener une troupe au théâtre, comme j'avais mené la revue sur la scène du Casino de Paris ou à Vegas ? La comparaison peut sembler hasardeuse, mais la suite démontra qu'elle était fondée.

Dominique Besnehard m'apprit que, en dehors de Madeleine Robinson, Valentine Tessier puis Edwige Feuillère avaient joué la pièce, et que plus récemment Lauren Bacall l'avait reprise à Londres, sous la direction de Terry Hands.

J'appelai Edwige Feuillère pour lui demander conseil. Edwige m'avait souvent encouragée à faire du théâtre. Elle me voyait dans tout un tas de rôles, et souvent dans ceux qu'elle avait tenus elle-même. Lorsque je lui parlai de la *Vieille Dame*, elle s'exclama : « Comment n'y ai-je pas pensé ? Bien sûr que le rôle est pour vous ! Mais attention, le titre est un piège : il ne faut surtout pas le jouer façon vieille dame… »

Recommandation dont je compris la justesse et que je suivis à la lettre.

Chère Edwige… Si distinguée, si élégante, si raffinée. À sa mort, j'appris qu'elle m'avait légué un service à thé. Elle s'était servie toute sa vie de ce service en fine porcelaine et souhaitait me laisser ce discret témoignage de son affection. J'ai eu si peur d'en casser une que n'ai jamais bu la moindre goutte de thé dans les tasses d'Edwige Feuillère…

*

Les répétitions ainsi que les premières représentations de la *Vieille Dame* eurent lieu à Lyon. Maman accepta de me tenir compagnie. C'était une dame âgée, elle souffrait de douleurs abdominales, il aurait été plus normal que ce soit moi qui veille sur elle. Mais j'étais comme une convalescente, mal remise de la mort de Loulou et sujette à rechute. Sa présence me rassurait.

Régis Santon fit la mise en scène, François Lalande interprétait le rôle de mon ex-amant, Jean-Jacques Moreau celui du maire. Le soir de la générale, il y avait deux Francis dans la salle, Francis Nani et Francis Lemonnier, les codirecteurs du théâtre du Palais-Royal à Paris. Ils apprécièrent tous deux beaucoup le spectacle et me dirent à la fin : « Après Lyon, vous ferez Paris, au Palais-Royal. On engage la même troupe ! »

Malgré cette réaction encourageante, j'étais extrêmement stressée le jour de la première. Jamais je n'avais joué un rôle aussi exigeant. Dans l'après-midi, alors que je circulais en voiture avec ma mère, j'aperçus soudain, à un stop, une vitrine remplie de guitares et de banjos. Je fus aussitôt rassurée : c'était, à n'en pas douter, un clin d'œil de Loulou.

Inutile de m'inquiéter, tout se passerait bien.

Après un mois aux Célestins, nous avons donc repris la pièce à Paris pour cent vingt représentations au théâtre du Palais-Royal. Le spectacle reçut un accueil incroyable et les critiques furent parmi les meilleures qui m'aient jamais été consacrées.

Je ne céderai pas à la complaisance de les citer toutes. Peut-être me permettra-t-on seulement d'évoquer l'article de Brigitte Salino dans *Le Monde*, parce que ses mots confirmaient mes intentions :

> Certes, [Line Renaud] interprète formidablement le personnage principal. Mais, surtout, elle offre un « plus » auquel le théâtre français n'est pas habitué. Elle entraîne toute la représentation comme seules les grandes meneuses de revue savent le faire. Avec éclat, en souriant s'il le faut, mais sans faillir une seconde. À l'américaine. Irréprochable et impitoyable. […] Elle dégage une autre puissance, plus souterraine et touchante : celle d'une femme qui a vécu et ne le nie pas en scène. Elle jette un défi à la salle : « Voyez, semble-t-elle dire, on peut avoir été et être. » Être Line Renaud, d'une cabane au Canada aux ors mérités du Palais-Royal.

*

Londres a toujours été réputé pour l'excellence de sa vie théâtrale. Des salles prestigieuses, des comédiens remarquables, des productions exigeantes incitent les directeurs de théâtres et les agents français à traverser la Manche pour y faire leurs emplettes. C'est ainsi que Dominique Besnehard repéra, en 1999, une pièce du vétéran Noël Coward, l'auteur de *Brève Rencontre* et de nombreux grands succès du théâtre britannique. Intitulée *A Song at Twilight* – littéralement « Une chanson au crépuscule » –, elle était interprétée au Gielgud Theater par Vanessa Redgrave et son frère Corin Redgrave.

En voici le thème. Un écrivain vieillissant et acariâtre, sir Hugo Latymer, a rendez-vous avec une ancienne maîtresse, Carlotta Gray, à la demande de celle-ci. Carlotta veut obtenir l'accord de son ex-amant devenu célèbre pour publier les magnifiques lettres d'amour qu'elle a reçues de lui. Elle se heurte au refus catégorique de sir Hugo. Mais elle dispose d'autres lettres, celles-là adressées par le grand écrivain à un garçon. Plus sincères, plus enflammées que les autres. Hugo croit avoir soigneusement dissimulé son homosexualité, mais on découvre que Hilde, sa femme, n'a jamais été dupe…

L'intrigue était habilement agencée, les rôles superbement écrits. Noël Coward connaissait son métier par cœur. Et chez lui, l'habileté ne tuait jamais l'émotion et le savoir-faire n'excluait pas la sincérité. Gay dans un pays où l'homosexualité a été réprimée par la loi jusqu'en 1967, Coward abordait un thème qui le touchait personnellement. Les scènes finales, d'une grande intensité, disaient la souffrance d'un homme contraint de taire toute sa vie ses penchants profonds.

*

Dominique m'avait avertie : « Tu verras, Hugo, c'est Brialy ! Je ne vois que lui pour le rôle. »

Jean-Claude était un ami de longue date, tendre, drôle, dévoué, exquis. Je me faisais une joie de le retrouver. Mais contre toute attente, les répétitions de la pièce, qu'on avait baptisée *Poste restante*, furent laborieuses et parfois tendues. Je connaissais le Jean-Claude Brialy brillant, infatigable, tel que je le fréquentais dans les dîners à l'Orangerie, son restaurant. Je ne connaissais pas le Brialy sombre et irritable. On le disait malade, je n'y avais pas cru. Force me fut de l'admettre. Il connaissait des périodes d'absence, où il restait avachi dans un fauteuil, à l'écart, l'œil vague. Et, surtout, il avait énormément de mal à retenir son texte. Dominique m'a dit plus tard que Jean-Claude l'appelait chaque matin, furieux. « C'est ta faute ! Qu'est-ce qui t'a pris de m'obliger à jouer cette pièce ! » Ce rôle superbe était pour lui une épreuve et l'épuisait.

Nous avons donné une série de représentations en Belgique pour roder le spectacle. L'une d'elles, à Mons, faillit tourner au désastre. Carlotta, mon personnage, n'intervenait dans la pièce qu'au bout d'une vingtaine de minutes. Jean-Claude, au cours de ses premières scènes avec Annie Sinigalia – prodigieuse dans le rôle de Hilde –, n'avait cessé de trébucher sur son texte. Une fois, deux fois, le public pardonne. Il peut même être complice, si on sait le mettre de son côté. Mais à la cinquième, à la dixième erreur, il s'impatiente. Brialy, loin de faire amende honorable, se crispait et devenait agressif.

Comble de malchance, émotion ou atteinte du mal qui le rongeait, il perdit soudain sa voix.

J'eus toutes les peines du monde, une fois entrée en scène, à rétablir la situation.

Le spectacle rencontra beaucoup de succès, nous l'avons joué à Paris d'août à janvier, puis sommes partis en tournée. Mais chaque soir je craignais le pire. Jean-Claude avait beaucoup grossi, il s'essoufflait vite, et je souffrais de le voir se balader en coulisse, lui qui était le charme même, sa robe de chambre entrebâillée sur son intimité. Un jour, nous étions à Fréjus, il arriva tout excité au théâtre. « Ma marraine m'a téléphoné, elle tourne dans le coin. Elle m'a promis de venir ce soir, c'est merveilleux ! » me dit-il. Sa marraine, c'était Jeanne Moreau, pour qui il professait la plus vive admiration. Il était comme un petit garçon devant elle, débordant d'amour et anxieux de lui plaire. Quant à moi, si j'appréciais la grande actrice, j'étais moins convaincue par sa personnalité, hautaine et peu chaleureuse. Après le spectacle, nous sommes allés dîner tous les trois dans un restaurant proche. Jean-Claude, nerveux, attendait que l'oracle se prononce : qu'avait pensé Jeanne de la pièce, et surtout qu'avait-elle pensé de lui – et de moi accessoirement. Mais Jeanne grignotait en bavardant de choses et d'autres, sans dire le moindre mot du spectacle auquel elle venait d'assister. Le repas touchait à sa fin, le visage de Jean-Claude s'assombrissait, quand soudain entra dans le restaurant Stéphane Bari, qui tenait un rôle épisodique de maître d'hôtel dans la pièce et n'avait que quelques répliques. Du plus loin qu'elle le vit, Jeanne lui fit de grands signes. Il s'approcha, elle lui saisit les mains, pâmée : « Je vous ai trouvé merveilleux ! Tant d'émotion ! Tellement juste, tellement simple ! Bravo, merci, merci ! »

Stéphane Bari, qui n'en demandait pas tant, était sidéré, Jean-Claude étouffait de rage et je dois reconnaître que je souriais intérieurement, tant la situation était caricaturale. La marraine tant vénérée avait montré au petit garçon de quoi elle était capable.

Jean-Claude mourut cinq ans plus tard, sans avoir jamais avoué de quel mal il souffrait, fanfaronnant, donnant le change, une grande écharpe blanche nouée autour du cou. On dit qu'elle dissimulait une pompe à morphine qu'il actionnait discrètement quand la douleur se faisait insupportable.

Il n'avait pas son pareil pour animer une soirée. Quelques jours avant sa disparition, nous avions assisté ensemble à un dîner au ministère de la Culture, à l'invitation de Renaud Donnedieu de Vabres. Il s'était montré étincelant, tenant l'assistance sous son charme, racontant avec tendresse mille histoires hilarantes sur les grandes actrices qu'il avait adorées, Marie Bell, Marlène Dietrich, Elvire Popesco.

Je garde de lui un collier, des boucles d'oreilles, un petit cœur bleu trois fois cassé, trois fois recollé et que j'emporte partout avec moi, comme un porte-bonheur.

Et le rosier que j'ai planté à l'angle de la maison.

C'était un seigneur, un homme d'un autre temps. Notre époque n'était pas la sienne.

*

Fugueuses, de Pierre Palmade et Christophe Duthuron, que Muriel Robin et moi avons joué en 2007 au théâtre des Variétés, était une pièce très différente de celles que j'avais interprétées jusque-là.

Deux femmes, aussi dissemblables que possible, se croisent par hasard sur le bord d'une nationale et poursuivent leur route ensemble. Margot, quarante ans, a décidé de fuir le domicile familial le jour des dix-huit ans de sa fille, lasse d'avoir tout donné à sa famille sans rien en recevoir. Elle fait la rencontre de Claude, quatre-vingts ans, qui s'est échappée de la maison de retraite où son fils l'a placée pour s'en débarrasser.

À vrai dire, il ne s'agissait pas réellement d'une pièce au sens strict du terme, mais d'une suite de sketchs, deux *one woman shows* croisés, un spectacle qui tenait autant du théâtre que du cabaret – ou son équivalent moderne, le café-théâtre. Grand découvreur de talents, le producteur, Jean-Marc Dumontet, s'était d'abord illustré dans le domaine de l'humour, avec Nicolas Canteloup, puis Alex Lutz et beaucoup d'autres.

L'exercice était tout à fait nouveau pour moi. Comme d'habitude, j'étais assaillie par le doute. Qui m'obligeait à quitter ma zone de confort ? Pourquoi m'embarquer dans cette aventure ?

Comme on peut s'en douter, j'étais Claude, octogénaire évadée d'un EHPAD. Pierre Palmade, qui m'avait vue dans mes précédentes pièces, avait écrit le rôle pour moi. Mais il n'était pas envisagé au départ que Muriel Robin tiendrait le rôle de Margot. En tant que comédienne, le théâtre ennuyait Muriel. Jouer tous les soirs le même texte la *gonflait*, comme elle disait. Elle se sentait contrainte par le carcan des mots, par les gestes répétés à l'avance et reproduits tels quels pendant toute la durée des représentations. Privée d'inattendu, elle étouffait.

Palmade plaidait en faveur d'Isabelle Mergault. Sans doute était-elle un peu jeune pour le rôle, mais j'étais toute disposée à faire une lecture avec elle. On verrait vite si le couple fonctionnait ou pas.

La lecture à la table est un exercice compliqué. On hésite entre jouer vraiment le rôle ou l'esquisser, *mettre le ton*, comme on disait à l'école quand on récitait une poésie, ou dire les mots à blanc. Cette lecture préliminaire se passe en présence de l'auteur, du metteur en scène, et avec des partenaires qu'on rencontre parfois pour la première fois. Il y règne une certaine anxiété. On craint de décevoir ou d'en faire trop.

Ce jour-là, Isabelle Mergault arriva en retard, sans s'excuser ni même prendre le temps de nous saluer. Elle enleva son blouson de cuir, s'assit et attaqua sans attendre, comme quelqu'un qui n'a pas que ça à faire. Et de fait, elle enchaîna ses répliques un peu comme, sur un tournage de film, on fait ce qu'on appelle une *italienne* entre comédiens, juste avant la prise, simplement pour vérifier qu'on sait le texte.

À ce train-là, ce fut vite emballé. Isabelle referma la brochure, remit son blouson, salua tout le monde de la main et fila vers d'autres rendez-vous.

J'étais catastrophée. *Fugueuses*, où les tableaux s'enchaînaient à un rythme effréné, nécessitait une parfaite coordination et une complicité sans faille des interprètes. Un peu comme dans un numéro de trapèze volant : si le voltigeur ne s'entend pas avec le receveur, il a de grandes chances de se retrouver au tapis.

L'air de rien, Muriel suivait l'affaire par l'intermédiaire de son ami Palmade.

À partir de là, nos souvenirs divergent.

Version A (la mienne), Muriel m'appelle et me dit : « J'apprends que Pierre pense à Isabelle Mergault pour jouer Margot ? Mais c'est pas Isabelle, le rôle, c'est moi ! »

Version B (celle de Muriel), me voyant sur le point de renoncer à la pièce, elle me dit, bonne copine : « Allez, va, ne pleure pas ! Je vais te la faire, ta Margot… »

Je me garderai de trancher. Sans doute que depuis le début je me disais : « Mon Dieu, mais c'est un rôle pour Muriel ! Si seulement elle acceptait de le jouer… »

Je l'ai pensé tellement fort que la chose s'est faite. Non seulement Muriel *était* Margot, mais je ne pouvais rêver meilleure partenaire. C'est une bosseuse acharnée, une professionnelle extraordinaire. Elle avait le *timing*, les gestes, les répliques tombaient pile-poil, je n'avais qu'à mettre mes pas dans les siens.

D'un bout à l'autre des représentations, elle fut aux petits soins pour moi, allant, je l'ai dit, jusqu'à me prêter son habilleuse, Sandra, qu'elle jugeait plus débrouillarde que la mienne.

Il n'y avait qu'un moment pénible, quand chaque soir, après les rappels, regagnant les loges, elle poussait un grand soupir et me disait : « Plus que quatre-vingt-neuf ! » Et le lendemain : « Plus que quatre-vingt-huit ! »

Comme les bidasses qui, chaque matin, du temps où les garçons faisaient leur service militaire, clamaient « Trente au jus ! » pour indiquer le nombre de jours qui leur restaient à tirer d'ici la quille, Muriel égrenait le compte à rebours des jours qui nous séparaient de l'ultime représentation !

Muriel… Ma Mumu…

*

La toute première fois que je la vis, c'était en 1988, au Tintamarre, un café-théâtre rue des Lombards, où Loulou et moi avions assisté à la centième de son spectacle *Les majorettes se cachent pour mourir*. Muriel conserve une photo où elle figure entre nous deux ce soir-là.

Loulou m'avait dit : « Souviens-toi de cette fille, on n'a pas fini d'en entendre parler ! »

Deux ans plus tard, le 1er août 1990, alors que nous venions d'applaudir Clémentine Célarié qui jouait sa pièce, *Marcella*, à l'Européen, nous avons aperçu Muriel à la sortie du théâtre.

« Qu'est-ce que vous faites ?

– Je rentre chez moi.

– Venez dîner avec nous. »

Nous avons traversé la place de Clichy pour aller manger des fruits de mer chez Charlot, le roi des coquillages.

La conversation s'anima tout de suite et Loulou, très en verve, éprouva d'emblée une vive sympathie pour Muriel. D'un ton où se mêlaient bienveillance paternelle et charme latin, il lui fit même, chose étrange, des compliments enflammés sur ses genoux : « Vous avez de très beaux genoux. C'est très rare, les beaux genoux. »

Muriel m'avoua qu'elle se prit plus d'une fois, par la suite, à regarder ses genoux dans la glace en se demandant ce que Loulou leur trouvait d'exceptionnel.

Loulou était déjà âgé, mais il continuait à composer et gardait l'espoir de placer une chanson qu'il venait de terminer à son ami Yves Montand.

Il en était très fier. Elle s'appelait *C'est un pianiste américain*.

« Écoutez ça, dit-il à Muriel ce soir-là, c'est un *shuffle* » et, battant la mesure sur la table, il se mit à fredonner :

« *C'est un pianiste américain… tchac, tchac, tchac… Qu'on applaudit avec un whisky à la main… tchac, tchac…* »

Yves ne chanta jamais *C'est un pianiste américain*, mais la chanson figure sur *Feelings*, le CD d'hommage à Loulou paru en 2001, et c'est Muriel qui tint à l'interpréter, en souvenir de cette soirée.

À minuit, Muriel nous dit : « On est le 2, c'est mon anniversaire, je vous offre le champagne. »

2 août 1990 : 2, le chiffre de maman, août huitième mois de l'année, notre chiffre à tous deux, Loulou et moi.

On y croit ou on n'y croit pas, mais pour moi notre amitié était née sous d'heureux auspices.

*

Éric Stemmelen, le directeur des programmes de France 2, voulait faire une captation de *Fugueuses*. Jean-Marc Dumontet y était favorable, je l'étais aussi. Pas Muriel, qui s'y opposait farouchement. Je lui dis : « Moi, ça me fait plaisir de la faire. Pour qu'on en garde le souvenir. Toi et moi ensemble. Si tu ne veux pas, alors dis-le à Stemmelen une bonne fois pour toutes. »

Un soir, Éric vint me voir dans ma loge aux Variétés. Je lui dis : « Écoute, moi je suis partante, mais Muriel ne veut pas de cette captation. »

Muriel nous rejoignit pour une coupe de champagne et campa fermement sur ses positions : « Je ne ferai pas la captation, voilà. Inutile d'insister. » Sur ce, elle nous dit bonsoir et partit de son côté. Je proposai à Éric d'aller dîner aux Galopins, une brasserie près de la Bourse, où nous avions nos habitudes, Muriel et moi. Et comme je m'en doutais, la première personne que nous avons aperçue en entrant était Muriel, assise toute seule devant une douzaine d'huîtres. Je l'invitai à se joindre à nous, ce qu'elle fit, et bien évidemment il fut de nouveau question de la captation. Muriel, me voyant tellement triste, finit par dire oui, mais je sais qu'elle se laissa convaincre à regret, uniquement pour me faire plaisir.

Personne n'eut à s'en plaindre, y compris Muriel.

Le samedi 5 janvier 2008, la retransmission de *Fugueuses* en direct depuis le théâtre des Variétés enregistra sur France 2 une audience record de près de huit millions de téléspectateurs.

Il est d'usage de réaliser, la veille de la diffusion, une captation dite *de sécurité*, pour le cas où un incident se produirait le jour même.

Judicieuse précaution. Le vendredi, dans la scène du pont, je me cassai le métatarse, un os du pied. Fidèle aux préceptes de Loulou, je continuai à jouer comme si de rien n'était. Mais sitôt ma sortie de scène, la douleur, enfin libérée, se déchaîna. On me conduisit à l'hôpital, où on me posa une attelle et m'administra des calmants. Allais-je pouvoir jouer le lendemain ? Rien n'était moins sûr.

Le samedi, nous jouions d'ordinaire en matinée, à seize heures trente. On décida d'annuler la représentation. La journée se passa dans l'anxiété, mais finalement, le soir, pour le *direct*, dissimulant du mieux possible mon boitillement, j'entrai en scène comme si rien ne s'était passé. Le fait de savoir qu'en même temps que je jouais pour les neuf cents spectateurs présents dans la salle j'étais vue par plusieurs millions de téléspectateurs me galvanisa. Muriel fut éblouissante et son énergie, sa puissance comique, m'aida à donner le meilleur de moi-même, malgré les circonstances.

En coulisse, Sandra m'attendait avec une bombe de froid pour calmer la douleur. Hop ! un petit coup de spray et je repartais en scène. Le public, sachant l'accident survenu la veille, m'applaudissait à la moindre occasion pour m'encourager. Et se tordit de rire lorsque, à un moment, je prononçai cette réplique qui ne faisait pas tant d'effet les autres soirs : « Ça me fait une belle jambe ! »

Ce samedi soir était le dernier jour. Les quatre-vingt-quinze représentations étaient bouclées, c'était fini et bien fini, le rideau allait définitivement tomber sur ce qui resterait la plus belle aventure théâtrale de ma vie.

Juste avant, au moment où Margot me lançait les clés du camping-car en disant : « Jusqu'à Madrid, Claude, c'est toi qui conduis ! », une pluie de roses s'abattit sur la scène. Les spectateurs pensèrent qu'il s'agissait d'un effet habituel. J'étais la seule à comprendre que c'était Muriel qui m'avait réservé cette magnifique surprise, et que quoi qu'elle en dise, quels que soient les soupirs déchirants qu'elle poussait chaque soir en dévidant le compte à rebours : « Plus que deux… Plus qu'une… », elle avait été heureuse de partager ces quatre-vingt-quinze moments de bonheur avec moi.

Il m'est arrivé de revoir la captation de *Fugueuses* et ce qui me touche à chaque fois c'est de nous voir, à la fin de la pièce, toutes les deux en larmes, blotties dans les bras l'une de l'autre.

France 2 a rendu l'antenne rapidement, mais le soir de la dernière nous sommes restées plus de vingt minutes en scène à saluer et à chanter *Ce n'est qu'un au revoir* avec le public. Le plus grand regret de ma vie professionnelle, c'est que nous n'ayons pas joué cette pièce plus longtemps, et notamment en tournée. Je souhaite le même bonheur aux deux comédiennes qui reprendront un jour *Fugueuses*. Merci Pierre Palmade, merci Christophe Duthuron, pour le magnifique cadeau que fut cette pièce.

13

Allô, Line ? C'est Rodion !

J'avais vu, bien des années plus tôt, Edwige Feuillère et Guy Tréjan jouer *Le Bateau pour Lipaïa*, de l'auteur russe Alexei Arbouzov, à la Comédie des Champs-Élysées. Edwige m'avait dit : « Vous êtes encore bien trop jeune, mais un jour vous jouerez cette pièce. » Alors que nous tournions ensemble un téléfilm à Marseille, vingt-cinq ans plus tard, Pierre Arditi me reparla de la pièce : « Tu devrais lire *Le Bateau pour Lipaïa*. Tu serais magnifique là-dedans. » Et Dominique, avec qui j'en parlai, approuva chaudement. Je lus donc la pièce, dans l'adaptation de Pol Quentin.

L'action se situe dans un établissement thermal, à Riga, en URSS. Lidia, une femme d'âge mûr, optimiste et un peu fofolle, parvient à attirer l'attention puis la sympathie de Rodion, le médecin-chef de l'établissement, dépressif et grognon. Une relation mouvementée se noue entre ces deux personnes si dissemblables.

Dire que la pièce m'enthousiasma serait mentir, mais il y avait matière à un duel attachant pour peu qu'on convainque un grand acteur de jouer le rôle de Rodion.

À peu près au même moment, Arte diffusa le beau documentaire de Philippe Kohly, *Line Renaud, une histoire de France*, qui m'était consacré. Le téléphone sonna à La Jonchère à une heure et demie du matin. Sans préambule, une voix me dit : « Line, c'est formidable, ce portrait. Il faut qu'on fasse quelque chose tous les deux ! » Ne sachant pas qui était à l'autre bout du fil, bien que cette voix me dise vaguement quelque chose, je répondis : « Pourquoi pas ? Si vous êtes un réalisateur écrivez-moi un film, si vous êtes un acteur jouons ensemble au théâtre ! » Renonçant à l'anonymat, mon interlocuteur se fit connaître : « Line, c'est Alain ! » Mais bien sûr ! C'était Alain Delon.

J'admirais Alain depuis toujours, j'étais habituée à le voir apparaître de temps à autre dans ma vie, amical, enthousiaste, puis se volatiliser aussi vite qu'il était venu. C'est un être à part, je le prenais tel qu'il était. Mais cette fois-là, un peu par hasard, je le croisai peu de temps après au théâtre, il vint s'asseoir à côté de moi et me répéta : « Alors, Line ? Qu'est-ce qu'on fait ensemble ? » Et moi, sans réfléchir, je répondis : « *Le Bateau pour Lipaïa*. Je t'envoie la pièce demain. » Ce que je fis, par porteur. Le soir même, Alain me rappelait. « C'est magnifique, on y va ! Laisse-moi faire ! Je m'occupe de tout. »

Il prit contact avec le Théâtre de Paris, que dirigeait Stéphane Hillel. Le projet enthousiasma ce dernier, la pièce fut programmée pour janvier 2009, Anne Bourgeois devait en assurer la mise en scène.

Alain m'appelait quasiment tous les jours.

« Allô, Line ? C'est Rodion ! » Car c'était devenu une plaisanterie entre nous, j'étais Lidia, il était Rodion, du nom de nos personnages dans la pièce.

Pour mes quatre-vingts ans, le 2 juillet 2008, j'organisai une grande fête au Pré Catelan. Alain Delon était là, affectueux, prévenant. Il découpa le gâteau avec moi, c'était l'idylle.

Puis soudain, plus rien. Plus un seul coup de téléphone, plus un signe de vie. Je ne m'inquiétai pas outre mesure. Après tout, il m'avait dit de le laisser faire. Je savais que les discussions financières entre Stéphane Hillel et Delon étaient tendues, je me gardais de m'en mêler. Comme d'habitude on irait jusqu'à l'extrême bord de la rupture puis tout s'arrangerait comme par miracle et on sablerait le champagne.

Je me trompais.

Un matin, je reçus un coup de fil de l'AFP.

« Alors, Line, *Le Bateau pour Lipaïa* ne se fait plus ?

– Première nouvelle !

– Alain Delon vient de l'annoncer. Il n'est pas arrivé à se mettre d'accord financièrement avec le théâtre. »

Ce que confirma, dans la journée, un communiqué d'Alain ainsi rédigé : « Annoncée avant l'été, la représentation au Théâtre de Paris de la pièce *Le Bateau pour Lipaïa* avec Line Renaud et Alain Delon n'aura pas lieu. Des divergences essentielles divisant certains des protagonistes sont apparues qui excluent, hélas, une telle entreprise. Les conflits d'intérêts, au cours des négociations, ont démontré que les préoccupations principales de l'actionnariat du théâtre étaient appelées à prévaloir sur les aspirations artistiques des deux acteurs. »

Quelles étaient « les préoccupations de l'actionnariat du théâtre » ? En quoi étaient-elles inconciliables avec les « aspirations artistiques des deux acteurs » ? Je l'ignorais et l'ignore encore.

Delon s'exprimait en mon nom sans m'avoir consultée. J'attendis en vain un coup de téléphone d'Alain. Il ne vint pas. Je l'ai rencontré vingt fois depuis, il n'en a jamais plus été question entre nous.

Le *Bateau* n'appareilla jamais pour Lipaïa.

Est-ce un mal ? La pièce valait-elle la peine d'être exhumée ? Et Alain n'a-t-il pas fait monter les enchères parce qu'il n'avait pas tellement envie, réflexion faite, d'incarner sur scène un vieux médecin acariâtre dans une station thermale soviétique en 1967 ?

*

Même si j'évitai de faire la grimace, la pilule avait un goût amer. Mais comme cent fois dans ma carrière, un événement favorable vint à point nommé compenser un coup dur.

Le jour même où j'apprenais par l'AFP le naufrage du *Bateau pour Lipaïa*, Israël Horovitz, un auteur américain que je connaissais seulement de réputation, m'appela. « Bonjour, Line, l'une de mes pièces va être montée au théâtre Marigny. Elle s'appelle *My Old Lady*. En français *Très Chère Mathilde*. Voulez-vous être mon Old Lady ? »

En réalité, ce qui paraissait tenir du miracle n'en était pas tout à fait un. Horovitz et Pierre Lescure – qui depuis un an avait pris la succession de Robert Hossein à la tête de Marigny – avaient d'abord pensé à moi, mais j'étais censée jouer *Le Bateau pour Lipaïa* aux mêmes dates. Apprenant que le projet tombait à l'eau, Horovitz s'était rué sur son téléphone.

Il me raconta brièvement le sujet.

Mathilde, quatre-vingt-huit ans, le personnage qu'il me destinait, coule des jours paisibles avec sa fille unique, Chloé, dans un immense appartement qu'elle a vendu en viager, il y a plus de vingt ans, à un riche Américain, Max Gold. À la mort de Max, son fils Mathias débarque à Paris pour récupérer le bien dont il vient d'hériter, sans savoir qu'il est occupé par les deux femmes. Commence une cohabitation forcée qui va lui réserver bien des surprises.

Le texte, que je lus peu après, me plut beaucoup, mais je souhaitais quelques changements. Horovitz m'assura qu'il n'y aurait aucun problème. Il modifierait tout ce que je voudrais, nous en parlerions le moment venu.

Vint la question du metteur en scène. Pierre Lescure, qui avait été chargé par François Pinault, propriétaire du théâtre, de redonner du lustre à une salle peu à peu désertée, pensait à un grand nom. Pourquoi pas Roman Polanski ?

Horovitz, lui, plaidait en faveur d'un inconnu de trente ans, totalement ignoré des scènes parisiennes, qui venait de mettre en scène l'une de ses pièces, *Trois semaines après le paradis*, dans le *Off* du Festival d'Avignon. Il s'appelait Ladislas Chollat et Horovitz avait beaucoup apprécié son travail. Peu au fait des luttes fratricides qui, en France, divisaient en deux mondes irréconciliables théâtre public et théâtre privé, il ne voyait pas pourquoi on ne ferait pas confiance à ce garçon talentueux.

Pierre Lescure n'était pas chaud, c'est peu de le dire, et je dois admettre que je partageais ses réticences. Par courtoisie pour Horovitz, nous pouvions difficilement refuser de rencontrer son candidat. Ladislas vint me voir rue du Bois-de-Boulogne. Nous avons discuté un petit moment, je le trouvai intelligent, sympathique, et ce qu'il me dit de la pièce me sembla tout à fait pertinent.

Il comprenait très bien que je ne puisse pas choisir un metteur en scène sans rien savoir de son travail. Il reprenait *Trois semaines après le paradis*, la pièce de Horovitz, à Amiens et me proposa de venir voir le spectacle.

J'aurais pu en rester là et m'en tirer avec des formules polies, mais poussée par la curiosité je lui téléphonai le lendemain et lui dis que je serais heureuse de venir à Amiens, comme il me l'avait proposé.

Sans doute fut-il très surpris par mon appel, mais il n'en laissa rien paraître. Quelques jours plus tard, je me retrouvai dans la salle de la Comédie de Picardie, assise au milieu de spectateurs qui devaient se demander ce que je fichais là.

Sitôt que la lumière s'éteignit, la pièce me captiva. Certes, ce n'était pas du tout le genre de spectacle que j'avais l'habitude de voir. Un texte très noir autour de l'attentat du 11 Septembre, un seul comédien en scène – excellent Daniel San Pedro –, un extrême dépouillement. Mais justement, ce dénuement mettait en valeur le talent du metteur en scène, qui, avec peu de moyens, grâce à un magnifique travail sur la lumière, parvenait à rendre toute l'angoisse de ce père qui sait que son fils se trouvait à proximité du World Trade Center au moment de l'attentat et se demande s'il est encore vivant.

À la fin, je restai un instant assise dans la salle, très ébranlée par ce que je venais de voir.

Pendant ce temps Ladislas, mort d'angoisse, m'attendait à l'extérieur. Je suppose que ces quelques minutes furent parmi les plus pénibles de sa vie. Il devait penser que j'avais détesté la pièce et que l'affaire était définitivement pliée. Finalement, il me rejoignit à l'intérieur et s'assit à mes côtés. Je lui dis : « Je n'avais jamais vu un spectacle de ce genre. C'est entendu. Vous ferez la mise en scène de *Très Chère Mathilde*. Je sais que vous m'emmènerez là où je ne suis jamais allée. »

Sur la route du retour, je m'interrogeai. Avais-je pris la bonne décision ? Mais plus je retournais la question, plus j'étais certaine de mon choix. Chaque pièce que j'avais jouée jusqu'à présent avait été une expérience nouvelle, une avancée, l'exploration d'un terrain inconnu. Je n'avais pas essayé de reproduire, d'un spectacle à l'autre, les recettes qui m'avaient réussi précédemment.

En choisissant ce débutant plutôt qu'une pointure confirmée, je ne faisais pas œuvre de charité, je prenais un pari gagnant.

Depuis, en dix ans, Ladislas s'est imposé comme l'un des metteurs en scène les plus importants de la scène parisienne. Il a monté plus d'une trentaine de spectacles, aussi bien des classiques que des pièces contemporaines ou des spectacles musicaux, avec les distributions les plus prestigieuses. Qui ne se souvient du *Père*, de Florian Zeller, qui remporta trois Molières ?

Mais nous n'en étions pas là, Ladislas était alors inconnu au-delà du cercle de ce qu'on appelait la *décentralisation théâtrale*, et il n'entrait pas du tout dans les plans de Pierre Lescure.

Dès le lendemain, j'appelai celui-ci. Sa réaction, comme il était prévisible, ne fut pas des plus enthousiastes. Mais il ne put faire moins que de me promettre d'aller voir le spectacle à Amiens, comme je l'avais fait moi-même.

La suite, c'est Ladislas qui me l'a racontée. Ses coups de téléphone répétés, les atermoiements de Pierre, la difficulté de trouver une date pour entreprendre une telle expédition.

Amiens, vous vous rendez compte, Amiens ! Autant dire le bout du monde…

Pour finir, dans un coup de génie, Ladislas dit à Pierre : « Je vous envoie un chauffeur ! » C'était presque une réplique de théâtre. Il n'avait jamais envoyé un chauffeur à personne et il ignorait même ce que cela voulait dire concrètement. Mais Pierre, soufflé, ne put reculer. Rendez-vous fut pris.

C'est alors que l'affolement gagna Ladislas. Où trouver le chauffeur, la voiture et l'argent pour payer les deux ? Il avait un copain qui présentait bien et possédait un costume sombre, ça ferait l'affaire. Lui-même passa une journée à laver, dépoussiérer, faire reluire sa petite Peugeot 205 et, le jour dit, l'étrange équipage vint attendre Pierre avenue de Marigny. Le pseudo-chauffeur ouvrit la portière arrière, Lescure se tassa comme il put sur le siège, les genoux remontant sur la poitrine, et les voilà partis pour Amiens.

Par mesure d'économie, le copain de Ladislas évita l'autoroute à péage et emprunta l'itinéraire bis. Il se perdit sur les petites routes de Picardie. Pierre, furibard, voyait l'heure tourner, Ladislas, de son côté, retardait au-delà du raisonnable le début de la représentation, on frôlait la catastrophe.

Finalement, le chauffeur improvisé retrouva in extremis le chemin du théâtre. Dépliant sa grande carcasse, Pierre Lescure parvint à s'extraire de la voiture et le spectacle put enfin commencer. Pierre est un homme de bonne foi. À peine assis à sa place, il oublia les péripéties du voyage et se laissa gagner par l'intensité du spectacle, qu'il aima énormément.

Pour le principe – et sans doute aussi pour se laisser le temps de convaincre les propriétaires du théâtre –, il demanda un délai de réflexion, mais son opinion était faite, il était tout autant disposé que moi à tenter l'aventure.

Si bien que lorsque Ladislas, inquiet de ne plus entendre parler de rien, l'appela dix jours plus tard, Lescure lui répondit sans s'émouvoir : « Comment, vous n'êtes pas au courant ? Excusez-moi, j'ai oublié de vous prévenir. Vous êtes engagé. »

*

Comme souvent, lorsque les choses se finissent bien, on oublie les difficultés rencontrées en cours de route. Les répétitions de *Très Chère Mathilde* furent pourtant émaillées de nombreux incidents.

Si, pour le rôle de Chloé, le charme et la vitalité de Raphaëline Goupilleau nous avaient tout de suite convaincus, il n'en était pas de même pour le rôle de Mathias. Notre choix s'était d'abord porté sur Stéphane Freiss, mais je constatai bien vite qu'il y avait incompatibilité d'humeur entre nous. Je ne l'incrimine pas, c'est un constat, et dans ce cas mieux vaut divorcer tout de suite que braver la tempête tous les soirs. C'est Samuel Labarthe qui le remplaça et entra très vite dans un rôle qui, entre autres difficultés, l'obligeait à jouer tout son personnage avec un fort accent américain.

Israël Horovitz assistait souvent aux répétitions. Sa présence était pesante, il se mêlait de tout sans vergogne. Très francophile, adorant Paris, il parlait français, mais beaucoup moins bien qu'il ne le croyait. Certaines nuances lui échappaient, ce qui occasionnait de multiples malentendus.

Je m'interroge encore sur cet amour démonstratif qu'il avait de notre pays. Ne considérait-il pas la France comme un pays de conte de fées et les Français comme des êtres sympathiques et pittoresques, mais qui ne comptaient pas pour grand-chose ?

Depuis le début, il reculait sans cesse le moment de discuter des changements qu'il m'avait pourtant promis de prendre en considération. Certains étaient minimes.

Un me semblait indispensable. À un moment, Mathilde, mon personnage, évoquant les souvenirs de la guerre, affirme que François Mitterrand était au courant, dès 1942, de l'existence des chambres à gaz et de l'extermination des Juifs. C'était à mes yeux tout à fait discutable et inutilement polémique. Et je me voyais mal, moi réputée chiraquienne, en train de proférer sur scène de telles accusations contre Mitterrand. On y aurait vu une prise de position partisane, outrée autant qu'invraisemblable.

À force d'insister, je parvins à coincer Horovitz et à lui exprimer nettement mon point de vue. Il refusa tout net de modifier la réplique. « Vous direz le texte tel qu'il est ou j'exigerai qu'on vous remplace ! menaça-t-il.

– N'hésitez surtout pas. Par qui ?

– Danielle Darrieux !

– Oh, faites ! C'est une excellente comédienne et de plus une amie. »

C'est lui qui céda. La réplique devint : « *Votre père était persuadé que Roosevelt avait retardé l'entrée en guerre parce que la destruction des Juifs par Hitler ne le concernait pas.* »

C'était Roosevelt qui trinquait à la place de Mitterrand !

Attisée par cette escarmouche, une forte inimitié s'installa entre Israël Horovitz et moi. Un jour il en vint à me dire : « Je ferai un film avec cette pièce et vous n'en serez pas. » Ce sur quoi je m'exclamai : « *Thank God !* » (Merci, mon Dieu !)

Horovitz réalisa lui-même, en 2014, *My Old Lady*, avec Maggie Smith, Kevin Klein et Kristin Scott Thomas. Ce fut un bide noir.

Tout cela, il est vrai, contribuait à électriser l'ambiance des répétitions, d'autant que la première approchait et que j'avais le sentiment que nous n'étions pas prêts du tout à affronter le public.

Horovitz retouchait la pièce par petits bouts, une scène par-ci, une réplique par-là. Le texte avait été tellement remanié que des problèmes de cohérence globale apparaissaient et nous finissions par ne plus savoir ce que nous devions apprendre ou non. Pour éviter la catastrophe, Ladislas, Samuel, Raphaëline et moi avons pris sur nous de réaliser les ajustements nécessaires et de corriger ce qui devait l'être.

Malgré ces soucis, grâce à notre parfaite entente, nous n'avons jamais cessé de travailler avec acharnement, et le 28 janvier 2009, soir de la première représentation au théâtre Marigny, nous étions fin prêts. Au final, alors que le public nous acclamait, Samuel Labarthe, tout en saluant, me souffla entre ses dents : « Hélène est enceinte.

– Un garçon ou une fille ?

– Une fille.

– Comment vous allez l'appeler ?

– Mathilde, bien sûr ! »

Samuel est aujourd'hui l'un de mes meilleurs amis. J'adore l'homme, j'admire le comédien et, pour ma plus grande joie, je suis la marraine de Mathilde.

Armelle Héliot, dans *Le Figaro*, intitula sa chronique : « Line Renaud, l'art du partage ». Je la cite parce qu'elle rend hommage avec un égal enthousiasme à tous ceux qui contribuèrent à la réussite du spectacle. « Ladislas Chollat signe une mise en scène fluide, naturelle, sans effets inutiles, mais très juste. Il dirige à merveille trois virtuoses. Line Renaud est lumineuse. Elle incarne une femme forte, intellectuelle, intelligente mais sans sécheresse. Une femme qui a aimé et qui aime. Une femme généreuse. Il y a de la douleur dans ce personnage et Line Renaud le donne à comprendre avec tact. C'est superbe. Raphaëline Goupilleau est Chloé, une femme encore jeune qui n'a plus d'espérance mais qui se réveille enfin. Elle est très bien, comme toujours. Face à ces deux beaux personnages, à ces deux grandes comédiennes, il y a un artiste époustouflant. On admire depuis le Conservatoire Samuel Labarthe. Ici, il est encore plus étonnant que d'habitude. D'abord parce qu'il doit jouer avec l'accent américain et qu'il le fait avec un naturel confondant. Ensuite parce qu'il donne au personnage complexe et déchiré imaginé par Horovitz une épaisseur humaine, une densité, une vulnérabilité en même temps et que ce travail, cette interprétation est tout simplement admirable.

« Faut-il en dire plus ? Non. Un des meilleurs spectacles que l'on puisse voir à Paris ces temps-ci. Courez-y ! »

Quels qu'aient été nos différends, je reste reconnaissante à Israël Horovitz d'avoir pensé à moi pour incarner son Old Lady et admirative de son travail.

On peut être grand auteur et méchant homme.

*

Bien souvent, depuis que nous travaillions ensemble, Ladislas m'avait parlé de *Harold et Maude*, la pièce que l'auteur américain Colin Higgins avait tirée du célèbre film dont il avait écrit le scénario. Ladislas avait lui-même joué à quatorze ans, dans une troupe amateur, le rôle de Harold, un jeune homme obnubilé par la mort, qui court les enterrements et simule des suicides rocambolesques qui effraient la bonne et exaspèrent sa mère.

« Vous seriez une Maude extraordinaire ! me disait Ladislas. Vous avez le même appétit de vie, la même malice, la même énergie. Elle ne baisse jamais les bras, c'est une lutteuse. La pièce n'a pas été montée à Paris depuis quinze ans, pourquoi ne la ferait-on pas ensemble ? »

Je me souvenais vaguement du film et j'avais vu la pièce, adaptée par Jean-Claude Carrière, avec Denise Grey dans le rôle de Maude. J'en étais sortie bluffée, d'autant que, ce soir-là, Denise célébrait ses quatre-vingt-douze ans. Devant son énergie et la qualité intacte de son jeu, je m'étais dit que je n'aurais plus jamais peur de vieillir. Créé en France par Madeleine Renaud, *Harold et Maude* avait plus récemment était repris par Danielle Darrieux aux Bouffes Parisiens. « La prochaine Maude, ce sera Line ! » avait confié Danielle à Jean-Claude Brialy.

Je relus la pièce et me sentis, il est vrai, très proche de Maude, cette femme de quatre-vingts ans, anticonformiste et pleine d'optimisme, qui rencontre Harold dans une église et lui enseigne sa philosophie du bonheur. La confrontation entre les deux personnages était insolite et drôle, et leur relation, amicale puis amoureuse, traitée avec beaucoup de finesse. Certes les mœurs avaient évolué, mais on comprenait que le film ait pu faire scandale à sa sortie, en 1971, au point d'être interdit aux moins de dix-huit ans dans certains pays.

De ses origines cinématographiques, la pièce avait conservé son rythme, la multiplicité des scènes, des décors et des situations, et toute une série de trucages – on dirait aujourd'hui d'effets spéciaux – occasionnés par les suicides de Harold.

Je voyais bien le parti que pouvait en tirer un metteur en scène imaginatif et ingénieux comme l'est Ladislas, et peu à peu sa suggestion prit corps dans mon esprit. Comme il arrive tant de fois, il s'écoula près de trois ans entre le moment où l'idée fut lancée et celui où elle vit le jour.

Entre-temps, Jean-Marc Dumontet et Laurent Ruquier avaient pris la direction du théâtre Antoine. Je m'étais très bien entendue avec le premier au moment de *Fugueuses* et j'adore le second. Ce sont eux, à ma grande satisfaction, qui accueillirent le spectacle.

J'étais Maude, mais qui serait Harold ? Ladislas se lança dans un casting géant. Je crois qu'il rencontra plus de cinquante jeunes comédiens. Thomas Solivérès passa des premiers essais suffisamment convaincants pour que Ladislas me demande de venir lui donner la réplique. Ce test suffit à me convaincre. Nous tenions notre Harold. Il en avait l'âge, le charme, la naïveté, le côté buté, il était beau sans mièvrerie, avec, dans son maintien, quelque chose d'un peu étrange. Je ne pouvais imaginer meilleur choix. Ladislas partageait pleinement mon avis, d'autant que Thomas, qui avait commencé très jeune – figurations, pubs, petits rôles –, était visiblement expérimenté et répondait avec précision à ses indications. Si on ajoute à cela son intelligence, sa drôlerie, sa gentillesse, sa modestie, on aura fait le tour de ses qualités. Le fait de se trouver brutalement projeté dans la lumière, les compliments, le succès aurait pu le changer. Il n'en fut rien. Tel il était, tel il demeura tout au long des répétitions, des représentations à Paris, puis de la tournée. Ce fut une grande chance de le rencontrer et je me réjouis de voir la magnifique carrière qu'il fait depuis.

La distribution comportait également, entre autres excellents comédiens, Claire Nadeau, hilarante dans sa composition de Mme Chasen, la mère despotique et loufoque de Harold, Sophie Bouilloux, parfaite en bonne effarouchée, Christian Pereira, impavide docteur Matthews.

Ladislas et sa scénographe, Emmanuelle Roy, avaient conçu un dispositif ingénieux à base de tournettes, ce mécanisme simple qui autorise des changements de décor à vue. On passait ainsi instantanément de la respectable demeure où vivent Harold et sa mère au dépotoir sympathique où se complaît Maude, d'un cimetière à une plage, d'une église à un cabinet médical. Les spectateurs s'amusaient de voir la scène virevolter comme un manège, les murs s'envoler dans les cintres ou glisser dans les coulisses, remplacés par d'autres éléments apparus comme par magie. Hors champ, ce tourbillon perpétuel s'accompagnait pour nous, acteurs, d'une galopade assurément moins gracieuse. Nous quittions le plateau d'un côté pour nous précipiter aussitôt de l'autre, croisant nos partenaires qui couraient en sens inverse. Chaque représentation était un défi dont nous sortions haletants mais très heureux.

Le spectacle remporta un grand succès durant cent trois représentations au théâtre Antoine. En juin, nous nous sommes séparés quelques mois, impatients de nous retrouver début 2013 pour une longue tournée à travers la France, la Belgique et la Suisse.

*

J'ai dit comment ma mère, de même que ma grand-mère et mon arrière-grand-mère avant elle, avait toute sa vie souffert de maux de ventre. Ma mère en mourut. Entre-temps, les médecins avaient mis un nom scientifique, *diverticulite aiguë*, sur ces malaises qui, auparavant, étaient improprement qualifiés de tranchées, ballonnements, crampes, brûlures et autres spasmes. J'avais connu moi-même de sérieuses alertes. Sans doute qu'avec l'âge de tels incidents se reproduiraient de plus en plus fréquemment et qu'une crise grave surviendrait un jour.

La tournée de *Harold et Maude*, qui s'annonçait si heureuse, vira au supplice. Que j'aie pu, avant d'abandonner la partie, donner plus de trente représentations dans vingt villes différentes tient du miracle. Presque chaque soir, je faisais une petite hémorragie. Je ne mangeais plus, je n'avais plus de force, j'étais épuisée.

Début mars, profitant de quelques jours de répit entre deux dates, j'avais été hospitalisée à l'Institut mutualiste Montsouris pour passer des examens. Très affaiblie, j'étais repartie jouer à Lyon. Marie-Annick m'accompagnait.

Je n'avais plus de salive, je devais boire, boire et boire encore. Sandra dissimulait des petites bouteilles d'eau dans tous les coins du décor. Je parvins au bout de la représentation, le public me fit une *standing ovation*, des spectateurs jetèrent des fleurs sur la scène. Je ne sais comment je tenais sur mes jambes.

Le lendemain, on m'hospitalisa, complètement déshydratée. Le soir, pourtant, je jouai à Voiron, le lendemain à Aix-les-Bains, puis nous sommes partis dans l'Est, Verdun, Mutzig, avant de revenir en Suisse, Fribourg, Genève.

Je n'en pouvais plus.

Le samedi 6 avril, le spectacle se donna au palais des Congrès, au Mans. David, mon chauffeur, me ramena dans la nuit à Paris. Quelques instants après l'arrivée à La Jonchère, alors que je venais de monter dans ma chambre, une violente hémorragie se déclara. Marie-Annick appela aussitôt mon médecin, le docteur Bertrand, et on m'emmena à l'hôpital le plus proche. Comme convenu en pareil cas, Marie-Annick téléphona également à Claude, qui arriva quelques instants plus tard avec Frédéric, son mari. Claude réalisa tout de suite la gravité de la situation et parvint à joindre le professeur Hannoun, grand spécialiste des maladies digestives. Les patients viennent du monde entier le consulter dans le service qu'il dirige à l'hôpital de la Pitié-Salpêtrière. « Amenez-la immédiatement, dit-il à Claude, je l'attends. » J'ai donc été transportée en pleine nuit à la Pitié où, après m'avoir auscultée, le professeur Hannoun décida de m'opérer le lendemain à la première heure, faute de quoi je risquais de faire une hémorragie massive.

Je restai huit semaines à l'hôpital et en sortis miraculeusement guérie. Un mois de convalescence et, dès la fin du mois de juin, j'entreprenais à Bordeaux le tournage d'un téléfilm, *Belinda et moi* ! Sans l'intervention du professeur Hannoun, je serais morte aujourd'hui. Je lui voue une reconnaissance éternelle.

*

Jouer au théâtre est un exercice épuisant, physiquement, nerveusement, émotionnellement. Autant on peut, au cinéma ou à la télévision, accepter un rôle un peu faiblard entre deux autres plus marquants, autant l'effort que demande le théâtre soir après soir exige une conviction totale. On peut se tromper, on peut s'illusionner sur la qualité d'une pièce, mais il est tout simplement impossible de monter sur scène si on éprouve le moindre doute.

Voilà pourquoi je refuse d'emblée beaucoup de propositions et j'hésite longtemps devant d'autres. Je me méfie des emballements. C'est d'un marathon qu'il s'agit. Il faut être assuré de tenir la distance.

J'aimerais beaucoup jouer un spectacle court, une heure tout au plus, comme on le fait maintenant, à dix-neuf heures, dans les théâtres parisiens. Une pièce à deux personnages ou, pourquoi pas, un seul-en-scène. J'avais demandé à Muriel Robin de m'écrire une comédie. Elle a essayé mais a vite renoncé. « Tu es solaire, m'a-t-elle dit. On ne fait pas rire avec un personnage solaire. Moi, mon truc, c'est le dépressif. » J'aime beaucoup Muriel, mais je n'allais tout de même pas tomber dans la dépression pour stimuler son inspiration !

J'attendrai. L'occasion viendra peut-être. Un texte m'arrivera par la poste, écrit par un jeune poète originaire du Béarn ou du Limousin. Ou bien qui sait ? De Roubaix, de Béthune ou d'Arras.

À vos plumes, autrices et auteurs, j'ai hâte de vous lire !

14

Rue Washington

On a souvent affirmé, et j'ai laissé dire, que j'avais abandonné la chanson au profit de la revue sous la poussée de la vague yéyé.

Explication commode mais en partie inexacte. Il suffit de comparer les dates. Henri Varna vint me voir fin 1957 à Barcelone, où je donnais mon tour de chant. C'est là que le patron du Casino de Paris me proposa de mener sa prochaine revue. À cette époque, Eddy Mitchell avait quinze ans, Johnny et Jacques Dutronc quatorze, Sylvie treize, Sheila douze et France Gall dix. Bien malin qui aurait imaginé que ces gamins allaient mettre la chanson française sens dessus dessous quelques années plus tard.

Mais alors, qu'est-ce qui m'a poussée à accepter la proposition de M. Varna ? Je savais très bien qu'elle me tiendrait éloignée de la chanson pour un long moment, sinon définitivement. Car dans ce milieu, céder sa place signifie la perdre. On sait quand on part, personne ne dit que le public vous attendra au retour.

Ce n'était pas la première fois qu'Henri Varna revenait à la charge, pourquoi céder à ce moment-là ? J'ai longtemps occulté la réponse. Récemment, elle m'est apparue comme une évidence : je n'en pouvais plus, j'en avais assez de la chanson. Loulou m'en avait dégoûtée.

Me l'avouer n'allait pas de soi. Loulou, c'était mon idole depuis toujours, celui dont les chansons m'enthousiasmaient lorsque, toute jeune, je les entendais à la radio. Il était mon pygmalion, l'homme qui m'avait tout appris. Comment aurait-il pu détruire ce qu'il avait créé avec tant d'amour ?

Comment ? Par souci de perfection, par désir d'aller toujours plus loin, de faire toujours mieux, d'améliorer sans cesse son œuvre.

Insensiblement, les enregistrements en studio s'étaient transformés en épreuves. J'en sortais triste et découragée. Non pas que Loulou soit brutal ou qu'il se comporte en tyran, mais il n'était jamais satisfait. Pire encore, il s'appliquait à le cacher. Mais ses efforts étaient si maladroits que j'aurais de loin préféré qu'il se mette en colère et me dise une bonne fois ce qui motivait sa déception.

Le savait-il lui-même ?

*

Entre mes premiers 78-tours après-guerre et les microsillons de la fin des années 1950, les contraintes techniques avaient bien changé. J'avais commencé par enregistrer sur cire. Les techniciens travaillaient dans des cabines à l'abri de la poussière, vêtus de blouses et de gants blancs, comme des préparateurs dans un laboratoire. Tout le monde enregistrait en même temps, voix, rythmique, instruments, chœurs. La moindre correction était impossible. Pour la *Cabane*, je m'en souviens, je disposais de cinq cires – autrement dit, j'avais droit à cinq essais. Il fallait faire avec. Rude exercice mais, l'échec étant exclu, une fois au moins nous étions bons tous à la fois.

Avec l'arrivée de l'enregistrement magnétique et du microsillon, on a pris l'habitude d'enregistrer séparément le soliste et chaque groupe d'instruments, on a multiplié les prises, on les a mélangées – un petit bout dans celle-ci, un autre dans celle-là – et les possibilités de corriger d'éventuelles imperfections se sont considérablement améliorées. Curieusement, ces facilités techniques, loin d'apaiser Loulou, le rendirent encore plus exigeant. Lorsqu'on avait fini un titre et qu'on passait au suivant, je regardais vers la cabine, à travers la glace, guettant son approbation. Jamais il ne se tournait vers moi, jamais il ne me faisait un signe pour me dire qu'il était content.

Jamais.

Après la séance, comme nous rentrions en voiture à La Jonchère – il ne m'adressait pas la parole depuis notre départ du studio –, je lui demandais : « Ça va, Loulou, ça s'est passé comme tu voulais ? » Et invariablement il me répondait avec un soupir : « Moui… Mais quel dommage qu'on ne puisse pas tout refaire dans trois semaines. Là, ton subconscient aurait travaillé, ce serait beaucoup mieux. »

Des années plus tard, nous étions à la maison, on nous apporta le premier tirage d'une compilation de mes succès. Loulou le plaça sur le plateau du tourne-disque et lança l'écoute. Je l'observais du coin de l'œil. Qu'allait-il trouver pour se rendre malheureux ? Quelle imperfection, quel détail infime allaient gâcher son plaisir ? Mais non, il restait en arrêt devant l'appareil, les mains dans les poches, l'air extasié. À un moment, il se tourna vers moi : « Tu te rends compte si tu chantes bien ? Comme tu es rythmée ! Comme tu es en place ! »

Je le regardai, stupéfaite.
« Tu pouvais pas me le dire plus tôt ? »

*

Si les yéyés n'étaient pas encore là, si l'expression même n'existait pas, il est vrai qu'en cette fin des années 1950 on sentait grandir un appétit de changement. On voulait du neuf, dans tous les domaines. La « nouvelle vague » annoncée par Françoise Giroud dans *L'Express*, fin 1957, s'apprêtait à submerger le vieux monde.

À seulement trente ans, j'avais encore toute ma place dans la chanson. Mais mon instinct m'avertissait que pour durer je devais me renouveler. Me faire plus rare, cesser d'enregistrer la énième version des succès à la mode, me concentrer sur mon propre répertoire, travailler avec de nouveaux auteurs. Mais pour cela, j'aurais dû affronter Loulou, qui n'était pas italien pour rien. Jaloux, possessif – j'étais sa chose –, il n'avait pas la moindre intention de me partager avec ses confrères, auxquels d'ailleurs il n'accordait pas grand talent. Prodigieusement doué, il aurait pu être l'initiateur des changements dont je ressentais la nécessité, mais, l'âge venant, il composait moins et toujours à la dernière minute.

Loulou et moi vivions en parfaite harmonie. Nous ne prenions aucune décision l'un sans l'autre, nous étions associés en tout. Le soir, lorsque nous nous couchions, si par extraordinaire il y avait eu un motif de discorde, une discussion un peu vive entre nous dans la journée, il me disait « Pardon, Jacqueline », je lui disais « Excuse-moi, Loulou ». Il prenait ma main, je prenais la sienne et c'était oublié. Je préférais de loin mettre ma carrière de chanteuse entre parenthèses plutôt que de provoquer une tempête dont j'ignorais l'issue.

Pourtant j'adorais chanter. Dès ma rencontre avec Loulou, j'avais souhaité progresser, travailler ma technique. Loulou n'y était pas favorable. « Tu vas perdre ta couleur de voix », disait-il.

Comme j'insistai, il m'emmena un jour chez l'une de ses connaissances, la grande cantatrice Ninon Vallin. Après une longue et brillante carrière, elle enseignait le chant à quelques élèves triés sur le volet. Elle m'écouta attentivement et Loulou lui posa la question : « À votre avis, doit-elle prendre des cours ? »

Ninon Vallin s'abîma dans ses réflexions. Au bout d'un instant, le verdict tomba : « Line a un timbre bien particulier, la faire travailler modifierait sa couleur de voix. Je vous le déconseille. »

Il ne fut plus jamais question de cours.

Lorsque nous étions en voiture, tandis que Loulou conduisait, il m'arrivait de chanter pour mon plaisir. Et Loulou s'exclamait : « Tu as entendu la note que tu viens de faire, là ? Je te demanderais de la refaire, tu n'y arriverais pas ! »

Il était fier de moi, j'étais sa création. Mais l'élève avait dépassé son pygmalion et, plutôt que de lui faire sentir qu'il n'avait plus rien à m'apprendre, je suis allée là où nous ne risquions pas de nous heurter.

Notre couple avant tout.

*

En acceptant l'offre d'Henri Varna, je n'avais pas l'intention de rompre définitivement avec la chanson.

J'ouvrais une parenthèse dont j'ignorais quand elle se refermerait. Qui aurait pu prévoir que ma première revue, *Plaisirs*, tiendrait l'affiche plusieurs années durant au Casino de Paris ? Comment deviner que moi, petite Française, je serais promue meneuse de revue à Las Vegas ? Comment me douter que je reviendrais au Casino de Paris, en 1966, pour une deuxième revue, *Désirs de Paris* ? Et qui aurait imaginé la suite de mes aventures américaines, le Caesars Palace puis King Castle, cet hôtel-casino que Nate Jacobson, génial et mégalomaniaque, avait décidé d'implanter contre tout bon sens au bord du lac Tahoe, à 2 000 mètres d'altitude, dans les monts du Nevada ? Paysage grandiose certes, mais enfoui sous la neige une grande partie de l'année. J'en devins la directrice artistique et pendant deux ans je négociai les contrats de Tina Turner, Peggy Lee, Woody Allen, Tony Bennett, Harry Belafonte et autres merveilleux artistes.

Pourtant, durant ces années d'intense activité, je continuais d'enregistrer régulièrement depuis les studios américains. Mais comme je n'étais pas en France pour en assurer la promotion, le succès de ces albums était mitigé. En 1972, alors que j'étais à Miami, où je produisais *Fantasy of Love* pour le théâtre Play Boy, je pris une décision : après ce spectacle, je rentrerais définitivement à Paris. Maman et Loulou vieillissaient, ils étaient lassés de ce yoyo perpétuel entre la France et l'Amérique, il était temps de changer de rythme. Jacques Souplet, le directeur artistique de CBS, me dit alors : « Ne rentre pas en France sans rien, enregistre pour nous un nouveau disque. » Je le fis et il s'en vendit trois cent mille exemplaires.

Parmi les onze titres entièrement nouveaux, *Bye Bye*, la très jolie chanson composée par Loulou et Serge Lama, fut plébiscitée. C'est le succès de ce disque qui nous décida à mettre sur pied la tournée du *Line Renaud Las Vegas Show*, où je pus constater que mon public m'était resté fidèle, malgré ces longues années d'absence.

Je pensais en avoir définitivement fini avec la revue. Je ne voulais même plus en entendre parler. Mais, en 1974, des rumeurs commencèrent à courir : le Casino de Paris était au bord de la faillite, des promoteurs lorgnaient son emplacement, rue de Clichy, il risquait de finir en ensemble immobilier ou en parking. Le public commença même à m'écrire en me disant : « Line, ne laissez pas mourir ce temple de la revue ! » Pour le reprendre, il fallait quelqu'un qui soit à la fois amoureux du spectacle et très fortuné. J'ai pensé à Jean Bauchet, l'ancien directeur du Moulin-Rouge, qui avait commencé dans la vie comme danseur acrobatique et chanteur avant de faire fortune dans l'industrie du jeu. Je pris rendez-vous avec lui et pleurai sur le sort du Casino de Paris à l'agonie. Lui, un fou de music-hall, ne pouvait pas laisser faire ça. Pour achever de le convaincre, je lui dis : « Loulou et moi nous allons te produire le spectacle. Je sais le faire, j'ai déjà produit des shows aux États-Unis. » Il réfléchit un instant, puis me répondit : « Je ne reprendrai le Casino que si tu mènes la nouvelle revue. Je cède si tu cèdes. » Je cédai, la salle fut sauvée et une dernière fois je revins au Casino de Paris pour créer *Paris-Line*, au printemps 1976.

J'y restai près de quatre ans. Au soir de la dernière, ma décision était prise. J'avais cinquante ans, pour moi c'était la limite : plus jamais je n'apparaîtrais dans une revue. Jean Bauchet avait insisté pour que je fasse une année de plus, mais cette fois je n'avais pas cédé. Comme je l'avais dit à Loulou, j'étais décidée à jouer d'autres cartes. Je voulais devenir comédienne. Non pas comédienne à mi-temps, entre deux galas. Comédienne à part entière. Ce qui signifiait, oui cette fois définitivement, que je ne chanterais plus, de même que Montand avait cessé de chanter à partir des années 1960, pour s'imposer – et de façon magistrale – comme comédien. Je n'espérais pas égaler cet exemple, mais au moins pouvais-je m'en inspirer.

Mon dernier succès de chanteuse fut *Copacabana*, une chanson de Barry Manilow que j'avais entendue en Amérique et dont j'avais griffonné les paroles sur mes genoux dans l'avion qui me ramenait à Paris.

Les jeunes fans, comme Michael ou Jeremy, qui rejoignirent mes clubs ou créèrent des blogs sur Internet au début des années 2000, savaient à peine que j'avais été une vedette de la chanson. C'est comme comédienne, et aussi à travers mon implication dans la lutte contre le sida, qu'ils me découvrirent et, semble-t-il, m'apprécièrent.

J'ai quitté la chanson sur la pointe des pieds, sans adieux ni communiqué officiel. Et c'est sans annonce tonitruante que trente ans plus tard je reviendrais pour mon plaisir, le temps d'un album, *Rue Washington*, et de deux concerts à l'Olympia. Le premier Olympia de ma carrière. Il était temps !

*

En 1994, Sony Music lança un appel à l'écriture de chansons auprès des personnes atteintes par le VIH.

Pierre Bergé et moi venions de créer Ensemble contre le sida. L'album *Entre sourire et larmes*, auquel Sony nous associa, fut notre premier projet de disque. J'aidai autant que je pus à sa réalisation.

Pascal Obispo, Liane Foly, Jane Birkin, Axelle Renoir, Stephan Eicher, Alain Chamfort et d'autres offrirent leur collaboration et chacun choisit, parmi les cent soixante textes reçus, celui qu'il souhaitait interpréter.

Au nombre des élus, un jeune prof de dessin dans un collège de la banlieue parisienne. Il s'appelait Lionel Florence. Sa rencontre avec Pascal Obispo, à l'occasion de ce disque, donnera par la suite d'aussi superbes chansons que *Lucie* ou *Savoir aimer*.

Pascal, quant à lui, composa la musique et interpréta le texte d'une jeune séropositive, *Des p'tits trucs cons*. Mais plus que tout, il fut, avec son immense générosité, l'âme de cette entreprise qui marqua, entre nous, le début d'une profonde amitié.

*

J'ai déjà évoqué le premier Sidaction diffusé simultanément par les six principales chaînes de télévision en 1994. Après cette exceptionnelle réussite, la deuxième édition, qui eut lieu le 6 juin 1996, fut un cruel échec, malgré une audience considérable. Au cours de la soirée, Christophe Martet, le président d'Act Up-Paris, provoqua un scandale mémorable en interpellant en direct Philippe Douste-Blazy, alors ministre de la Culture, sur la question des malades étrangers en situation irrégulière et sur le sida en prison. « Qu'est-ce que c'est que ce pays de merde ? » lança-t-il devant l'assistance médusée avant de quitter la salle.

S'en prendre à Philippe Douste-Blazy était particulièrement mal venu. Alors qu'il était ministre de la Santé, celui-ci nous avait constamment soutenus et c'est beaucoup grâce à son intervention que nous étions parvenus à fédérer toutes les chaînes de télévision pour le tout premier Sidaction.

On peut comprendre, à distance, l'impatience des militants d'Act Up. Le film magnifique de Robin Campillo, *120 Battements par minute*, Grand Prix du jury à Cannes en 2017, donne une juste image de la détresse des malades du sida et de la révolte que suscitait parmi eux l'inertie, réelle ou supposée, des autorités de santé. Mais le fait est que cet incident choqua profondément le public et provoqua une chute immédiate des promesses de dons. Je reçus, dans les jours qui suivirent, une quantité impressionnante de lettres contenant des chèques déchirés, accompagnés de petits mots : « Pauvre Line ! », « C'est pas contre vous, mais on n'a plus envie de donner », etc.

Ensemble contre le sida se retrouva brutalement dans une situation matérielle catastrophique. Impossible d'assurer le fonctionnement quotidien de l'association, l'aide aux malades et le financement des programmes de recherche qu'elle soutenait.

Thierry Chassagne, futur président de Warner Music France, dirigeait à l'époque V2 Music, propriété du magnat britannique Richard Branson. Est-ce moi qui suis venue lui proposer de produire un album caritatif dont les bénéfices nous aideraient à poursuivre nos activités ? Est-ce lui qui en prit l'initiative ? C'est en tout cas Thierry qui, dès le départ, imposa l'idée d'un titre très populaire susceptible de tirer les ventes de l'album.

Ce fut *Sa raison d'être* et le mérite en revient à Pascal Obispo et Lionel Florence.

À l'origine, la chanson avait été écrite pour France Gall. Mais celle-ci, qui vivait dans le souvenir de Michel Berger, auteur pour elle de tant de chefs-d'œuvre, renonça à l'interpréter. « C'est Michel, mais c'est pas Michel », s'excusa-t-elle gentiment auprès de Pascal.

Il se trouve que les paroles, à quelques ajustements près, collaient parfaitement avec le thème du sida. Le mot n'était jamais prononcé, mais tout l'évoquait. Mieux encore, le léger décalage qui subsistait permettait d'éviter le piège du démonstratif ou du grandiloquent.

Thierry Chassagne engagea un jeune directeur artistique, Jean-Valère Albertini, pour s'occuper à plein temps du projet. Jean-Valère connaissait bien Pascal Obispo et s'entendait parfaitement avec lui. Tous deux se mirent au travail.

Pascal avait décidé que chaque ligne de texte serait chantée par un interprète différent, à la manière d'un gigantesque relais. Il avait fait son découpage, il lui fallait quarante-deux interprètes. Lorsqu'il m'exposa pour la première fois son projet, dans son studio à Suresnes, je crus à une plaisanterie.

« Quarante-deux ! Mais comment feras-tu ?

– Ils viendront chacun leur tour enregistrer leur phrase en studio.

– Et pour le clip ?

– Ils reviendront.

– C'est un projet de fou ! »

« On était comme des enfants, me racontera plus tard Jean-Valère. On inscrivait en face de chaque ligne le nom des artistes avec lesquels on avait envie de travailler sans se poser la question de savoir s'ils accepteraient ou pas, s'ils seraient libres ou non. »

Après avoir beaucoup rêvé vint le moment d'obtenir l'accord des intéressés. Je fis une lettre type, Pascal en appela certains, moi d'autres, Jean-Valère passait derrière pour relancer les indécis ou les négligents. Au final, il y eut très peu de refus. De Julien Clerc à Patricia Kaas, de Johnny Hallyday à Hélène Segara, de Maurane à Francis Cabrel, c'est toute la chanson française qui donna son accord de principe.

En dépit de mes prévisions pessimistes, le *projet de fou* commençait à prendre tournure.

Pourtant, une partie de moi continuait à penser : « Ils n'y arriveront jamais ! » Mais l'autre souhaitait plus que tout qu'ils réussissent. Dans l'obstination de Pascal Obispo, dans son insouciance apparente, dans sa façon de s'impliquer à mille pour cent dans ce projet, je reconnaissais quelque chose de moi. Toute ma vie je m'étais lancée dans les entreprises les plus insensées. Toute ma vie j'avais entendu Loulou crier casse-cou et multiplier les mises en garde. En avais-je jamais tenu compte ?

À raison de quatre ou cinq artistes par jour, le puzzle se mit peu à peu en place. Il y eut bien quelques accrocs, mais dans l'ensemble le planning fut à peu près respecté. Au jour dit, à l'heure dite, les artistes, disciplinés, faisaient le pèlerinage de Suresnes, enregistraient leur phrase et repartaient. Et comme l'avait prévu Pascal, ils revinrent pour le clip, superbement réalisé par Gilles Lellouche et Tristan Aurouet. C'est moi qui concluais, dans un plan tourné à l'aéroport de Roissy.

Il fallut encore six mois de travail pour parachever l'album. Il comportait, outre *Sa raison d'être*, onze chansons et deux textes, l'un de Jean-Claude Carrière dit par Juliette Gréco, l'autre d'Alain Souchon dit par Chiara Mastroianni et Stanislas Merhar. Patrick Bruel écrivit une chanson spécialement pour le disque, Patricia Kaas donna un remix de *La Vie en rose*, Hélène Segara et Garou chantèrent en duo, de même qu'Axelle Renoir et Alain Souchon, Johnny enregistra une version alternative du titre *Regarde-moi t'aimer*, que Pascal Obispo avait composé pour l'album *Ce que je sais*.

Le clip puis l'album remportèrent un immense succès. Le single de *Sa raison d'être* n'avait pas été commercialisé. Si on voulait la chanson, il fallait acheter le disque, qui se vendit à sept cent mille exemplaires.

Pour *Sa raison d'être*, Pascal Obispo et Lionel Florence abandonnèrent tous leurs droits au Sidaction.

Grâce à leur générosité, grâce à l'implication extraordinaire de tous les participants, grâce au public qui fit un succès au disque, Ensemble contre le sida, devenu Sidaction, put surmonter ses difficultés et poursuivre son action aux côtés des malades, des médecins et des chercheurs engagés dans la lutte contre le fléau.

*

Pour expliquer comment, alors que je pensais ne plus jamais chanter, j'ai décidé, à quatre-vingts ans, d'enregistrer un album et, plus étonnant encore, de monter sur la scène de l'Olympia, il faut que je fasse un grand bond en arrière.

10 décembre 1965, je rentre des États-Unis. Une petite foule est venue m'accueillir à l'aéroport du Bourget. Au

pied de l'avion, ma mère, ma grand-mère, Henri Varna, le patron du Casino de Paris, où commenceront bientôt les répétitions de ma deuxième revue, *Désirs de Paris*. Mais aussi des fans, tous ces gens fantastiques qui, depuis le début de ma carrière, me suivent avec ferveur, collectionnent disques, affiches et programmes, qui sont au courant de mes moindres faits et gestes et, mystérieusement informés, me guettent jusqu'à pas d'heure à la porte du restaurant, du théâtre ou de l'immeuble où j'ai passé la soirée. Quelle que soit la fatigue, je m'attarde un moment à bavarder avec eux. Chaque semaine, je consacre une journée, aidée par ma mère, à répondre à leur courrier. J'en connais beaucoup par leur prénom, je suis tenue au courant des naissances, baptêmes et enterrements. Le temps passant, ils se renouvellent et s'additionnent.

Parmi ceux qui se pressent ce jour-là, un groupe de très jeunes gens se montre particulièrement exubérant. C'est, me dit-on, mon nouveau club de fans. Ils chantent, envoient des baisers, agitent des ballons en forme de cœur rouges, bleus ou argent. À leur tête un garçon de dix-neuf ans. Il vient de Brest, il gagne sa vie en exerçant des petits boulots, vendeur à la Samaritaine, employé de vestiaire aux Folies Bergère. Il s'appelle Hervé Saouzanet. C'est un passionné de music-hall, il connaît ma carrière mieux que moi-même. Quelques années plus tard, il deviendra mon secrétaire et restera mon plus proche collaborateur pendant plus de trente ans.

J'ai dit, à propos de Michael ou de Jeremy, qu'ils savaient à peine que j'avais été une vedette de la chanson. C'est à la chanteuse au contraire qu'Hervé, quels que soient mes succès de comédienne, vouait un véritable culte. Toute sa vie, il n'aura de cesse que je revienne à la chanson.

« Vous ne réalisez pas que vous avez un nouveau public qui ne vous connaît pas comme chanteuse et qui n'attend que ça ! C'est du gâchis ! »

Mais je tenais bon. Chanteuse ou comédienne, j'avais choisi et, dans cette logique, j'avais tout fait pour qu'on oublie ma carrière au music-hall. Un seul écart et je perdrais le bénéfice de tant d'années d'efforts. À chaque nouvel assaut, ma réponse était la même : « Hervé, je ne reviendrai jamais à la chanson ! »

*

Jean-Valère Albertini, qui avait si bien piloté le projet *Sa raison d'être*, m'avouera qu'à cette époque je l'impressionnais beaucoup. Craignant de s'adresser directement à moi, il préférait passer par Hervé. Celui-ci, qui était très jaloux de son pouvoir, appréciait cette déférence à son égard et vit tout le parti qu'il pouvait en tirer.

Plutôt que de multiplier en pure perte les tentatives pour me convaincre, pourquoi ne pas monter un projet et me le proposer clés en main ? Jean-Valère disposait de nombreux contacts dans les maisons de disques, il était en rapport avec tout ce que la nouvelle génération comportait de talents et travaillait alors pour son compte. Pour Hervé, c'était l'homme de la situation.

Un soir de l'automne 2009, vers dix-huit heures, alors que Jean-Valère s'apprêtait à quitter son bureau, rue Bouchardon, il reçut un appel d'Hervé.

« Qu'est-ce que tu en penserais si Line revenait à la chanson ?

– C'est une idée fantastique !

– Je te préviens tout de suite, Line ne veut pas en entendre parler. La chanson, pour elle, c'est terminé. Elle est totalement investie dans sa carrière d'actrice. Est-ce que tu serais prêt à travailler avec moi ?

– Quand tu veux. »

Mise au courant, je laissai faire, persuadée que l'aventure tournerait court.

Ils se mirent à l'ouvrage, appelèrent des auteurs, des compositeurs, leur dirent qu'ils étaient en train de travailler sur un nouvel album de Line Renaud, le premier depuis trente ans. Il faut croire que je n'avais pas une trop mauvaise image, l'aspect événementiel joua à fond, ils furent bien accueillis et obtinrent en peu de temps de très belles signatures.

Quelques mois plus tard, Hervé me dit qu'ils avaient trois titres à me proposer. Est-ce que je voulais bien venir les écouter rue Bouchardon ? « Pourquoi rue Bouchardon ? Pourquoi pas ici, au bureau ?

– On sera mieux rue Bouchardon. »

Je n'insistai pas, pensant que Jean-Valère disposait là-bas d'un studio où l'écoute serait meilleure. Je m'y rendis au volant de ma petite Smart, me garai dans une rue étroite, derrière le théâtre de la Renaissance, et gravis les escaliers exigus d'un immeuble pas très reluisant. Arrivée sur le palier, je compris qu'il ne s'agissait pas d'un studio, mais d'un local qui aurait pu tout aussi bien abriter un fabricant de casquettes ou un courtier d'assurances.

Hervé était malin. Je pense que si cette séquence d'écoute avait eu lieu dans mon bureau, rue du Bois-de-Boulogne, ou dans un lieu professionnel, je n'aurais pas réagi de la même façon. Ici, le côté bricolé, provisoire, limite amateur, faisait que je ne me sentais pas prise au piège. Rien n'était fait, rien n'était décidé, rien ne prêtait à conséquence.

J'écoutai un premier titre, puis un second. Je sentais les regards anxieux de Jean-Valère et d'Hervé braqués sur moi. Je hochais la tête sans savoir que dire. Je trouvais ça ni bien ni mal, je ne me sentais pas concernée.

On passa au troisième titre. La chanson s'appelait *Une minute*. Elle avait été écrite spécialement pour moi par des auteurs canadiens avec qui Jean-Valère était en rapport. C'était une bonne chanson, moderne, rythmée, pleine d'humour, à la fois légère et sentimentale. Dès les premières notes, je me surpris à imaginer ce que je pourrais en faire et l'idée me vint que la comédienne que j'étais devenue ne demandait qu'à rejoindre la chanteuse que j'avais été. L'expérience que j'avais acquise au théâtre, au cinéma ou à la télévision allait enrichir tout ce que j'avais appris lors de mes années de music-hall.

Quand une heure plus tard je repris le volant de ma Smart, l'hypothèse d'un retour à la chanson, totalement exclue à mon arrivée, était passée au stade « très improbable ». C'était un tout petit progrès, mais un progrès tout de même. Hervé et Jean-Valère, eux, tenaient enfin une direction. Des chansons à texte, rythmées, qui, par leur thème et leur développement, pouvaient donner lieu à une véritable interprétation, comme de mini-scénarios.

Insensiblement, je fis mien leur projet. À mon grand étonnement, Michel Delpech, Marc Lavoine, Jean-Loup Dabadie promirent des textes. Ils arrivèrent, magnifiques : *Les Torrents d'amour*, *Je t'ai suivi, je te suivrai*, *La Mémoire dévêtue*…

Pourtant quelque chose résistait encore en moi. Ce disque était le premier que j'enregistrerais sans Loulou, sans son accord, sans ses conseils, sans sa présence derrière la vitre du studio, anxieux, taciturne, en quête d'une inaccessible perfection. Qu'en pensait-il ? Était-il jaloux, furieux ? Se disait-il que je me fourvoyais ? Que j'étais en train de faire la bêtise de ma vie ?

J'attendais un signe.

Il se manifesta, comme toujours, de la façon la plus imprévue. Un jour, Jean-Valère me dit incidemment que l'album serait enregistré aux Labomatic Studios, 10, rue Washington. Je poussai un cri. Rue Washington ! C'est de là que tout était parti pour moi, c'est là que j'avais rencontré Loulou pour la première fois, aux éditions Micro, dont les bureaux étaient au 14 ! Un peu plus loin dans la rue, côté avenue de Friedland, j'avais débuté à la radio dans l'émission *Première Chance*, de Jean Delettre !

Et pour emporter définitivement ma décision, j'appris encore que le réalisateur de l'album serait Dominique Blanc-Francard, le fils de Jean-Marie Blanc-Francard, l'ingénieur du son favori de Loulou. Combien de fois l'avais-je entendu dire : « Ah, si on pouvait avoir Blanc-Francard ! » Ou à l'inverse : « Quel dommage qu'on n'ait pas eu Blanc-Francard ! »

Comment Loulou aurait-il pu signifier plus clairement qu'il m'approuvait ?

Il dut pourtant sentir qu'au fond de moi un doute subsistait et qu'il devait intervenir plus clairement encore. Nous avions prévu de faire une photo, rue Washington, pour la pochette du disque. La séance avait été très compliquée à organiser car, cet été-là, non seulement j'enregistrais l'album, mais je tournais le film de Pascale Pouzadoux *La Croisière* pour le cinéma. J'étais stressée, je me posais beaucoup de questions. Avais-je fait le bon choix ?

Alors que j'arpentais la rue, je vis que le photographe n'avait pas un appareil récent, tel qu'on en voit partout, mais un modèle ancien dont l'apparence m'était familière. Je lui demandai : « C'est quoi votre appareil ? » Il me répondit : « Un Hasselblad ! » Aussitôt mes derniers doutes s'envolèrent : Loulou adorait prendre des photos et ne jurait que par l'Hasselblad, son appareil préféré.

Plus moyen d'hésiter. Loulou m'encourageait à chanter de nouveau. L'album se ferait et il aurait pour titre *Rue Washington*.

*

Pour moi, l'histoire de ce disque restera celle d'une suite de petits miracles. Miracle quand Thierry Chassagne, enthousiaste, décida de produire l'album ; miracle la rencontre avec Flavien Compagnon, mon pianiste et mon répétiteur ; miracle mes premiers cours de chant, à quatre-vingt-deux ans, avec Éric Tavelli, moi qui avais toujours voulu travailler ma voix.

Miracle encore ma rencontre avec Christophe Maé, un soir, à Nantes, alors que j'étais en tournée avec *Très Chère Mathilde*. Je dînais après le spectacle avec Samuel Labarthe et Raphaëline Goupilleau dans la seule brasserie ouverte à cette heure. La salle était déserte en dehors de notre table et d'une autre où était installé un petit groupe de jeunes gens. Assis de trois quarts, dos à moi, un garçon dont la silhouette me disait quelque chose. N'était-ce pas Christophe Maé ? Nous ne nous connaissions pas, mais j'adorais sa chanson *On s'attache*, son timbre de voix si particulier, le mélange de tendresse et de hargne qu'il mettait dans ses interprétations.

J'appelai mine de rien : « Christophe ! » Le garçon se retourna. C'était bien lui. Son visage s'illumina. « Line Renaud ? Ça alors ! » Et se tournant vers ses copains : « Line Renaud ! Vous vous rendez compte ? » C'est le genre de moment où je me sens vraiment très vieille. Comme un monument dont on s'étonne qu'il tienne encore debout.

Il vint m'embrasser, incroyablement sympathique et chaleureux. Nous nous sommes mis à bavarder. Il me raconta son enfance à Carpentras, son père boulanger, le CAP de pâtissier passé à seize ans, l'apprentissage dans la boutique paternelle, les croissants à quatre heures du matin, ses débuts de chanteur dans les bars, l'été sur la côte, l'hiver dans les stations de ski.

À un moment, je lui dis : « Pourquoi vous ne m'écririez pas une chanson pour mon album ? » Et lui, sans même hésiter : « D'accord. Je vous fais ça. »

Deux semaines plus tard, il me téléphona. « Ça y est, je l'ai, votre chanson. C'est une valse. Est-ce que je peux venir vous la chanter ? »

Une valse ? J'étais horrifiée. Je me dis : « Décidément, il me prend pour une vieille, il m'a écrit une valse musette. Comment je vais faire pour refuser ? »

Il vint à La Jonchère avec sa guitare et dès les premières notes je fus rassurée : sa valse était pleine de couleurs et de joie de vivre. C'était une valse *péruvienne*, me précisa-t-il. Ne me demandez pas ce qui différencie une valse péruvienne d'une valse brésilienne ou argentine. Elle s'appelait *Dans ma tête*, c'est l'un des plus jolis titres de mon album.

Et que dire de cet autre miracle, alors que nous avions pratiquement bouclé l'album ? Un jour la porte du studio s'ouvrit et apparut un jeune homme mince qui s'appuyait sur une canne. C'était Grand Corps Malade. « J'enregistre à côté, on m'a dit que vous étiez là, je voulais vous saluer. »

Toujours le monument qu'on visite, mais avec tant de gentillesse ! Et moi, spontanément : « J'aimerais tellement que vous m'écriviez un texte… »

Le lendemain, il m'appela. « Je viens de vous faxer quelque chose. Vous me direz ce que vous en pensez. » En effet, la bande de papier sortait de l'appareil. Je lus le texte. Quelle merveille !

Je ne sais par quoi commencer, puisque rien n'est fini
J'écris cette lettre aux temps passés
Les jours heureux, les jours de pluie
Alors ma plume se déplace en dessinant mes souvenirs
Il y en a tant, je manque de place, j'écris cette lettre à mes sourires…

J'en avais le souffle coupé. C'était tellement moi ! C'était tellement ce que j'avais envie de dire !

Au bout du fil, Grand Corps Malade s'inquiéta.

« Ça ne vous plaît pas, Line ? »

Ma voix s'étrangla. « C'est tellement beau, je ne sais pas quoi dire. Si, une chose…

– Dites, dites.

– Merci. »

Le texte s'appelle *J'écris cette lettre*. Je l'ai dit le plus simplement possible, sans effets superflus. Et j'ai éprouvé, en l'enregistrant, autant d'émotion qu'à sa lecture.

J'écris cette lettre à mon présent, j'ai les deux pieds sur mon chemin
Je regarde droit devant, j'écris cette lettre aux lendemains.

*

Deux miracles encore.

Un jour, j'ai appelé Johnny à Los Angeles. « Mon Johnny, je suis dans ta maison !

– Ah bon ? À Marnes-la-Coquette ?

– Non, ta maison de disques, chez Warner !

– Formidable. Et si on faisait quelque chose tous les deux ? »

Quelle belle idée ! J'étais sa marraine de métier, nous n'avions jamais enregistré ensemble. Nous avons donc chanté en duo, lui à Los Angeles, moi à Paris, *Ce monde est merveilleux*, la magnifique chanson popularisée par Louis Armstrong. Je suis très heureuse que le disque conserve ce beau témoignage de notre amitié.

Le second miracle, c'est mon entente avec Mylène Farmer. J'avais fait sa connaissance après un concert au Stade de France, en 2009, où j'étais allée la féliciter dans sa loge. Elle vint dîner en tête à tête avec moi à La Jonchère, nous avons longuement parlé. Son énergie vitale est impressionnante. Mais c'est aussi quelqu'un qui doute.

Difficile d'imaginer deux personnalités aussi différentes que les nôtres. Elle se protège, je m'expose, elle n'aime pas se montrer, j'adore sortir, rencontrer du monde, elle est timide, j'irais parler au pape s'il le fallait. Naturellement, je vois ce que ces catégories ont d'artificiel. On n'est jamais complètement une chose ou son contraire. La preuve ? Tout le monde prédisait que Mylène n'accepterait jamais de chanter en duo avec moi sur un album qui n'était pas le sien. Elle le fit pourtant, avec une générosité qui me toucha profondément. Ce fut la chanson *C'est pas l'heure*, dont elle écrivit les paroles et dont Laurent Boutonnat composa la musique. Un grand souvenir.

Un jour que nous étions en train de travailler à La Jonchère avec Flavien, mon pianiste, nous avons fait une pause sur la terrasse. Au moment de rentrer dans la maison, on entendit un grand fracas derrière nous. La lourde lanterne en fonte au-dessous de laquelle je me trouvais dix secondes plus tôt venait de s'effondrer.

De tous les miracles dont j'ai dressé la liste, celui-ci fut le plus décisif. Car sans vouloir exagérer mon rôle, il aurait été difficile de mener à bien cet album si la lanterne m'avait pulvérisée !

*

Rue Washington parut à l'automne 2010. L'album fut rapidement certifié disque d'or, ce qui signifie que Warner en vendit plus de cinquante mille exemplaires. Pour un disque conçu en toute liberté et dont l'objectif n'était pas principalement le succès financier, c'était un exploit.

Je n'avais pas ménagé mes forces pour la promotion du disque, courant de radios en télés, écumant émissions de variétés et talk-shows. Je peux dire maintenant que j'ai détesté ça. C'était horrible, j'avais l'impression de faire un pas en arrière.

Sans trop savoir comment je me suis retrouvée sur la scène des NRJ Music Awards à Cannes pour remettre le trophée du Concert de l'année. Les vainqueurs étaient les Black Eyed Peas, gros vendeurs de disques paraît-il, mais de parfaits inconnus pour moi. Je savais que je n'étais pas à ma place et j'en souffrais.

Fort heureusement, au moment de les présenter, la réplique m'est venue, à l'américaine : « Vous avez eu beaucoup de chance que je n'aie pas fait de concert cette année, sinon je vous aurais déchirés ! » La salle s'est marrée, je ne m'en étais pas si mal tirée.

Tout ça uniquement pour faire plaisir à Hervé !

J'étais fière de ne pas avoir déçu mes producteurs, satisfaite du travail accompli, de nombreux projets m'attendaient, je pensais en être quitte avec la chanson, et pour toujours.

Mais Hervé ne l'entendait pas de cette oreille. Pour lui, le disque n'était qu'une étape. Maintenant, je devais remonter sur scène. Et pas n'importe quelle scène, la plus prestigieuse d'entre elles : l'Olympia, où je ne m'étais jamais produite.

« À quoi ça sert d'avoir fait ce disque si vous n'en profitez pas ? »

Adolescent, Hervé était venu m'entendre chanter, à Brest. Sans doute cultivait-il l'espoir qu'un jour je ferais revivre à son intention cet instant qui avait déterminé le cours de sa vie.

De même que pour l'album, je résistai, mais avec moins d'énergie. Car je pouvais difficilement nier que j'avais pris un très grand plaisir à chanter de nouveau. L'atmosphère des studios, le travail avec les musiciens, cette routine à laquelle j'étais rompue depuis mon plus jeune âge et que je retrouvais comme on enfile un vêtement un peu ancien mais confortable, tout cela m'avait beaucoup plu. En rester là m'aurait laissé, il est vrai, un sentiment d'inachevé. Au fond, je ne demandais qu'à me laisser convaincre.

Jean-Claude Camus était prêt à produire le spectacle, insensiblement le projet prit corps : quelques dates en tournée, deux soirées à l'Olympia, une captation pour France 3.

J'entrepris de travailler plusieurs après-midi par semaine avec Michel Amsellem, remarquable chef d'orchestre et directeur musical, dans les studios au sous-sol de la rue du Bois-de-Boulogne. Ensemble, nous choisissions, parmi mes anciennes chansons, celles qui viendraient s'ajouter aux nouvelles, les essayions pour voir comment elles se mariaient les unes aux autres. Michel rebondissait sur mes propositions et les enrichissait, très vite je me pris au jeu.

Un jour, comme notre travail avançait, je proposai à Hervé de descendre les deux étages qui séparaient son bureau du studio et d'assister à notre répétition. J'étais encore dans le doute, j'avais besoin d'un retour, de savoir ce qui allait et ce qui n'était pas encore au point.

À peine avions-nous commencé qu'Hervé entra dans une colère folle. « C'est n'importe quoi ! Vous allez au casse-pipe ! Pas question de faire l'Olympia dans ces conditions ! Il faut tout arrêter ! »

J'étais atterrée. Mais connaissant Hervé, je gardai mon calme et essayai de placer la discussion sur un terrain plus constructif. Peine perdue. Hervé hurlait de plus belle. J'étais une grande dame de la chanson française ! Je devais à tout prix casser mon image de chanteuse populaire !

Le différend couvait depuis longtemps. Hervé aurait voulu que je chante un répertoire résolument « auteur ». Il me voyait comme Barbara. Ce qui était en même temps flatteur et ridicule. J'étais aussi peu Barbara qu'elle avait été Line Renaud.

Il m'incitait à reprendre l'un des titres de la dame en noir, *Drouot*. Ce n'était pas forcément une mauvaise idée, mais plutôt que de chanter les paroles j'aurais voulu les dire, à la façon d'un poème. Cette idée l'avait mis en rage, comme l'avait profondément vexé mon refus d'une chanson qu'avait écrite, à sa demande, le compositeur italien Franco Battiato.

Ainsi, au moment même où son rêve prenait corps, Hervé s'acharnait à le briser. Les occasions de conflit se multipliaient. Je prenais sur moi, je temporisais, tout en sachant que la situation ne pourrait pas s'éterniser.

Pour les soixante ans d'Hervé, j'avais organisé une fête à La Jonchère, à laquelle étaient conviés soixante de ses amis. Sous une tente magnifiquement décorée, tout le monde attendait le héros du jour. Je l'accueillis à son arrivée et vis tout de suite qu'il avait sa tête des mauvais jours.

Prenant soin de ne pas le brusquer, je le saisis par la main et lui dis : « Viens, Hervé, on y va !

– Laissez-moi ! » hurla-t-il en retirant brutalement sa main de la mienne.

J'aurais dû ce soir-là dire à Hervé : « Pars ! On fera ton anniversaire sans toi et j'expliquerai à tes amis ton fichu caractère. » Mais je ne l'ai pas fait. Il passa la soirée recroquevillé dans un coin de la tente, ne parlant à personne.

Il ne supportait pas de vieillir.

Dans les mois et les années qui suivirent, sa santé ne cessa de se dégrader. Il buvait trop, fumait trois paquets par jour, se bourrait de médicaments. Lorsque nous marchions ensemble dans la rue, il s'arrêtait tous les dix mètres pour reprendre son souffle.

Nous avions l'habitude de nous téléphoner chaque soir pour faire le point sur la journée et préparer celle du lendemain. Ce qui avait toujours été un rendez-vous amical était devenu un exercice de haute voltige. Je pesais soigneusement le moindre mot pour éviter de le froisser. Un soir, une parole malheureuse dut m'échapper, il se mit à tempêter. « Je vous préviens, Line, si ça continue comme ça, j'arrête de travailler avec vous ! »

C'était la phrase à ne pas dire. La réponse fusa sans que je puisse la retenir : « Eh bien, c'est d'accord, Hervé. On arrête. »

Sans doute Hervé crut-il que je laisserais passer un jour ou deux, puis que je le rappellerais comme je le faisais d'habitude. Mais cette fois, je ne rappelai pas. En quelques secondes, une collaboration de trente ans avait pris fin pour toujours.

*

Avec ou sans Hervé, l'Olympia était programmé, la machine était lancée.

Aux tête-à-tête de la rue du Bois-de-Boulogne avaient succédé des répétitions avec orchestre sur un plateau des studios TSF à Aubervilliers. Pour la conception visuelle et la mise en scène, je rêvais de travailler avec Franco Dragone. J'avais admiré le show de Céline Dion qu'il avait monté à Las Vegas, ainsi que ses merveilleuses créations pour le Cirque du Soleil. Il m'avait fait visiter ses ateliers à La Louvière, en Belgique, véritable usine à rêves d'où sortaient, à destination du monde entier, des spectacles, performances, événements plus stupéfiants les uns que les autres.

Pour ma plus grande joie, Franco accepta. Il dessina un admirable rideau de scène et créa des éclairages et des effets visuels d'une rare beauté. Comme tous les grands artistes, Franco Dragone était capable de concevoir des dispositifs d'une extrême complexité tout autant que d'autres, épurés et minimalistes, comme le superbe habillage qu'il imagina pour accompagner la chanson de Jacques Brel *Le Plat Pays*, que j'avais mise au programme.

Les récitals qui précédèrent l'Olympia, à Bruxelles, Amiens, Lille, se passèrent parfaitement bien. Depuis l'entrée, avec la chanson de Michel Berger *Pour être moins seul*, que je chantais a capella, dans la pénombre, jusqu'au final, où le public reprenait en chœur *Ma cabane au Canada*, le spectacle ne connut aucun incident majeur.

J'avais demandé à Alex Lutz de m'aider à écrire des *lines*, ces petits intermèdes semi-improvisés dont j'avais pris l'habitude aux États-Unis et qui permettent de créer un contact familier avec le public en l'interpellant, ou en pratiquant l'autodérision.

Par exemple, Julien Clerc, à la fin de la chanson que nous chantions ensemble, me félicitait : « Line, bravo ! Pour retenir un texte comme ça, il faut une sacrée mémoire ! » Ce à quoi je répondais : « Eh bien, justement, figure-toi que le producteur y a pensé ! Il m'a dit : "Line, on va te mettre des prompteurs !" Je lui ai dit : "Jean-Claude, ne te lance pas dans des frais, je n'ai pas besoin de ça !" Il m'a répondu : "Mais écoute, tout le monde le fait !" J'ai pas voulu le vexer, on a installé les prompteurs. Mais maintenant je peux vous le dire, ça ne sert absolument à rien, car pour les lire, il faudrait que je mette mes lunettes ! »

À Bruxelles, pour la première, j'étais morte de peur, d'autant que je n'avais jamais chanté en public avec les *ears*, ces oreillettes qui permettent d'entendre le retour de l'orchestre ainsi que les informations – top de départ, note introductive – données par le directeur musical ou la régie. Inutile de dire que cette technique n'existait pas dans les années 1950. J'étais horriblement gênée par ces petites choses logées au fond de l'oreille, dont je n'étais pas sûre de comprendre l'utilité et qui me donnaient l'impression d'être coupée du public. Mais le miracle de la scène se produisit une fois encore et vint balayer doutes et appréhensions.

Muriel vint me voir à Amiens. Je l'avais avertie : « Si je suis ridicule, n'hésite pas, dis-le-moi. Il est encore temps de tout annuler. » Elle suggéra quelques raccourcissements, mais dans l'ensemble trouva le spectacle réussi et me rassura.

J'étais prête à affronter Paris.

*

Si le premier Olympia de ma carrière, le mardi 24 mai 2011, se déroula sans difficulté, je renonce à faire la liste des catastrophes qui se succédèrent le lendemain. Il me suffira de raconter celle qui précéda directement mon entrée en scène. Alors que je me reposais dans ma loge, une heure avant la représentation, on frappa à la porte. C'était Johnny, accompagné de son manager, Gilbert Coullier. J'étais évidemment heureuse de les voir, mais un peu surprise qu'ils soient là si tôt. Je supposais qu'ils étaient simplement venus me dire un petit bonjour et qu'ils iraient dîner ou passer un moment au bar en me laissant me préparer. Mais pas du tout. Ils s'installèrent, je ne pus faire autrement que de leur proposer un verre, et après le premier un second.

J'avais prévu de faire quelques ultimes réglages en scène avec mes musiciens. Je le leur dis, pensant qu'ils quitteraient ma loge par la même occasion. Ils répondirent : « Pas de problème, on t'attend » et se servirent un autre verre.

Décidément, il y avait anguille sous roche.

À peine avais-je gagné la scène et commencé à répéter que des hurlements retentirent en coulisse. Je reconnus la voix de Johnny, me précipitai et l'aperçus en train de boxer Jean-Claude Camus, son ancien producteur, avec lequel il s'était mortellement fâché. Tout s'expliquait. Il était venu avec Gilbert Coullier dans l'intention de le provoquer et le résultat ne s'était pas fait attendre.

J'étais anéantie. Mais bizarrement, j'éprouvais en même temps le sentiment rassurant que j'avais fait le plein de catastrophes. Il ne pouvait rien m'arriver de pire. Hélas, ce n'était pas le cas.

Comme prévu, la télévision avait enregistré la première représentation et devait filmer la deuxième par sécurité. Avant que celle-ci commence, le réalisateur me demanda si je voulais bien faire un petit raccord dans ce qui avait été tourné la veille. Pour cela, est-ce que je pouvais passer ma robe de scène ? J'acceptai sans difficulté. Mais au moment de l'enfiler, impossible d'entrer dedans. C'était incompréhensible. Je n'avais tout de même pas pris cinq kilos dans la nuit ?

L'habilleuse prit un air contrit. Entre les deux représentations, croyant bien faire, elle avait envoyé les robes chez le teinturier et celles-ci avaient rétréci !

Heureusement Sandra avait une copine qui travaillait chez Kenzo, boulevard de la Madeleine. Elle parvint à faire rouvrir l'atelier et retoucher l'une des robes. Tout habiles qu'elles soient, les couturières, en revanche, ne purent rien faire pour la robe longue que je portais au final. Elle m'arrivait au ras des genoux ! Je chantai avec une simple petite robe noire et personne, y compris moi, ne s'en porta plus mal.

*

Jean-Valère, à ma demande, avait appelé Hervé pour l'inviter le premier soir. Hervé l'avait envoyé balader sans ménagement.

« Comment peux-tu oser me proposer de venir après ce qui s'est passé ? »

Mais dans l'après-midi, le téléphone de Jean-Valère ne cessa de sonner. C'était Hervé, qui lui réclamait des places. Trop tard, l'Olympia était comble. Jean-Valère offrit de lui en trouver pour le lendemain. Hervé se récria. Le lendemain ? Pour qui le prenait-on ! Le soir même ou jamais.

Mais le lendemain, bien sûr, il était là et vint trouver Nicole Sonneville, qui resta intraitable.

C'est ainsi – et je ne peux le raconter sans en avoir le cœur serré – que celui qui avait tant insisté pour que je revienne à la chanson, qui avait tant espéré me voir un jour de nouveau chanter sur scène, eut pour seule satisfaction de voir mon nom scintiller en lettres rouges au fronton de l'Olympia et le public se presser aux portes.

*

En août 2014, Hervé fut hospitalisé. Je fus prévenue par son frère Jean, qui m'expliqua que depuis tout jeune Hervé était soigné pour des troubles du comportement.

Ce que je prenais pour des bizarreries de caractère aggravées par l'âge était en réalité bien plus profond et bien plus ancien.

J'allai le voir à l'hôpital avec Dominique Besnehard. Il ne parlait plus, il tourna vers moi un regard sans expression. Je m'assis sur le bord du lit, pris sa main dans la mienne. Il me sembla sentir deux pressions de ses doigts sur ma paume.

J'aime à croire qu'il m'avait reconnue.

15

Ma raison d'être

Les médecins ont tenu parole. Pour mes quatre-vingt-onze ans, le 2 juillet 2019, ils m'ont accordé l'autorisation de fêter mon anniversaire à la Jonchère. Quel bonheur de rentrer chez moi, même brièvement ! Marie-Annick avait eu à cœur d'organiser en secret une petite fête en mon honneur. Quand je suis sortie de l'ambulance, assise dans un fauteuil roulant, j'ai reconnu avec émotion, parmi ceux qui m'applaudissaient, Claude, Muriel, Nicole, mais aussi Dany Boon, Jean-Claude Camus, Franck Saura ainsi qu'Anne Holmes, la responsable des fictions de France Télévisions.

Nous nous sommes installés sous le cèdre bleu. Eddy, l'aide-soignant qui m'accompagnait, consentit à ce que je boive un fond de coupe de champagne, bien que l'alcool me soit interdit.

Marie-Annick et Jacinthe avaient prévu un grand barbecue, un repas simple et convivial. L'atmosphère était certes un peu mélancolique, personne n'oubliait, moi la première, que j'étais là seulement pour quelques heures. Mais tous cherchaient à me distraire. Muriel nous fit rire en testant sur nous quelques-uns des sketchs de son spectacle *Et pof !*. Dany m'annonça qu'il était en train de m'écrire un rôle dans son prochain film. Pour lui, pas de doute, j'allais m'en sortir, comme toujours.

J'en étais beaucoup moins certaine, mais je gardai mes craintes pour moi.

Dans la foulée, Nicole m'apprit qu'Éric Lavaine avait un sujet pour moi, une participation dans un de ses films aux côtés de Josiane Balasko. Depuis le temps que je voulais tourner avec elle !

J'accueillis ces projets comme des cadeaux, des cadeaux d'anniversaire. Serais-je capable de travailler dans un avenir proche ? Cela me semblait peu probable. Pourtant j'ai bel et bien tourné le film d'Éric Lavaine quelques mois plus tard et tout s'est très bien passé.

Mais en ce 2 juillet, nous n'en étions pas là.

À dix-sept heures, en retard sur l'horaire, j'ai abandonné mes invités sur la pelouse de La Jonchère pour rentrer à l'hôpital. J'étais dévastée de quitter ma maison, mes amis, mes chiens, ma vie d'avant l'AVC.

J'ai retenu mes larmes tout au long de la route. Mais arrivée dans ma chambre, je n'ai pas pu résister. Pour la première fois depuis le 10 avril, j'ai craqué, moi qui étais si fière de mon courage.

Marie-Annick m'a pris la main, nous sommes restées toutes les deux côte à côte un long moment, moi sanglotant, elle silencieuse. Peu à peu mes pleurs se sont calmés. Elle m'a tendu un mouchoir.

« Fallait que ça sorte », a-t-elle conclu.

Il n'y avait rien d'autre à ajouter.

*

Dans le long article que m'a consacré *Le Monde* en décembre 2019, le journaliste écrit : « Au milieu des années 1980, [Line Renaud] a déniché un nouveau filon tout à fait original qui ne risquait pas, hélas, de s'épuiser et qui la rendait encore plus fréquentable aux yeux des politiques. Liz Taylor lui transmet le flambeau de la lutte contre le sida pour la France. »

Cette phrase m'a blessée. Certes, quelques lignes plus loin, ce même journaliste atténue, voire annule son affirmation précédente en ajoutant : « Il faut une tonne de courage pour oser être une des premières à s'engager. Le peuple de droite, le sien, considère que le sida est la maladie méritée des pédés. » Mais des deux affirmations contradictoires, laquelle le lecteur du *Monde* retiendra : qu'avec le sida j'avais trouvé *un bon filon* pour soigner ma cote personnelle, ou qu'à l'époque il n'allait pas de soi, pour Line Renaud, de se ranger aux côtés des victimes du *cancer des homosexuels*, comme on disait alors, et pas seulement parmi le *peuple de droite* ?

Au fond, qu'importe ? Mon engagement dans la lutte contre le sida n'a pas procédé d'un calcul. Je n'ai pas pesé longuement avantages et inconvénients. J'ai foncé sans bien réfléchir et sans imaginer que cette cause deviendrait l'engagement de ma vie. Je n'avais pas répété mon rôle, j'ai improvisé du mieux que j'ai pu.

Rien ne serait arrivé si, au début des années 1980, je n'avais pas fait de fréquents séjours aux États-Unis. J'ai vécu en direct l'irruption du sida dans la vie quotidienne de la société américaine, j'ai été témoin du déferlement de bobards et de haine qu'a provoqué la découverte du mal mystérieux qui frappait les homosexuels. J'ai vu les enfants hémophiles qu'on chassait des écoles, j'ai vu des gens refuser de serrer la main de personnes qu'ils ne connaissaient pas. On prétendait qu'il suffisait de se trouver en présence d'un homosexuel, de respirer le même air que lui, pour être infecté. À plus forte raison de l'embrasser ou de boire dans le verre où il avait bu. On invoquait la juste punition divine, on accablait d'injures « ces pervers qui, par leurs pratiques répugnantes, mettaient en danger la santé des Américains ». Qu'il faille les admettre dans des hôpitaux et les soigner était loin de faire l'unanimité. « Laissez-les crever ! » entendait-on couramment. « Dieu a créé Adam et Ève, pas Adam et Steve », proclamait la droite religieuse et conservatrice.

Au début des années 1980, les médias liaient systématiquement sida et homosexualité. On s'est pourtant très vite aperçus que la maladie faisait des ravages bien au-delà de la communauté gay.

C'est ainsi qu'Elizabeth Glaser, la femme de Paul Michael Glaser, l'interprète de Starsky dans la série *Starsky et Hutch*, m'avait expliqué qu'elle avait été contaminée lors d'une transfusion sanguine, après une importante hémorragie survenue lors de l'accouchement de sa fille Ariel, en 1981.

Ariel décéda du sida en 1988. Elizabeth avait transmis le virus à sa fille en l'allaitant. Elle en mourut elle-même six ans plus tard, à quarante-sept ans.

Le sida ne choisit pas sa cible.

*

Du plus loin que je me souvienne, j'ai toujours connu des homosexuels, j'ai toujours su, même jeune, ce qu'était l'homosexualité, ça ne m'a jamais gênée. Il y avait un garçon proche de la famille, un vague cousin, Gérard, dont tout le monde savait qu'il était *pédéraste*, comme on disait alors. Il aimait coudre, il venait voir ma grand-mère qui était couturière, et la regardait travailler.

Grand-mère était assez en avance sur son temps. Elle disait à Gérard : « Ça n'a pas l'air d'aller fort, Gérard.

– Non, c'est fini avec Antonio.

– Amène-le-moi, je vais lui parler. »

Antonio, qui la craignait, venait la voir. « Antonio, tu fais une bêtise. Tu ne retrouveras jamais quelqu'un d'aussi bien que Gérard ! » Le couple repartait cahin-caha.

On dit parfois que je soutiens la cause homosexuelle. Il n'y a pas de cause homosexuelle. L'homosexualité n'est pas un choix ou un mode de vie. Il y a juste des hommes ou des femmes qui aiment des personnes du même sexe. Je bondis quand j'entends dire que l'homosexualité est « contre nature », alors que c'est la nature qui détermine, à la naissance, la préférence sexuelle de chacun. L'environnement familial, l'éducation, faut-il le rappeler, ne jouent aucun rôle dans l'affaire.

Je suis fermement attachée à ce que chacun puisse vivre sa sexualité sans contrainte et sans honte. Pourtant je sais qu'en 2020, certains parents admettent encore très mal l'homosexualité de leur enfant. Ils le rejettent ou se sentent coupables. À eux, je souhaite dire qu'il n'y a pas de culpabilité à avoir, car il n'y a pas de faute. Comprenez votre enfant, aidez-le. Il n'a pas demandé à être homosexuel, il l'est et n'aspire qu'à être heureux tel que l'a fait la nature.

*

En 1985, Elizabeth Taylor créa avec deux chercheurs la Fondation américaine pour la recherche sur le sida, l'AmfAR.

Peu de temps avant, Liz avait déclaré : « Je regardais tous les reportages sur cette nouvelle maladie et je me demandais pourquoi personne ne faisait rien. Ensuite, je me suis rendu compte que j'étais comme eux. Je ne faisais rien pour aider… »

La création de l'AmfAR répondait à ce besoin d'action concrète. En prenant la tête du mouvement, Liz savait qu'elle entraînerait à sa suite les plus grands noms d'Hollywood et que cette mobilisation des artistes modifierait profondément la donne.

Le 16 septembre, l'association organisa, à l'hôtel Bonaventure de Los Angeles, un dîner baptisé Commitment to Life, « engagement pour la vie ». La manifestation fut retransmise en direct *coast to coast* par la télévision. Deux mille cinq cents convives avaient payé de deux cent cinquante à cinq cents dollars le couvert pour participer à cette soirée qui permit de récolter, avec les dons et la vente d'œuvres d'art, plus de trois millions de dollars.

Il m'arrive de me demander ce qui se serait passé si je n'avais pas assisté à ce dîner. Il s'en est fallu de peu. J'étais à Los Angeles pour mettre sur pied la production de la version américaine de *Folle Amanda*, j'avais reculé déjà plusieurs fois la date de mon retour en France, c'est finalement assez tard que je répondis à l'invitation de Liz.

Tout est démesuré aux États-Unis. La salle de bal de l'hôtel Bonaventure, où se déroulait l'événement, était grande comme un terrain de football. Le repas n'avait rien d'extraordinaire pour le prix, mais quel spectacle ! Quels moments d'émotion !

Elizabeth Taylor, en quelques mots très simples, présenta la soirée : « Ce que nous avons de mieux à faire, à ce stade, c'est d'aider nos amis qui ont le sida en leur donnant du soutien, de l'argent et de l'amour. » À la suite de quoi Burt Reynolds lut un message du président Reagan. Pour la première fois, le Président prononçait le mot « sida ». C'était la preuve qu'Elizabeth était en passe de gagner son pari. Ce que les scientifiques n'avaient pas obtenu, l'action des artistes, par son retentissement sur l'opinion public, y était parvenue. On ne pourrait plus ignorer le sida.

Quelques sifflements accueillirent le message de Reagan. Quelqu'un cria : « Dépensez plus d'argent ! » Burt Reynolds, qui était du genre rugueux, s'arrêta de lire et interpella le contradicteur : « Je me fiche de tes convictions politiques. Cet homme a passé du temps à nous envoyer un télégramme. Si ça ne te plaît pas que je le lise, va faire un tour dehors ! » Les sifflets s'arrêtèrent.

Signe également d'un changement notoire d'attitude vis-à-vis du sida, l'intervention courageuse de Betty Ford, l'ancienne première dame, qui déclara : « Il n'y a pas de honte à passer par l'épreuve de la maladie, quelle qu'elle soit. Moi-même, j'ai lutté deux fois : contre le cancer et contre l'alcoolisme. L'essentiel est de vaincre la peur. »

Avec cet art consommé des Américains pour mêler émotion, spectacle et attractions, la soirée fit se succéder, sans un instant de répit, les événements les plus divers. Mais sans aucun doute, le moment le plus bouleversant fut la lecture par Burt Lancaster d'un message de Rock Hudson.

Quelques semaines plus tôt, l'acteur, qui avait été le partenaire de Liz dans *Géant*, avait révélé, après l'avoir longtemps dissimulé, qu'il était atteint du sida. Alors qu'il était hospitalisé à Paris, officiellement soigné pour un cancer du foie, son attachée de presse avait lu un communiqué qui disait : « M. Rock Hudson est atteint du syndrome d'immunodéficience acquise, déjà diagnostiqué l'année passée aux États-Unis. »

Ce fut la première personnalité à parler ouvertement du mal dont il était atteint. Il ne tarda pas à en payer le prix, au sens propre du terme : aucune compagnie aérienne n'acceptant de le transporter, il dut louer à ses frais un 747 afin de rentrer à Los Angeles.

Aux États-Unis mêmes, les actrices avec lesquelles il avait échangé des baisers de cinéma s'émurent : ne les avait-il pas infectées ? On prétendit que Linda Evans, qui avait embrassé l'acteur lors d'une scène de *Dynastie*, envisageait de porter plainte contre lui. Linda Evans, lors de la soirée, vint en personne démentir la rumeur.

L'immense salle du Bonaventure se figea dans un silence glaçant quand Burt Lancaster, lunettes sur le nez, lut le message de Rock Hudson : « Je ne suis pas heureux d'être malade, je ne suis pas heureux d'avoir le sida. Mais si cela peut aider les autres, je saurai au moins que mon propre malheur a eu des effets positifs. »

*

Il m'est difficile d'expliquer à quel point je fus impressionnée par cette soirée. L'ampleur de la mobilisation, son efficacité immédiate, l'émotion qui se dégageait des différentes interventions me firent saisir le poids d'une parole forte, relayée par des personnalités déterminées à se faire entendre. J'étais assise à une table où se trouvaient de grands médecins et des chercheurs, ils étaient unanimes : la lutte contre le sida, qui, malgré tous leurs efforts, peinait à s'imposer, était en passe d'accéder, grâce à ce coup de projecteur, au rang de grande cause nationale.

Au fur et à mesure du déroulement de la soirée, une idée s'insinua en moi : pourquoi ne ferions-nous pas la même chose en France ? Chez nous aussi, le sida connaissait un taux de progression effrayant, les préjugés homophobes s'exprimaient sans retenue, les personnes infectées hésitaient à révéler le mal dont elles souffraient de peur d'être proscrites, la recherche manquait cruellement de moyens, sans même parler de la prévention, quasi inexistante. Les artistes français devaient, à l'exemple de leurs amis américains, utiliser le crédit dont ils disposaient auprès du public pour populariser la lutte contre le sida.

Qu'on n'aille pas croire que je me sentais appelée, telle Jeanne d'Arc, à revêtir mon armure et à prendre la tête du combat. J'étais bien loin d'imaginer la suite, et si on m'avait dit le temps et les efforts que j'y consacrerais, j'aurais poliment décliné l'offre. Mais lorsque le correspondant de *France-Soir*, présent dans la salle, vint, à la fin de la soirée, me demander si le même événement pourrait se produire en France, c'est sans la moindre hésitation que je lui répondis : « Oui, bien sûr, et je suis certaine que beaucoup d'artistes accepteraient d'y participer.

– Vous aussi ?

– Naturellement. »

L'article parut à Paris deux jours plus tard. Je fus stupéfaite de constater le nombre d'appels que je reçus. « Pourquoi tu n'organiserais pas une soirée ? Tout le monde te suivrait ! me téléphona Dalida.

– Mais c'est impossible, voyons, je reste à peine quelques semaines à Paris et je repars aux États-Unis pour répéter *The Incomparable Loulou*.

– On s'y mettra tous. On t'aidera.

– Impossible, je te dis. J'ai un rôle entier à apprendre en anglais. Où veux-tu que je prenne le temps ? »

Le 2 octobre, le monde apprit la nouvelle de la mort de Rock Hudson dans sa propriété de Beverly Hills. Sachant que j'avais assisté à la fameuse soirée au cours de laquelle Burt Lancaster avait lu le message de l'acteur, Noël Mamère me demanda de venir en parler au journal de treize heures d'Antenne 2.

Ce que je dis alors, très simplement, insistait sur ce qui me paraissait essentiel à l'époque : vaincre l'effroi qui s'était emparé de toute une société menacée par un mal inconnu, lutter contre les préjugés, la discrimination.

D'emblée, Noël Mamère me demanda si j'avais l'intention de faire en France ce que Liz Taylor avait fait aux États-Unis. Je n'allais pas répondre : « Surtout pas ! » Je confirmai. En quelques secondes, j'ai signé un engagement que je continue d'honorer, trente-cinq ans plus tard.

J'ai profité de ma notoriété pour donner l'alerte. Tant mieux si ma voix a porté.

*

Mon intervention au journal de Noël Mamère déclencha, chez les artistes, une vague de sympathie extraordinaire. Les messages affluèrent. Nana Mouskouri, Raymond Devos, Thierry Le Luron, Michel Leeb réagirent dans les minutes qui suivirent. Tous disaient la même chose : « Vas-y Line, on te suit ! » Je tentai bien de résister, mon prochain départ aux États-Unis, la pièce à apprendre en anglais, non vraiment, je n'avais pas le temps. « Faites-le, vous ! Je vous soutiendrai. »

Peine perdue. Mes protestations ne rencontraient aucun écho. L'idée venait de moi, c'était à moi de m'en charger.

Mais la réaction qui emporta ma décision fut celle de M. Fretel, le secrétaire général de l'Institut Pasteur. Il m'appela l'après-midi même pour me décrire l'état d'extrême pauvreté dans lequel travaillaient les chercheurs. « Si je vous disais que nous n'avons même pas de centrifugeuse ! » Je ne savais pas très bien à quoi servait une centrifugeuse, mais la façon dont cet homme m'en parlait suffit à me convaincre.

À peine avais-je raccroché que je rappelai tous mes amis : « C'est d'accord, on fonce ! »

Il fallait d'abord créer une association. Je n'avais, est-il besoin de le préciser, aucune expérience en la matière. Jacques Chirac m'orienta vers un conseiller maître à la Cour des comptes, M. Michardière. Je le rencontrai, il m'écouta attentivement et accepta de m'aider, à titre bénévole et strictement privé. Il restera dix ans à mes côtés. Grâce à lui, quelques jours plus tard, les statuts de l'Association des artistes contre le sida étaient déposés.

Contrainte de repartir aux États-Unis, je m'étais fixé d'organiser d'ici mon départ deux événements marquants. J'en fis l'annonce au cours d'une conférence de presse fin octobre. D'abord un dîner de gala au Paradis Latin le lundi 25 novembre, puis, le 11 décembre, une émission télévisée sur France 3, *Au nom de l'amour*, de Pierre Bellemare, entièrement consacrée au sida, émission au cours de laquelle une grande collecte de fonds serait organisée.

Nous disposions d'à peine quelques semaines pour mettre sur pied le gala. C'était absolument fou, mais l'inconscience est parfois bien plus utile que la prudence dans ce genre de circonstances. Je me mis en quête d'une salle, partout on me demandait des sommes folles. Le mot sida faisait peur. Les grands hôtels, les restaurants chics craignaient une mauvaise publicité. Heureusement, Jean Kriegel, le patron du Paradis Latin, accepta de nous accueillir et, mieux encore, offrit généreusement les six cents repas qui seraient servis ce soir-là. Philippine de Rothschild prit en charge les vins, d'autres le champagne. Toutes les agences de publicité, par contre, refusèrent de démarcher les annonceurs pour le programme dont la vente devait contribuer aux bénéfices de la soirée. Là encore, le mot sida faisait peur. Pas commercial du tout, le sida ! J'ouvris les pages jaunes de l'annuaire et contactai moi-même les grandes maisons habituées de ce genre de demi-mécénat. Mon premier appel, je m'en souviens, fut pour la Maison de la Truffe, place de la Madeleine. Le directeur acheta sans discuter un quart de page. « Avec plaisir, madame Renaud », me dit-il aimablement. Ce premier succès me donna du courage, tous les emplacements furent vendus en quarante-huit heures.

Le gala eut bien lieu à la date prévue et connut un très grand succès. Il rapporta un million de francs de l'époque – environ deux cent cinquante mille euros d'aujourd'hui. Malgré de graves problèmes de dos, Liz Taylor fit le voyage depuis les États-Unis. J'allai l'accueillir à l'aéroport. « Line, tu ne sais pas à quoi tu t'attaques ! » me dit-elle à sa sortie de l'avion.

Sa présence transforma un gala de charité comme il s'en produit des centaines chaque année à Paris en événement médiatique. Nul ne put ignorer la mobilisation des artistes en faveur de la lutte contre le sida. De clandestine, honteuse, cachée, sujette à tous les mensonges et à toutes les hypocrisies, la maladie devenait un sujet dont on parlait de plus en plus ouvertement. Ce n'était qu'une étape, mais elle a compté.

*

Au nom de l'amour, que Pierre Bellemare animait alors sur France 3, était une émission très populaire. Lorsque je lui avais demandé d'en consacrer une au sida, Pierre me donna tout de suite son accord, mais le thème de chaque émission était défini plusieurs semaines à l'avance et il n'y avait aucune date disponible avant le mois de mars. Après discussion avec la direction de la chaîne, il accepta de bouleverser son calendrier. J'en demande pardon aux solitaires, à qui l'émission du 11 décembre 1985 était initialement consacrée, mais c'est finalement le sida qui occupa la soirée.

Comme beaucoup des documents filmés dont je parle dans ce livre, on peut visionner cette émission sur le site de l'INA, l'Institut national de l'audiovisuel. Elle est austère, aussi complète qu'on pouvait l'être à l'époque sur le sujet, courageuse. Je ne sais si une grande chaîne oserait en faire autant aujourd'hui, y compris sur le service public. Les témoins sont nombreux, médecins, chercheurs, malades. Certains sont bouleversants. Je me souviens d'un grand professeur de médecine qui ne put retenir ses larmes lorsqu'il évoqua le cas d'enfants atteints du sida hospitalisés dans son service.

Le but de l'émission était d'informer, mais aussi de récolter des fonds. Encouragés par l'inimitable Jean-Paul Rouland, les téléspectateurs étaient invités à formuler leurs promesses de dons au nom de l'Association des artistes contre le sida.

Au cours de la soirée, de nombreux artistes, François Perrier, Marlène Jobert, Miou-Miou, Pierre Richard, Josiane Balasko, Jean Rochefort, vinrent lancer des appels à la générosité.

Interrogée par Pierre Bellemare, j'avais expliqué le plus clairement possible, au début de l'émission, comment seraient distribuées les sommes recueillies. Une partie irait à la recherche, par l'intermédiaire de l'Institut Pasteur, l'autre aux projets cliniques, sous le contrôle de la Fondation pour la recherche médicale, et la troisième aux malades, grâce à l'association Aides, créée l'année précédente par Daniel Defert.

Malgré la concurrence de Belmondo sur une chaîne, d'un match de football sur l'autre, malgré son caractère délibérément pédagogique et son sujet douloureux, l'émission fit un score honorable. Mais surtout, à la fin de la soirée, la collecte avait permis de réunir la somme incroyable de dix millions de francs, environ trois millions d'euros, dont énormément de tout petits dons.

Si bien que lorsque maman, qui tenait la comptabilité de l'association, recevait un chèque d'un montant un peu élevé, elle s'inquiétait. Minutieuse et scrupuleusement honnête, elle craignait que le donateur ne se soit embrouillé entre anciens et nouveaux francs et l'appelait pour vérifier. « Vous êtes certain que vous ne vous êtes pas trompé ? »

C'était de l'artisanat. Mais quel enthousiasme, quel dévouement, quelle satisfaction de se sentir utile, si peu que ce soit !

L'Institut Pasteur reçut cette fameuse centrifugeuse qui lui faisait tant défaut, l'association Aides, qui n'avait même pas les moyens de louer un bureau pour assurer son indispensable permanence téléphonique à l'écoute des malades, put travailler dans des conditions un petit peu meilleures, la Fondation pour la recherche médicale trouva de quoi financer de nouveaux programmes de recherche.

Pactole ou goutte d'eau ? Quand on a connu l'extrême pénurie, la moindre amélioration est appréciable. Si notre toute jeune association pouvait apporter ce petit soulagement, n'était-ce pas déjà beaucoup ?

Je n'avais pas appris une ligne de mon texte, mais en reprenant l'avion pour les États-Unis, j'éprouvais le sentiment qu'une fenêtre s'était ouverte dans ma vie et que, par un détour imprévu, je retrouvais les valeurs de solidarité qui avaient marqué mon enfance.

*

En lançant l'Association des artistes contre le sida, j'étais entrée sans le savoir dans une communauté d'un genre tout à fait particulier et à bien des égards exemplaire : la communauté VIH-sida. L'appellation n'est pas très glamour, j'en conviens, mais elle recouvre une expérience humaine d'une rare qualité.

Face à la tragédie que constituait la propagation du virus du sida, il s'est produit, dans ces années-là, une mobilisation, une solidarité qui a réuni chercheurs, médecins, personnel soignant, patients et représentants des patients.

Les malades n'étaient plus considérés comme des personnes assistées, totalement dépendantes des spécialistes, des *sachants*. On les écoutait, non par charité ou de façon condescendante, mais parce qu'ils étaient considérés comme des experts de leur propre maladie.

Chacun pouvait apporter sa compétence et son savoir-faire. Un seul objectif : mettre un terme à cette saleté de sida.

Moi qui venais d'un monde bien différent, j'ai trouvé naturellement ma place dans cette communauté. J'y ai rencontré des êtres d'une valeur morale exceptionnelle, au premier rang desquels je place Françoise Barré-Sinoussi, aujourd'hui présidente de Sidaction.

Scientifique de premier plan, mais aussi militante infatigable de la lutte contre le sida, Françoise n'est pas une femme d'appareil. Elle n'a aucun goût pour les luttes de pouvoir. Les honneurs, les places ne l'intéressent pas. De ce fait, mes rapports avec l'Institut Pasteur sont longtemps passés par le professeur Luc Montagnier, qui était son responsable administratif. Selon une coutume discutable, le nom du responsable est associé à toute découverte faite dans les services dont il a la charge. Représentant en titre de l'excellence scientifique française dans la lutte contre le sida, le professeur Montagnier a parcouru le monde entier auréolé de ce prestige, a parlé au nom de la France dans toute une série d'instances internationales, accaparé avantages et subsides.

En fait, Luc Montagnier était l'exact contraire de Françoise Barré-Sinoussi. Assoiffé de gloire quand elle était d'une modestie proche de l'humilité, âpre au gain là où elle était parfaitement désintéressée.

Je ne dirais pas que la réputation de Luc Montagnier était totalement usurpée mais, pour l'avoir beaucoup côtoyé, j'affirmerais que son action, loin d'être bénéfique, s'est révélée peu à peu nocive.

Nos relations ne cessèrent de se dégrader. Arrogant, désinvolte, il usa de son statut pour faire avaliser sans réel contrôle des projets dont l'intérêt scientifique se révéla par la suite douteux.

C'est ainsi qu'une partie de l'argent récolté à l'occasion du Sidaction 1994 servit à l'installation d'un « centre intégré de recherches biocliniques sur le sida », situé dans l'enceinte de l'hôpital Saint-Joseph, à Paris. Baptisé, on le devine, centre Luc-Montagnier, cet établissement ne connut jamais d'activité effective, pas plus que les centres analogues que Luc Montagnier ouvrit peu après à Abidjan puis en Suisse.

J'ai raconté comment, à la suite du scandale provoqué par Act Up, le Sidaction 1996 fut un échec et plongea notre association dans les plus grandes difficultés. Fin juin, une réunion du conseil d'administration eut lieu dans le bureau de Pierre Bergé, avenue Marceau, pour examiner la situation. Nous n'avions plus un sou en caisse, il fallait revoir tous les programmes d'aide à la recherche et aux associations.

Montagnier arrivait toujours en retard aux réunions, l'air surchargé, laissant entendre qu'il avait bien plus important à faire ailleurs. Il déboula cette fois encore une demi-heure après tout le monde et, sans se préoccuper du sujet en discussion, demanda la parole. Sa phrase introductive ne variait jamais : « Je suis très pressé, j'irai droit au but ! » Il partait à Abidjan, il lui fallait cent mille francs « symboliques » – environ quinze mille euros – pour, disait-il, *arriver avec quelque chose*.

Nous étions sidérés. Saisie d'une rage folle, incapable de me contrôler, je me levai et lui dis : « Vous êtes peut-être un bon professeur, bien que vous soyez plus souvent dans les avions que dans votre laboratoire, mais vous êtes un sale bonhomme ! » Et *paf !* je lui balançai ma paire de lunettes en plein figure.

Montagnier, abasourdi, quitta la salle en me traitant de furie. La furie ne s'est jamais excusée.

16

Le sida, on n'en meurt pas ?

Fin 1982, le docteur Willy Rozenbaum, chef de clinique à l'hôpital Claude-Bernard à Paris, ainsi qu'un groupe de jeunes médecins qui soignent dans leur service des patients atteints du sida, prennent contact avec leurs collègues de l'Institut Pasteur spécialisés en virologie. Ils ont observé que leurs malades souffrent de ganglions généralisés et pensent que l'agent infectieux pourrait se trouver dans l'un de ces ganglions. Le laboratoire de Jean-Claude Chermann, où travaille Françoise Barré-Sinoussi, juge l'hypothèse intéressante. La décision est prise de prélever un ganglion sur un malade volontaire et de l'analyser.

La biopsie ganglionnaire est pratiquée à Claude-Bernard le lundi 3 janvier 1983 au matin. Une collaboratrice de Willy Rozenbaum, Françoise Brun-Vézinet, est chargée de remettre le prélèvement à l'équipe de Jean-Claude Chermann. Elle arrive vers midi à l'Institut Pasteur et ne trouve personne dans le service. Françoise Barré-Sinoussi est bien là, mais pratique des examens dans une pièce de culture dans laquelle il est interdit d'entrer.

Françoise Brun-Vézinet se rend alors dans un bâtiment voisin, où est installée l'unité d'oncologie virale du professeur Montagnier, et remet la biopsie à celui-ci, qui la met en culture avant de la transférer à ses véritables destinataires.

Certains disent que la principale contribution de Luc Montagnier à l'identification du rétrovirus responsable du sida fut d'avoir réceptionné le colis, ce qui lui valut le prix Nobel de médecine. Certains, mais pas Françoise Barré-Sinoussi. Elle ne dément ni ne confirme. Tout au plus déplore-t-elle vivement que Jean-Claude Chermann n'ait pas été associé au prix. Le reste ne l'intéresse pas, comme la laisse indifférente la longue querelle entre le professeur Montagnier et Robert Gallo, aux États-Unis, chacun revendiquant l'antériorité de la découverte.

Ce qui compte pour elle, c'est qu'en l'espace de quelques semaines le virus ait été isolé et qu'on ait pu déterminer qu'il était bien l'agent responsable du sida. Le 20 mai 1983, un article signé Françoise Barré-Sinoussi, Jean-Claude Chermann et Luc Montagnier paraît dans la revue américaine *Science*. Il annonce la découverte d'un nouveau rétrovirus, nommé alors LAV (*lymphoadenopathy associated virus*), qui sera renommé plus tard VIH, pour virus de l'immunodéficience humaine.

L'isolement du virus VIH marquait le point de départ d'intenses recherches internationales pour lutter contre l'infection. Il a notamment permis de mettre au point très rapidement des tests de diagnostic de l'infection VIH.

Ce qui me touche dans la démarche de Françoise Barré-Sinoussi et a beaucoup contribué à nous rapprocher, c'est que l'impératif scientifique n'a jamais pris le pas sur la dimension humaine de son travail. Si elle se hâte tant, durant les premiers mois de l'année 1985, c'est qu'elle a conscience de l'urgence : ces malades du sida, jeunes pour la plupart, n'ont pas le temps d'attendre. Leur dégradation physique augmente de jour en jour. Beaucoup d'entre eux disparaîtront avant de pouvoir bénéficier d'éventuels développements thérapeutiques. C'est une période lourde, tragique, pleine de drames, d'émotions. Françoise m'a raconté comment des malades, avertis par la presse, venaient spontanément à Pasteur se renseigner auprès des chercheurs : « Les mesures de sécurité n'étaient pas celles qu'on connaît aujourd'hui. Ils demandaient à l'entrée, on leur indiquait le chemin, ils arrivaient directement dans les labos. Ils voulaient qu'on leur explique quel était le virus que nous venions de découvrir, comment il fonctionnait dans le corps, comment on allait s'y prendre pour les en débarrasser. C'était la première fois qu'une chose pareille se produisait. »

Mais ce qui se produisit d'encore plus inhabituel, c'est que loin de les éconduire, les chercheurs, Françoise la première, prenaient le temps de les écouter et de leur répondre, non seulement persuadés qu'ils leur devaient cette attention, mais convaincus que les malades avaient quelque chose à leur apprendre.

Le 6 octobre 2008, quand on lui annonça qu'elle avait reçu le prix Nobel, elle se trouvait au Cambodge, à l'Institut Pasteur de Phnom-Penh.

Danielle Messager, une journaliste de France Inter, l'appella : « J'avais peur de ne pas arriver à vous joindre, avec cette grande nouvelle.

– Pourquoi, quelle nouvelle ?

– Comment, vous n'êtes pas au courant ? Vous venez de recevoir le prix Nobel de médecine avec le professeur Montagnier ! »

Absorbée par son travail de formation auprès de jeunes chercheurs, Françoise avait complètement oublié que c'était le jour où étaient annoncés les noms des lauréats.

Pierre Bergé lui prêta une robe longue de Saint Laurent, et c'est ainsi vêtue qu'elle fit son entrée, le 10 décembre suivant, au bras du roi de Suède dans la grande salle de l'hôtel de ville de Stockholm. Qu'elle ait été fière de la distinction qui lui était remise, cela ne fait pas de doute. Qu'elle en ait tiré orgueil, certainement pas. Sauf, peut-être, au nom des femmes, si peu souvent reconnues et si peu souvent honorées.

*

La politique, les politiques, ont joué leur rôle dans cette période confuse. Pour des raisons difficiles à discerner, le sida a longtemps été considéré comme chasse gardée par la gauche. Sans doute parce qu'il a frappé, à l'origine, un certain nombre d'artistes ou d'intellectuels de renom, et que la gauche avait tendance à s'arroger le monopole de la culture, et d'autre part parce que les premiers cas constatés l'étaient chez des homosexuels, catégorie censée être honnie des gens de droite. Je ne pousserai pas plus loin l'analyse, mais je peux témoigner qu'en m'aventurant dans ce domaine, j'ai suscité, moi femme réputée de droite, une certaine méfiance. Qu'est-ce que je venais faire là ? Pierre Bergé lui-même, mon cher Pierre Bergé, à qui me liera par la suite une si belle amitié, se posa vraisemblablement la même question. Je n'étais pas de son monde. Il était l'élite, moi j'étais le peuple. Pour dire les choses, je pense que si nous avons pu unir nos forces en créant Ensemble contre le sida un an avant l'élection présidentielle de mai 1995, c'est que François Mitterrand, grand politique, avait prévu longtemps à l'avance que Jacques

Chirac lui succéderait. Mon étiquette chiraquienne, qui faisait mauvais genre, devenait soudain attractive.

Pierre Bergé et moi avons appris à nous connaître. La réalité a balayé les vaines préventions, les rapports humains l'ont emporté sur l'idéologie. Pierre était, de prime abord, extrêmement intimidant. On avait du mal à accrocher. Il était froid et pouvait devenir rapidement agressif si on lui résistait. Il revêtait volontairement un masque pour se protéger des autres. Quand la confiance s'instaurait, le masque tombait et on découvrait un homme incroyablement généreux, d'une humanité extraordinaire.

L'épisode des lunettes jetées à la tête du professeur Montagnier marqua un tournant dans notre relation. Aux yeux de cet homme d'affaires au comportement parfaitement maîtrisé, un tel manque de sang-froid aurait dû me faire perdre tout crédit. C'est le contraire qui se produisit.

Il y avait une complémentarité parfaite entre nous. Avec Pierre, il fallait que ça aille vite, il admettait mal la contradiction, son opinion était la bonne, un point c'est tout. Au contraire, je suis patiente et portée à la conciliation. Je me souviens d'une réunion particulièrement houleuse dans le bureau d'Étienne Mougeotte, en 1994, pour l'organisation du premier Sidaction. Toutes les organisations étaient là, ça se passait mal, chacun défendait sa boutique, l'atmosphère était électrique. À un moment, les représentants d'Act Up se sont levés et ont dit *puisque c'est comme ça, on s'en va*. Je leur ai couru après. Comment suis-je parvenue à les convaincre, je n'en sais rien, toujours est-il qu'ils ont consenti à regagner la salle et qu'un accord a été conclu.

Je n'étais pas une militante rompue aux effets de tribune. Je n'entendais rien aux manœuvres de couloir, aux alliances tactiques, aux coups bas, aux marchandages. Je voyais le but à atteindre et pensais qu'entre personnes de bonne foi on finissait toujours par trouver un terrain d'entente.

Comme le dit aujourd'hui Françoise Barré-Sinoussi avec une pointe de nostalgie : « Les deux ensemble, vous et Pierre Bergé, vous formiez un binôme extraordinaire. »

*

Un épisode illustre, de la pire des façons, l'intrusion de la politique dans les controverses autour du sida au début des années 1980. Il mérite d'être raconté.

Le lundi 28 octobre 1985, en fin d'après-midi, le professeur Philippe Even, chef du service pneumologie à l'hôpital Laennec, est reçu à sa demande au ministère des Affaires sociales et de la Santé, avenue de Ségur, avec deux de ses collègues, un cancérologue et un immunologiste. Ils ont fait, disent-ils, une découverte « sensationnelle » et pensent être sur la piste d'un traitement contre le sida.

Depuis quelques jours – en fait moins d'une semaine –, deux patients atteints du sida ont été soignés avec un traitement à base de ciclosporine, un médicament utilisé dans les transplantations pour éviter les rejets de greffe. Au dire de Philippe Even, les résultats biologiques observés sur les deux patients sont « spectaculaires ». Mise au courant par son directeur de cabinet, la ministre Georgina Dufoix, sans la moindre vérification, sans aucun respect d'un quelconque protocole scientifique, fait publier le jour même un communiqué de presse évoquant « une méthode de traitement originale », qui semble « dessiner un espoir raisonnable » de guérison chez les patients atteints de VIH.

Pis encore, elle cautionne la tenue d'une conférence de presse, le lendemain, au cours de laquelle le professeur Even et ses deux collègues, devant la presse du monde entier, réitèrent leurs affirmations : grâce à la prise quotidienne de ciclosporine, les malades atteints du sida peuvent espérer une « amélioration spectaculaire » de leur état.

Le lendemain, *France-Soir* titre à la une : « SIDA : Nouveau succès français – Trois chercheurs de l'hôpital Laennec ont obtenu des "résultats *biologiquement extraordinaires*" sur deux patients. »

Quelques jours plus tard, le samedi 9 novembre, *France-Soir* titre à nouveau : « SIDA : le malade traité à Laennec va beaucoup mieux. Il a pu rentrer chez lui pour quelques jours. »

Hélas, ce même 9 novembre, le malade en question décède. Le lundi suivant, on apprend la mort du deuxième patient.

On reconnaîtra au passage certains emballements irrationnels qui ont émaillé la pandémie de coronavirus. Georgina Dufoix objecta, comme on a pu l'entendre récemment à propos de tel ou tel remède miracle, que l'information qui lui était parvenue provenait « de gens sérieux et reconnus comme tels », ce qui est exact. Mais qu'est-ce qui a pu justifier son empressement ?

On a dit que cette gigantesque et tragique méprise avait été provoquée par le désir de doubler les Américains dans la découverte d'un traitement contre le sida. Ce qui ne diminuerait en rien la faute. Mais je crains que les raisons de cette précipitation soient à chercher dans des calculs de basse politique.

On se rappelle que j'avais donné, le 25 octobre, une conférence de presse au cours de laquelle avaient été présentés deux événements organisés par notre Association des artistes contre le sida, un dîner de gala au Paradis Latin et une émission de Pierre Bellemare consacrée au sida. Mon engagement dans la lutte contre le sida, celui de nombreux artistes à mes côtés, la présence annoncée d'Elizabeth Taylor avaient eu un grand retentissement. Quatre jours plus tard exactement, proclamer qu'une découverte « sensationnelle » était en passe de résoudre le problème du sida représentait, pour la socialiste Georgina Dufoix comme pour son entourage, une excellente opération : on coupait l'herbe sous les pieds de la *chiraquienne* Line Renaud, qui avait imprudemment lancé une campagne de collecte de fonds au profit d'une cause qui n'avait plus lieu d'être !

Comme souvent, ces médiocres combinaisons se révélaient contre-productives et le piège se refermait sur les doigts de ses instigateurs. On pourrait en rire si l'on oubliait que les malades atteints du sida, à ce moment et pour longtemps encore, avaient la mort pour seule perspective. Susciter de faux espoirs par jeu politicien n'en était que plus critiquable.

*

Est-ce à dire que la droite ait été exemplaire ? Loin de là. Mais il serait injuste de ne pas reconnaître qu'elle a évolué, au cours de cette période, et que certains de ses représentants ont fait preuve d'un grand courage en s'opposant au conservatisme de leur camp.

N'oublions pas qu'un Jean-Marie Le Pen réclamait qu'on enferme les *sidaïques*, comme il appelait les patients atteints du sida, dans des *sidatoriums* car, prétendait-il, les malades pouvaient être contaminants par leur sueur, leur salive et même leurs larmes !

Jacques Chirac, par nature et sans doute aussi sous l'influence de Claude, était très ouvert sur les questions sociétales. Il suivait mon action avec sympathie et la soutenait de toutes les façons possibles. Entre mars 1986 et mai 1988, sous la présidence de François Mitterrand, il devint Premier ministre d'un gouvernement de *cohabitation*. Sa ministre de la Santé, Michèle Barzach, une femme de caractère, est gynécologue de formation. Nous avons eu plusieurs fois l'occasion de nous entretenir avec elle de la lutte contre le sida. Elle était particulièrement sensible à la prévention, dramatiquement insuffisante. La publicité pour les préservatifs, je le rappelle, était alors interdite – ou, plus exactement, il était interdit de dire que le préservatif était un moyen de protection contre les maladies sexuellement transmissibles.

Le 23 juin 1986, Michèle Barzach accepta l'invitation d'Antenne 2 et se rendit au journal de vingt heures où elle répondit aux questions de Bernard Rapp. Pour la première fois, le mot « préservatif » fut prononcé à de multiples reprises sur une chaîne publique, à une heure de grande écoute – ce qui aux yeux de beaucoup constituait un véritable scandale –, et un ministre en exercice préconisait son usage. « C'est le seul moyen concret de protection dont nous disposons aujourd'hui », dit Michèle Barzach. Et elle proclama dans la foulée son intention de faire abroger la loi qui en interdisait la publicité. Jacques Chirac la couvrit. « Sans son soutien, je n'aurais rien pu faire », dit-elle.

Soutien qui lui fut également indispensable lorsqu'elle voulut, un an plus tard, faire passer un décret autorisant la vente libre de seringues en pharmacie. « Michèle, vous dépassez les bornes ! » bougonna alors Charles

Pasqua, le ministre de l'Intérieur. « Les toxicomanes sont des délinquants ! » tonna Albin Chalandon, ministre de la Justice. Contre l'avis de la presque totalité des membres de son gouvernement, Chirac signa finalement ce décret qui permit une limitation de la contamination des toxicomanes par le VIH.

Mais c'est aussi en tant que maire de Paris que Jacques Chirac s'impliqua dans la prévention contre le sida. Le 28 août 1987, quelques heures avant le légendaire concert de Madonna qui réunit cent mille personnes sur la pelouse du parc de Sceaux, nous avions reçu ensemble la star dans les salons de l'Hôtel de Ville. Madonna m'avait alors remis un chèque de cinq cent mille francs – la moitié de la recette escomptée de son concert – au profit de la lutte contre le sida.

Quelques mois plus tard, Jacques Chirac rencontra à ma demande Stéphane Mantion, fondateur de l'Association des jeunes contre le sida. Jacques, selon son habitude, ne perdit pas son temps en vaines précautions. « Alors, lui dit-il, d'après ma copine Line, vous trouvez que je ne suis pas bon sur le sida ? Expliquez-moi ce que je dois faire ! » Il l'engagea comme contractuel, chargé de proposer des actions pour lutter contre la propagation du sida dans la capitale. À la fin des années 1980, il y avait encore beaucoup d'incrédulité et de déni dans le monde gay. Faire prendre conscience de la réalité même du sida était loin d'être évident. L'une des premières actions de notre Association des artistes contre le sida avait été d'installer, dans le hall de l'hôpital Bichat, un stand de documentation sur la maladie. Les jeunes venaient en douce prendre les publications, mais il ne fallait surtout pas qu'ils se sentent observés. Ceux qui tenaient le stand détournaient le regard pour qu'ils n'aient pas honte de se servir.

Dans le même esprit, les Jeunes contre le sida avaient ouvert, rue Dante, une première boutique pour distribuer ou vendre tout ce qui était publié sur le sida, livres, brochures, etc., avec comme slogan : « Mettre le sida en vitrine ». C'est là que les éducateurs, qui ne disposaient d'aucun matériel, venaient s'approvisionner.

Lors d'une visite de la princesse Diana à Paris, l'ambassade du Royaume-Uni et Jack Lang lui avaient préparé un programme, mais la princesse insista pour visiter en priorité la boutique de la rue Dante. Je vins la saluer. Le local faisait moins de douze mètres carrés, il n'y avait pas assez de chaises pour tout le monde, on s'installa sur le trottoir, les journalistes massés en face.

Dans le cadre de ses fonctions à la Mairie de Paris, Stéphane obtint de Jacques Chirac que soit ouvert en 1992, au cœur du Marais, presque sous les fenêtres de l'Hôtel de Ville, une boutique similaire. La princesse Diana me fit l'honneur de l'inaugurer avec moi. Ce fut la préfiguration des kiosques infos sida et toxicomanie, toujours en activité et toujours indispensables.

*

Pendant des années, je me suis rendue très régulièrement à l'hôpital Bichat ou à Saint-Antoine pour visiter les malades. Certains étaient en phase terminale. Je leur parlais, j'essayais de leur donner du courage, je leur montrais qu'ils n'étaient pas seuls.

Autour de moi c'était l'hécatombe. Au détour d'un couloir, il m'arrivait de retrouver des copains, comme Bernard Dutemps, un attaché de presse que le sida avait rendu aveugle. « Approche-toi, ma Line, je ne te vois plus », m'avait-il dit la dernière fois que je lui avais rendu visite. Il était si malade, si désespéré, qu'il s'est suicidé quelques jours plus tard en avalant ses clés.

Je pense aussi à Michel, mon coiffeur pendant plus de vingt ans, qui m'avait suivie partout, y compris pendant mes années américaines. Quand je me rendis à l'hôpital, on m'indiqua sa chambre. J'arpentai le couloir sans la trouver, je pensais m'être trompée d'étage quand j'entendis qu'on m'appelait. C'était Michel. J'étais passée quatre fois devant sa porte grande ouverte sans le reconnaître, tellement il avait changé. Son visage était couvert de tumeurs violacées provoquées par le sarcome de Kaposi. Il s'est péniblement dressé sur ses avant-bras pour m'embrasser et, naturellement, je n'ai pas refusé son étreinte. Nous avons passé un long moment ensemble, nous avons causé et ri comme autrefois, mais sur le parking de l'hôpital je me suis effondrée.

C'est à ce moment que j'ai pensé que chacun devait être libre de pouvoir décider de sa propre mort. S'il n'y a plus d'espoir, pourquoi s'infliger des épreuves inutiles ? Quand ma mère était en fin de vie et qu'elle souffrait tant, je lui disais : « Tu as du courage, maman », et elle me répondait tristement : « Qu'est-ce que je peux faire d'autre ? » Endurer jusqu'au bout était la seule option dont elle disposait.

Aussi, lorsque Jean-Luc Romero a créé l'Association pour le droit de mourir dans la dignité (ADMD), j'ai été l'une des premières à le rejoindre. Je suis d'ailleurs membre du comité d'honneur de l'association et j'ai été la marraine de l'ADMD Tour, une opération de communication visant à sensibiliser les gens sur cette question.

*

Tant de souvenirs me reviennent, riches d'émotion. Ai-je apporté à cette cause autant qu'elle m'a donné ? C'est vrai, je n'ai pas ménagé ma peine. Mais qu'aurais-je fait de mieux, de plus important, dont je serais plus fière si j'avais économisé le temps que j'y ai consacré ?

Mon nom a permis d'ouvrir des portes qui, sans mon intervention, seraient restées bouclées. Joint à ceux de mes amis artistes, il a aidé à récolter des dizaines de millions en faveur de la lutte contre le sida, non seulement en France mais aussi à l'étranger, et tout particulièrement sur le continent africain.

Je me souviens d'un voyage au Congo avec le professeur Gentilini, président de la Croix-Rouge française, et Stéphane Mantion qui en était devenu le directeur général. L'aide d'Elf avait permis l'ouverture d'une maternité ainsi que d'un centre de traitement ambulatoire, un CTA, pour le dépistage du sida. J'avais promis de venir inaugurer ces équipements, j'avais tenu parole.

Que de progrès accomplis depuis le début des années 1980, quand la caste politique et les autorités religieuses africaines niaient farouchement l'existence du sida sur leur territoire ! Lors de ce voyage au Congo, dans les années 1990, j'ai pu constater que les choses avaient bien changé. Les gens criaient : « Le sida, il est là ! » comme un slogan. Dans les écoles, les enfants montaient des saynètes autour du sida. On parlait de la maladie partout, les populations réclamaient de l'aide, le temps du déni était passé.

Le discours du président Jacques Chirac lors de la conférence d'Abidjan sur la lutte contre le sida en

Afrique, en décembre 1997, marqua l'un des temps forts de cette prise de conscience.

J'ai encore en tête les images et les sonorités de cette matinée à Pointe-Noire, je revois la foule qui, dans une atmosphère indescriptible, attendait l'arrivée du président Sassou-Nguesso.

Une femme s'écroula soudain. Enceinte, elle était sur le point de mettre son enfant au monde. On l'emmena dans la salle de travail de la maternité flambant neuve. J'accompagnai le mouvement et assistai à l'accouchement. Je vis sortir le nouveau-né, une petite fille, un médecin me tendit des ciseaux. Je le regardai, hébétée, craignant de comprendre. Venue pour couper un ruban symbolique, il me demandait de couper le cordon ombilical. Tremblante, je m'exécutai.

On donna mon prénom, Line, à la petite fille. Sa maman, fuyant la guerre civile, avait marché huit mois dans la forêt, où elle avait été violée à plusieurs reprises. On lui avait fait un test de dépistage du VIH. Miracle, elle était négative.

*

Mais le moindre progrès nécessite des investissements. La recherche coûte cher, et sans recherche, pas d'avancée significative dans la lutte contre le sida. Cette chasse perpétuelle au financement, cet appel au don sans cesse renouvelé, il faut, comme on dit, *s'y coller*, utiliser son carnet d'adresses sans crainte de lasser, frapper à toutes les portes et faire preuve d'imagination.

Ainsi le dîner de la mode organisé chaque année depuis 2003 en partenariat avec la Fédération de la haute couture et de la mode, réunit des personnalités du monde de la mode du cinéma et des médias en faveur de la lutte contre le sida.

Dans un domaine bien différent, le chef cuisinier de l'Élysée, Guillaume Gomez, vint me proposer en 2009 de lancer une opération baptisée Chefs solidaires. Il s'agissait de mobiliser contre le virus du sida les restaurateurs, traiteurs, pâtissiers, les écoles hôtelières, ceux qu'on appelle les professionnels des métiers de bouche.

Chacun était invité à laisser libre cours à son imagination à travers une action au profit de Sidaction : conception d'un menu spécial ou d'une recette exceptionnelle, mise en place d'un événement inattendu. Une fois encore, ce qui semblait insensé à première vue réussit au-delà de nos espérances. Des grands chefs aux petits artisans, beaucoup répondirent à notre appel et rivalisèrent d'imagination. Encore aujourd'hui, l'opération Chefs solidaires contribue chaque année à la lutte contre le sida.

Mais je dois aussi parler des nombreux artistes qui ont offert les gains de leurs spectacles à Sidaction et leur exprimer ma gratitude – hélas parfois post mortem. Ce fut notamment le cas de George Michael à l'occasion du concert qu'il donna à l'Opéra de Paris le 9 septembre 2012. Sidaction fut le destinataire intégral des bénéfices du gala qui permit de collecter deux cent quatre-vingt-neuf mille euros.

Selon le même principe – un gala suivi d'un dîner VIP –, Elton John, Shirley Bassey, Amália Rodriguez, Mikhaïl Barychnikov et d'autres ont généreusement offert à Sidaction la recette de leur concert, qui est venue s'ajouter au produit des dîners payants.

*

Le jeudi 3 avril 2014, en pleine soirée de lancement du Sidaction, Gilles Bouleau, présentateur du journal de vingt heures de TF1, demanda à Pierre Bergé : « Est-ce que c'est dur aujourd'hui de faire appel à la générosité des Français alors que, grâce aux progrès scientifiques, le sida est une maladie chronique ? » Conscient d'avoir été maladroit, il rectifia : « Non pas une maladie normale, c'est une maladie grave, mais, comme d'autres maladies chroniques, on n'en meurt pas… » Pierre bondit : « Je vous arrête ! Comment, on n'en meurt pas ? » Et peu après, il ajouta : « C'est malheureusement à cause de paroles comme celles que vous venez de prononcer que les gens se sont éloignés de cette recherche et des dons pour le sida. »

Aujourd'hui, d'une façon globale, il y a une banalisation du VIH. On considère que le problème est réglé. Ce n'est malheureusement pas le cas. Il est vrai que sur trente-huit millions de personnes qui vivent avec le VIH-sida dans le monde, 62 % – soit vingt-trois millions – sont sous traitement. Ils vont globalement bien, ils ne transmettent plus le virus. C'est un résultat remarquable.

Il n'en reste pas moins que 38 % des personnes infectées ne reçoivent aucun traitement. Le coût des soins joue un rôle, mais aussi la mauvaise organisation ou l'inadaptation des systèmes de santé. Il ne faut pas oublier non plus que beaucoup de personnes n'osent pas faire le test parce qu'elles ont peur du résultat. Peur de la maladie, mais surtout peur du regard des autres. Et comment ne pas déplorer que plus de soixante-dix pays dans le monde ont une politique répressive vis-à-vis des populations à risque : les gays et lesbiennes, les transgenres, les travailleuses du sexe, les usagers de drogue.

Chez nous, en France, on observe un certain relâchement des comportements de prévention, tout particulièrement dans le cadre de la transmission sexuelle du VIH. La jeunesse n'a plus peur du sida. Le port du préservatif est souvent négligé, le dépistage ignoré, tandis que dans les écoles la prévention reste quasi inexistante. On assiste également à un développement inquiétant de nouvelles activités à risque, en particulier le *chemsex*, ces pratiques sexuelles de groupe avec consommation de produits psychoactifs.

Certaines femmes migrantes, qui ne sont pas infectées par le VIH à leur arrivée en France, contractent le virus sur notre territoire. Sans papiers, donc sans possibilité de trouver du travail, vivant dans des conditions de précarité épouvantables, comment pourraient-elles échapper, pour certaines d'entre elles, au viol ou à la prostitution ?

Bien sûr, on a mis au point un nouveau moyen de prévention – la prep, ou prophylaxie pré-exposition – très efficace pour les personnes entretenant des relations sexuelles à risque.

Bien sûr, le traitement post-exposition, qui agit comme une pilule du lendemain anti-VIH, permet de se prémunir en cas d'imprudence.

Bien sûr, les traitements actuels permettent d'améliorer la santé des personnes vivant avec le VIH, et offrent une stratégie efficace pour prévenir la transmission du virus. Mais c'est un traitement à vie. Si on arrête le traitement, le virus repart. C'est pourquoi il n'est pas possible de renoncer à la découverte d'un vaccin contre le virus du sida. Les recherches doivent se poursuivre.

Hélas, les moyens donnés aux scientifiques restent notoirement insuffisants.

Est-ce que c'est dur, aujourd'hui, de faire appel à la générosité des Français ? Oui, et particulièrement après l'épidémie de coronavirus qui risque d'entraîner, pour beaucoup, de graves difficultés financières. Mais était-ce beaucoup plus facile il y a quarante ans, lorsqu'on essayait d'intéresser ces mêmes Français au prétendu « cancer des homosexuels » ?

C'était un pari fou. Nous l'avons tenté et si, dans ce domaine, aucune victoire n'est définitive, du moins avons-nous marqué des points.

Tant qu'on aura besoin de moi, je serai de ce combat.

17

Mes amis sont mes amours

Le désespoir qui m'avait saisie au retour de ma courte équipée, le jour de mon anniversaire, eut un effet salutaire : je compris qu'il fallait à tout prix que je quitte l'hôpital, que je retrouve mes marques, que je renoue avec la vie. J'avais tenu le coup aussi longtemps que possible, la limite était atteinte. C'est mon équilibre qui était en jeu, et plus encore mon intégrité mentale.

Dès lors, je mobilisai toute mon énergie pour rentrer chez moi le plus rapidement possible. Encore fallait-il un minimum d'organisation : La Jonchère n'avait pas été conçue pour accueillir une personne handicapée. C'est une maison de deux étages et ma chambre est au premier. Il aurait fallu quatre paires de bras, et pas n'importe lesquels, pour me hisser là-haut chaque soir et m'en redescendre le matin. Je ne parle pas des installations sanitaires, totalement inadaptées quand on est en fauteuil roulant.

En somme, il s'agissait de prévoir dans les moindres détails une hospitalisation à domicile, aussi bien du point de vue des équipements que du personnel.

Marie-Annick fut le général en chef de cette opération. Dès le 4 juillet, grâce à la coopération de l'hôpital Stell, le kinésithérapeute et l'ergothérapeute chargés de ma rééducation se déplacèrent à La Jonchère et étudièrent avec elle les conditions de ma future installation. Il fut décidé que je prendrais mes quartiers dans la jolie petite maison d'amis en rez-de-chaussée, qui donne sur la place Loulou-Gasté, à l'arrière de la maison principale. C'est là que seraient disposés le lit médicalisé et le matériel adapté pour la toilette et la vie quotidienne. Ils décidèrent des barres d'appui et des rampes d'accès qu'il était nécessaire de prévoir à différents endroits de la maison, ils envisagèrent toutes les situations et se posèrent toutes les questions afin de m'assurer le maximum de sécurité, d'autonomie et d'alléger autant que possible la tâche des auxiliaires de vie qui prendraient soin de moi.

Restait à obtenir l'autorisation de sortie du professeur Pascal-Mousselard, chef du service de chirurgie orthopédique et traumatologique de l'hôpital de la Pitié-Salpêtrière, qui me suivait depuis mon accident. Le rendez-vous était fixé au 9 juillet. On peut imaginer mon état d'anxiété dans l'attente de sa décision. Allait-il juger que mes progrès étaient suffisants pour que je puisse m'affranchir d'une surveillance quotidienne ?

Il y a toujours un moment de suspense avant l'énoncé du verdict. Le professeur Pascal-Mousselard palpa longuement ma cheville, examina avec soin les dernières radios, les sourcils froncés. Je n'en menais pas large. Puis il leva la tête, me sourit et prononça enfin les paroles que j'attendais depuis trois mois : « Eh bien, madame, je crois qu'on va vous laisser rentrer chez vous ! »

Qu'aurais-je décidé dans le cas contraire ? Je préférais ne pas l'envisager. Je ne voyais qu'une chose : j'allais enfin retrouver La Jonchère, le lieu qui depuis tant d'années était ma source de vie.

Le professeur autorisait *une reprise d'appui progressive*, c'est-à-dire qu'avec mille précautions je pourrais poser à nouveau mon pied par terre. Par ailleurs, j'étais astreinte à des séances de rééducation quotidiennes en hôpital de jour.

C'était la peine minimum. Elle me convenait parfaitement.

Le vendredi 12 juillet 2019 à onze heures, « Mme Fleur » quittait officiellement l'hôpital Stell de Rueil-Malmaison, où elle avait séjourné quatre-vingt-cinq jours. Vingt minutes plus tard, et cinq kilomètres plus loin, Line Renaud était définitivement de retour chez elle, à La Jonchère.

Il y eut, à mon départ, des pleurs, des embrassades, une émotion sincère. Francine, Nathalie, Eddy, Dominique, Aïssé, ces femmes, ces hommes qui m'avaient tant aidée, je les voyais agiter la main, à travers les vitres de l'ambulance qui s'éloignait, et j'étais remplie de reconnaissance à leur égard.

*

Comme j'en avais rêvé, de ce retour ! J'imaginais qu'une parenthèse malheureuse allait se refermer, que ce stupide accident et ses conséquences seraient vite oubliés, qu'aussitôt rendue à mon cadre familier je reprendrais le cours de ma vie. Je n'avais pas prévu que, bien au contraire, me retrouver chez moi me ferait mesurer tout ce que je ne pouvais plus faire, tout ce qui m'était à présent interdit : le simple bonheur d'aller et venir, de faire quelques pas dans le jardin pour voir comment poussaient mes roses ou si les légumes que Luis nous promettait avaient quelque chance de se retrouver sur notre table avant que les campagnols s'en soient régalés.

Contraintes momentanées ? Handicap passager ? Moi l'éternelle optimiste, je commençais à en douter. Ma cheville me faisait terriblement souffrir, particulièrement la nuit. Est-ce que c'était normal ? Oui, m'avait dit le professeur Pascal-Mousselard. Mais souffrir autant, aussi continûment ? Je ne pouvais décemment pas l'appeler tous les jours pour lui poser la question ou lui demander de m'examiner.

« Ça va passer », disaient mes proches.

Qu'en savaient-ils ? Et qui sait si, en cachette, ils ne s'inquiétaient pas eux-mêmes de mon état ?

Trois jours après mon retour à La Jonchère, je reprenais le chemin de l'hôpital Stell pour les séances de rééducation. Une ambulance venait me chercher au début de l'après-midi, conduite par les deux mêmes ambulanciers, Guillaume et Stéphane. Ce dernier avait récupéré toutes mes chansons sur Spotify. Il les passait en boucle ! J'en avais presque oublié certaines. Toute modestie mise à part, je trouvais que je chantais franchement bien. Ces allers-retours étaient de bons moments pour moi. La simplicité, la gaieté de ces deux garçons me faisaient oublier mes pensées grises. Je retrouvais l'envie de me battre, la volonté de prendre au sérieux ma rééducation. Il fallait que je m'en sorte, ce n'était pas le moment de lâcher.

Aux deux disciplines que je pratiquais depuis les premiers jours qui avaient suivi l'accident, l'orthophonie et l'ergothérapie, étaient venus s'ajouter les exercices quotidiens avec Antoine, le kinésithérapeute. Il était très jeune, presque enfantin, ce qui ne diminuait en rien son autorité. Je l'appelais *mon ange.*

Fin juin, mon plâtre avait été découpé pour permettre d'entreprendre la rééducation. La partie arrière était conservée, comme une attelle, le corps principal était rendu amovible. On le retirait à chaque début de séance et on le replaçait à la fin.

J'étais couchée sur une table de verticalisation, le pied droit enserré dans une botte assez semblable aux Moon Boots, qui ont remplacé les après-skis ; on faisait basculer le plateau en mesurant très exactement la pression exercée par une prise d'appui progressive. J'ai gardé en tête le chiffre de départ : seulement dix pour cent de mon poids pesait sur mon pied droit. Il faudra six semaines d'augmentation régulière de la pression pour que, début septembre, le chirurgien autorise enfin la reprise d'appui complète.

Le calme et l'extrême douceur d'Antoine me permirent de traverser cette phase de rééducation sans souci notable. Mais chaque séance engendrait une grande fatigue. Passer de plusieurs mois de position couchée ou assise à la position dressée, même temporaire et partielle, nécessitait un effort auquel mon corps n'était plus accoutumé. Chaque séance s'achevait par un quart d'heure de cryothérapie pour éviter que ma cheville ne gonfle après l'effort. Généralement, je m'assoupissais quelques instants. Mon corps s'octroyait une pause sans me demander mon avis.

*

Si les semaines qui ont suivi mon retour à La Jonchère ont parfois été si dures, c'est aussi que j'ai éprouvé pleinement non pas la solitude, mais le fait de vivre seule, ce qui n'est pas la même chose.

Solitaire, je ne l'étais pas. Marie-Annick, Jacinthe, ceux qui vivent quotidiennement avec moi, mes filles de cœur, Claude et Muriel, mes amis proches, Nicole, Dominique, Virginie, Annie, m'ont entourée de leurs soins et de leur affection. Mais seule, oui, depuis la mort de Loulou. Privée de cette proximité quotidienne, de cette communauté de cœur et de pensée, de cet échange permanent qui fonde le couple.

Toutes les femmes, elles sont nombreuses, qui ont survécu à leur époux me comprendront. Certaines même, qui ont entretenu des relations difficiles avec leur mari et pour qui sa disparition aurait pu représenter une forme de libération, regrettent l'intimité perdue.

À qui parler sans retenue ? À qui se confier sans filtre ? Même maladroite, même conflictuelle, cette fréquentation de chaque instant est irremplaçable. La perdre nous en fait mesurer le prix.

Loulou avait vingt ans de plus que moi. Je l'ai vu vieillir, s'affaiblir, décliner, et dans la dernière année de sa vie son état s'est aggravé au point que je ne pouvais douter de l'issue. À voix basse, entrecoupé de pauses, notre dialogue, ininterrompu depuis cinquante ans, s'est poursuivi jusqu'au dernier jour. Lorsque Loulou est mort, c'est son silence qui m'a frappée plus que tout. Cet homme ne me parlerait plus, ne m'entendrait plus, ne me répondrait plus. Et les mots que je lui destinais, je n'aurais plus personne à qui les dire.

Vingt-cinq ans plus tard, c'est de ce silence que je souffre encore comme au premier jour de sa disparition.

*

Quelques années avant son départ, Loulou avait dit : « Plus de travaux ! J'en ai assez des travaux ! » Usé, malade, il ne supportait plus de vivre dans un éternel chantier.

Nous en avions tant fait depuis ce jour de 1949 où, escaladant la colline de La Jonchère, traversant la forêt de la Malmaison et nous taillant un chemin dans un maquis inextricable, nous avions soudain découvert, émerveillés, l'admirable vue qu'on avait de là-haut sur Paris et les boucles de la Seine.

Dessouchant, faisant sauter d'énormes blocs de rocher, amenant l'eau et l'électricité, nous avons peu à peu bâti ce port d'attache autour duquel s'est ancrée notre vie.

Nous l'embellissions sans cesse, chaque étape nous remplissait de joie : le grand salon avec ses larges baies vitrées au milieu des années 1950, la piscine que m'offrit M. Varna, le patron du Casino de Paris, lorsque, au bout de six mois de représentations ininterrompues, je l'implorai pour prendre des vacances en été.

« Vous n'y pensez pas ! C'est au mois d'août que le Casino fait ses meilleures recettes. D'abord ça ne sert à rien, les vacances. On s'y ennuie affreusement. Dites-moi un peu ce que vous pensez faire, pendant ces vacances ?

– Rien. Absolument rien. M'étendre au bord de l'eau et dormir, dormir, dormir… »

Il réfléchit un instant.

« Écoutez, si c'est ça, vous n'avez absolument pas besoin de partir à l'autre bout de la terre. »

Il fit creuser en un temps record une piscine à La Jonchère et, dès la mi-juillet, nous avons pu nous y baigner avec tous mes partenaires de la revue.

Pour respecter la tranquillité de Loulou, nous n'avons pas fait la moindre réparation pendant quinze ans. À sa mort, la maison était dans un triste état. D'abord j'ai voulu la vendre. À quoi bon un si grand espace pour moi seule ? Et pourquoi m'imposer, quotidiennement, la vue de ces lieux imprégnés, dans les moindres détails, de la présence de Loulou ?

Puis j'ai réfléchi et, tout au contraire, j'ai décidé d'y rester, de maintenir ce lien essentiel avec l'être que j'avais aimé et qui resterait à jamais mon inspirateur et mon guide. Non seulement j'effectuerais les travaux indispensables, mais je rénoverais entièrement, j'agrandirais et j'embellirais La Jonchère.

Ma mère, toujours prudente, était affolée. Pourquoi dépenser tant d'argent ? Était-ce bien prudent ? Habituée à faire durer une robe ou une paire de chaussures au prétexte que, si ça avait tenu jusque-là, ça ferait bien un an de plus, elle essayait timidement de me tempérer : « Tu as besoin de refaire la cuisine ? Elle est encore bien, la cuisine… »

Je travaillais énormément, mes responsabilités au sein de Sidaction absorbaient le peu de temps libre qui me restait, comment engager d'importants travaux et les surveiller dans ces conditions ? Un homme se trouva sur ma route, qui, miraculeusement, me déchargea de ces soucis. Je l'appellerai M., il est encore en vie, il est désormais veuf, mais a des enfants que j'estime. Je veux pouvoir évoquer ma relation avec lui sans blesser personne.

Mais, pour que tout soit clair, je dirai tout de suite que cette proximité qui dura plus de dix ans, pour étroite qu'elle ait été, n'a jamais été une relation intime. Ce qui signifie, pour être encore plus précise, que le désir passager, l'abandon accidentel n'y ont jamais eu la moindre part. M. fut un accompagnateur, un *chevalier servant*, encore que cette expression un rien précieuse ne colle pas très bien à sa personnalité.

C'est par l'intermédiaire de Madeleine Robinson que M., du vivant de Loulou, entra dans notre vie. J'avais connu Madeleine, belle actrice et personnalité hors normes, peu après la guerre, lors d'une soirée à Lille donnée pour l'inauguration du cinéma Le Bellevue, en présence de Mistinguett et de nombreuses personnalités. Je garde d'elle l'image d'une femme un peu excentrique qui dansait pieds nus, une coupe de champagne à la main. Elle était alors une grande vedette très aimée du public. Dans les années qui suivirent, nous nous sommes perdues de vue, mais j'observais de loin sa carrière en dents de scie. Elle s'était installée en Suisse, vivait de peu, travaillait bien moins que ne l'aurait mérité son talent.

Le hasard, toujours lui, fit qu'un jour je la croisai dans un train qui me ramenait de Genève à Paris. Nous avons bavardé pendant tout le voyage, elle me parla de sa vie présente, de la chance qu'elle avait eue de rencontrer un homme devenu son protecteur, qui veillait sur elle sans rien réclamer en échange. « Au mot "Bon", il faudrait qu'il y ait sa photo dans le dictionnaire », me dit-elle.

Cet homme, c'était M.

J'invitai Madeleine à venir déjeuner avec lui à La Jonchère. M. était un promoteur immobilier, spécialisé dans les lieux de vacances et les casinos. Il était jovial, agréable, féru d'opéra et de théâtre. Loulou, qui était curieux de tout, avait toujours été fasciné par le jeu et par les affaires. Il apprécia la compagnie de M., qui le distrayait.

M., qui vit l'état de délabrement dans lequel se trouvait La Jonchère, nous dit un jour : « Si vous décidiez de faire des travaux, je pourrais vous aider. Vous n'y connaissez rien, vous allez vous faire avoir par les entreprises. » Ce à quoi Loulou répliqua : « Pas de travaux ! Pas de travaux ! »

Aussi, lorsque, Loulou disparu, je franchis le pas et décidai de me lancer dans une rénovation complète de la maison, c'est tout naturellement que je m'adressai à M. Il m'apporta immédiatement son aide, vérifiant les plans, examinant les devis à la loupe, négociant pied à pied avec les entreprises, contrôlant les chantiers. Son intervention fut décisive et je lui en garde toute ma reconnaissance.

C'est ainsi que M. entra dans ma vie.

À petits pas, subrepticement, sans que jamais rien soit décidé ou nommé. Les travaux en cours servaient de prétexte. Il venait les superviser, pour plus de commodité passait la nuit à La Jonchère, occupait une chambre d'amis qui, à force d'y laisser quelques affaires, devint la sienne.

Au début, maman était encore là. Loulou s'était toujours montré extrêmement dur avec elle. Il y avait entre eux une sorte de compétition. C'était à qui occuperait la première place dans mon cœur. Ce que je traduisais ironiquement par : « Qui sera le chouchou de la maîtresse ? » Mais, plus grave et plus humiliant pour ma mère, Loulou éprouvait pour elle un mépris de classe. À ses yeux, elle était une ouvrière et le resterait toujours. À table, s'il la voyait manger volontiers, il pouvait lui dire ironiquement : « Eh bien, Simone, vous avez rudement bon appétit, dites-moi ! » Je le reprenais, il s'excusait, prétendait qu'il n'avait pas conscience d'avoir été blessant, promettait de se corriger et récidivait à la première occasion.

Au contraire, M. était prévenant, il aimait converser avec maman et sollicitait son avis. Ma mère, qui avait vécu tant d'années dans la crainte de se faire rabrouer, respirait enfin. Et puis, en femme de l'ancien temps, elle était rassurée par la présence de M. Il y avait un homme à la maison.

Lorsque fin 1996, après plus d'une année de bouleversements, les travaux furent enfin achevés, elle lui sut gré de les avoir menés à bien.

Nous avions enfin une maison toute neuve. Grâce à mon ami Didier Rabes, décorateur de grand talent, avec qui j'avais maintes fois arpenté les Puces, elle était à la fois sobre et originale, exactement comme je la voulais.

Je me souviens, la première fois que j'ai descendu le grand escalier avec ma mère au bras, je me suis arrêtée à mi-étage et je lui ai dit : « Regarde, maman, tout ça c'est à nous. Et on ne doit pas un sou !

– Tu es sûre, Jacqueline ? Tu n'as pas oublié de payer quelque chose ?

– Non, maman. Tout est payé. »

Elle souriait. C'était sa fierté : pas de dettes !

*

Ma mère mourut à son tour, je connus des moments très durs. Sans que je l'aie vraiment voulu, M. avait acquis droit de cité à La Jonchère. Il me préservait de la solitude, sa présence était commode. Il adorait le milieu artistique, *la vie parisienne* ; je lui ouvris les portes d'un monde qui le faisait rêver.

Était-il un compagnon ? Il y a dans ce joli mot une notion d'intimité qui, je le répète, était absente de notre relation. Était-il un ami ? Pas au sens où je l'entends.

L'amitié suppose une proximité de pensée, une communauté de vues qui n'existait pas entre nous. C'était – comment dire ? – une relation affectueuse. Situation ambiguë, je dois le reconnaître, et il y eut, de ma part, un peu d'inconséquence à la laisser perdurer.

Je m'agaçais de ses manies, de ses petits défauts. Moi qui avais connu avec Loulou, cinquante ans durant, une relation harmonieuse et paisible, je me surprenais à adopter vis-à-vis de M. une attitude parfois agressive. « Madame, me disait Marie-Annick, comment vous le traitez ! Un jour il va se révolter. »

Il ne se révoltait pas. Mes piques, loin de l'exaspérer, renforçaient son contentement. Il s'enorgueillissait de me supporter.

Il y avait cependant chez lui un défaut bien réel et qui, à la longue, entama profondément l'estime que j'avais pour lui. M. était menteur. Menteur pour rien, sans profit. D'où lui venait cette habitude, de quelle régression enfantine, je l'ignore. Était-ce un jeu ? Une perversion bénigne mais terriblement agaçante ? Je ne saurais le dire.

Je hais le mensonge, il n'est pas dans ma nature, il me fait peur. Mon père était un menteur invétéré. J'ai vu les malheurs que ses mensonges avaient provoqués, la crédulité de ma mère, sa douleur atroce lorsqu'elle avait enfin ouvert les yeux, la rupture avec mon père, dont elle ne s'était jamais vraiment remise. J'en ai gardé un véritable traumatisme. Mais bizarrement, j'ai beaucoup de mal à concevoir qu'on puisse me mentir et je mets longtemps à m'en rendre compte.

Avec M., c'est l'accumulation d'indices qui m'a peu à peu alertée. Après l'avoir pris plusieurs fois la main dans le sac, je lui posai la question : « Pourquoi tu me mens ? Tu sais bien que j'ai horreur de ça. » Il tourna ma question à la blague. C'était pour rire, ça n'avait pas d'importance, il avait dit ça comme il aurait dit autre chose.

Mais le mal était fait. Je devins attentive à ses affabulations et habile à les détecter. Comme j'entretenais d'excellents rapports avec son épouse, nous nous appelions régulièrement pour comparer nos informations. Elle était parfaitement au courant de l'étrange manie de son mari et s'en accommodait mieux que moi.

M. était très ami avec un chef d'orchestre, qu'il m'avait présenté. Un jour celui-ci me téléphona : « Line, je n'ai pas de nouvelles de M. depuis quelque temps, je m'inquiète beaucoup. Comment va-t-il ?

– Très bien, pourquoi ?

– Mais… son cancer de la gorge ?

– M., un cancer de la gorge ? Première nouvelle ! »

M. se démena comme un beau diable pour essayer de me prouver sa bonne foi. Son ami n'avait rien compris, il lui avait dit qu'il était enroué et, tout de suite, l'autre avait imaginé qu'il avait un cancer !…

Mais le mal était fait, un lien s'était rompu. M. sortit de ma vie comme il s'y était introduit : sur la pointe des pieds.

*

L'autre matin, Marie-Annick est entrée dans ma chambre alors que je dormais encore.

« C'est l'heure, madame.

– Oh, Marie-Annick, merci ! Vous ne pouvez pas imaginer à quel point vous me rendez service. J'étais en train de faire un rêve épouvantable.

– Ah bon ?

– Figurez-vous que j'étais au lit avec un monsieur, on se préparait à faire l'amour et j'avais complètement oublié comment on s'y prenait ! »

Il m'arrive de me dire que j'aurais peut-être dû retrouver un homme avec qui partager la dernière partie de ma vie. Réflexion aussitôt contredite : « Mais qu'est-ce que j'en aurais fait ? »

Deux ou trois fois j'ai pensé : « Avec celui-là peut-être. Il est bel homme, il n'a pas l'air idiot. » Nous dînions ensemble, et tandis que nous bavardions j'examinais mon vis-à-vis, essayant d'imaginer ma vie au quotidien, nuits comprises, avec cet étranger. Non décidément, j'étais bien mieux toute seule.

L'un pourtant, plus séduisant que les autres, m'avait semblé « envisageable ». Il y eut un deuxième dîner, puis un troisième. C'est au cours de ce dernier que je réalisai que ce monsieur avait un tic de langage. Il commençait ou concluait chacune de ses phrases par l'expression « en fin de compte ». Par exemple : « En fin de compte, j'ai décidé de ne pas prendre de vacances cette année. Mais j'en prendrai l'année prochaine en fin de compte. » Bientôt il me fut impossible de penser à autre chose qu'au retour fatal de cet *en fin de compte*. Finalement, sur une nouvelle salve, je rétorquai, exaspérée : « En fin de compte de quoi ? » Il me regarda, sidéré. « Eh bien, en fin de compte… », finit-il par balbutier.

Je le revois de temps en temps, il est toujours très bel homme et je passe de charmants dîners en sa compagnie. Je l'apprécie beaucoup, en fin de compte.

*

J'aimerais, dans les dernières pages de ce livre, évoquer quelques amis dont le destin fut malheureux et qui, pour cela même, me sont particulièrement chers.

J'aurai d'abord une pensée pour Thierry Le Luron, ce garçon qui m'a si durement caricaturée dans ses sketchs et qui pourtant ne cessa d'être pour moi le plus affectueux des amis. Je me souviens de ses coups de téléphone :

« Ma Line, je vais encore me moquer de toi dans mon prochain spectacle. Mais c'est gentil, c'est pour rire. Tu ne m'en veux pas, n'est-ce pas ?

– Mais non, Thierry, tu sais bien que je ne t'en veux pas. »

Je ne lui en voulais pas, mais qu'est-ce que je souffrais ! J'étais sa tête de Turc préférée en même temps que sa confidente. C'est moi qu'il appela, au début de l'année 1986, alors que je me trouvais à Las Vegas, pour me confier la terrible nouvelle : « Line, je vais te faire beaucoup de peine. J'ai le sida. Tu ne t'en doutais pas, et aussi étrange que ça puisse te paraître, je ne m'en doutais pas non plus. » De même qu'il dissimula son homosexualité pour ne pas peiner sa mère et sa grand-mère, il démentit les rumeurs qui commençaient à courir dans Paris. Traqué par la presse people, il racontait à tout le monde qu'il séjournait chez moi à Las Vegas. Je confirmais. Quand les journalistes téléphonaient et demandaient à lui parler, j'inventais une excuse. Il venait juste de partir, il allait bientôt rentrer, il visitait les chutes du Niagara ou les montagnes Rocheuses. Étaient-ils dupes ? Ils n'insistaient pas.

L'une des dernières fois que j'ai vu Thierry c'était au moment de la mort de Coluche, en juin 1986. Il m'appela rue du Bois-de-Boulogne.

« Tu vas à l'enterrement de Coluche ?
– Oui.
– On va y aller ensemble, je viendrai te chercher. »
Deux heures plus tard, le téléphone sonnait à nouveau.
« Je suis au coin de la rue. Descends. »
Sa voiture était garée à l'angle. Le chauffeur m'ouvrit la portière. J'aperçus Thierry, à demi renversé sur les coussins, le teint livide.
« Tu sais, c'est pas une bonne idée, Line, il ne faut pas que j'arrive avec toi parce qu'il y a toutes ces rumeurs qui disent que j'ai le sida. Si nous arrivons ensemble, c'est une confirmation.
– Tu as raison, Thierry. Vas-y de ton côté, j'irai du mien. »

Il passa les dernières semaines de sa vie dans une suite au Crillon. Il me téléphonait souvent, tantôt surexcité – « Je vais m'en sortir, Line. Je vais leur montrer que je ne suis pas malade ! » –, tantôt au désespoir – « J'en peux plus, Line. Je vais crever. »
Un jour, je reçus une lettre de lui. Il me disait : « Je n'ai plus la force de te parler, à partir de maintenant on va s'écrire. Et s'il te plaît ne demande pas à me voir et ne viens pas me voir. »
Il mourut peu après, le 13 novembre 1986.
J'ai éprouvé une immense affection pour ce garçon qui pendant des années fit s'esclaffer la France entière à mes dépens. Il était pour moi comme un jeune frère insupportable et délicieux.
Il restera à jamais mon ami.

*

Il y a un niveau de célébrité qu'il vaut mieux ne jamais atteindre. Elvis, Michael Jackson ont été des stars mondiales, divinisées de leur vivant, adulées par des foules immenses d'un bout à l'autre de la planète, et dont la vie privée a été un désastre. D'ailleurs, les concernant, peut-on parler de vie privée ? Harcelés par la presse à scandale, épiés, poursuivis, entourés d'un bataillon de gardes du corps, abrutis de médicaments… quelle parcelle de leur intimité échappait à la lumière crue de la popularité ? Comment un être humain peut-il endurer un tel régime ? Tous deux sont morts prématurément – quarante-deux ans pour Elvis, cinquante ans pour Michael –, et leur existence s'est achevée dans la solitude et la dépression.

Sans que je puisse les qualifier d'amis, j'ai eu, avec Elvis, et plus encore avec Michael, une relation forte et je demeure profondément émue par leur trajectoire à la fois glorieuse et tragique.

J'ai connu Michael Jackson à Las Vegas, lorsqu'il se produisait avec ses frères au sein des Jackson Five. Bien que le plus jeune du groupe, il en était le leader, grâce à ses qualités vocales exceptionnelles. Il dansait aussi très bien, imitant à la perfection le style de James Brown. Michael devait avoir alors à peu près onze ans, mais son père le rajeunissait de deux ans pour accentuer son côté jeune prodige. On raconte aussi – mais personne n'a jamais pu le prouver – qu'il l'aurait forcé à prendre des hormones censées ralentir sa croissance, d'où son addiction future aux substances chimiques. Ce qui semble certain, par contre, c'est que Michael a été un enfant maltraité, moqué par son père et souffrant de multiples difficultés émotionnelles.

Bien des années plus tard, j'ai rencontré plusieurs fois Michael Jackson chez Véronique et Gregory Peck, en compagnie d'Elizabeth Taylor ou de Quincy Jones, qui avait produit et supervisé plusieurs de ses albums, dont *Thriller*, sorti en 1982 et vendu à plusieurs dizaines de millions d'exemplaires dans le monde.

Dans la vie, Michael était à l'opposé de son image de star planétaire. J'ai le souvenir d'un garçon timide, pudique, prévenant avec tout le monde, s'intéressant aux autres, ne se mettant jamais en avant mais faisant parler Greg ou Liz, qu'il admirait sincèrement. Il les interrogeait inlassablement sur leur carrière, leurs films, sur Hollywood à la grande époque. Ensemble, nous évoquions la France, qu'il aimait beaucoup.

En 1992, au cours de la tournée baptisée *Dangerous World Tour*, Michael donna deux concerts dans notre pays, l'un à Paris, à l'hippodrome de Vincennes, devant quatre-vingt-cinq mille personnes, l'autre au Stadium, à Toulouse. Dans mon courrier de fans, j'avais reçu peu avant la lettre d'une maman qui m'écrivait que son jeune fils était atteint d'un cancer et que son rêve était de rencontrer Michael Jackson. Touchée par sa requête, j'avais contacté Véronique Peck, qui rapporta l'histoire à Michael. Son équipe me contacta et, lors de son concert, il fit monter ce petit garçon sur scène et improvisa une partie de foot avec lui. Merveilleux moment pour un enfant dont la vie était si difficile et qui, hélas, devait mourir quelques mois plus tard.

En 2001, pour l'émission de TF1 *Tous avec Line*, Michael m'envoya un télégramme qui fut lu à l'antenne par Jean Reno. Il m'avait écrit : « Vous êtes un trésor national. Un diamant à multiples facettes qui brille de tous ses feux. » C'était, je m'empresse de le dire, tout à fait exagéré, mais au-delà des mots je fus sensible à l'intention. Hélas, j'ai perdu depuis ce télégramme, enfoui comme tant d'autres choses dans l'inextricable fatras de mes archives, dont je repousse sans cesse le classement.

La dernière fois que j'ai rencontré Michael, c'était dans un restaurant de Melrose, à Los Angeles, où nous nous sommes retrouvés à des tables voisines. Je suis allée lui serrer la main. Il tenait son fils sur ses genoux, un beau petit garçon blond, et il avait sa femme – ou la mère de cet enfant – en face de lui. C'est l'image mélancolique que je garderai de lui, comme un bref moment d'accalmie dans sa vie tumultueuse.

*

Dans les années 1980, Dalida fut l'une des premières à me rejoindre lorsque je lançai l'Association des artistes contre le sida. Nous étions très proches, elle et moi.

« Fais-moi rire ! » me disait-elle.

C'est vrai, nous avons beaucoup ri ensemble. Mais suis-je parvenue, ne serait-ce qu'un instant, à la distraire de la tristesse profonde, du pessimisme et du découragement qui l'accablaient ?

« J'ai réussi dans la vie, répétait-elle, mais pas ma vie. » Issue d'une famille italienne installée en Égypte, née au Caire, arrivée en France en 1954, elle connut un triomphe, deux ans plus tard, avec *Bambino* et enchaîna ensuite les succès, de *Gondolier* à *Gigi l'Amoroso*, de *Come prima* à *Il venait d'avoir 18 ans*. Un sans-faute professionnel, une série d'échecs personnels.

Belle, intelligente, passionnée, elle était faite pour aimer et être aimée. Pourquoi sa vie sentimentale n'a-t-elle été qu'une longue suite de déconvenues et de drames ? Elle multiplia les liaisons, convaincue, dès qu'elle rencontrait un homme, qu'elle avait enfin trouvé le grand amour de sa vie. Elle était fleur bleue, ma Dali !

« Celui-là, je t'assure, c'est le bon ! » m'affirmait-elle invariablement. J'en doutais dans la plupart des cas et malheureusement la suite démontrait que mes craintes étaient fondées.

C'est Lucien Morisse, directeur des programmes d'Europe 1 et grand dénicheur de talents, qui la remarqua lors d'un concours pour amateurs, « Les Numéros 1 de demain », organisé à l'Olympia par Bruno Coquatrix. Ébloui par son charme oriental, il prit sa carrière en main. Sans doute par reconnaissance, elle l'épousa en 1961, mais demanda le divorce au bout de quelques mois.

Lucien Morisse se suicida en 1970. Bien que sa mort ne soit aucunement liée à leur rupture, Dalida demeurera intimement persuadée qu'elle portait malheur aux hommes qu'elle fréquentait.

D'autant qu'un terrible drame s'était produit entretemps. En 1966, Dalida avait rencontré le chanteur italien Luigi Tenco, qui fut sans doute le seul véritable amour de sa vie. Alors qu'ils étaient sur le point d'annoncer leur mariage, Dalida avait persuadé Luigi, d'abord réticent, de participer au Festival de la chanson italienne de Sanremo. Il interpréta *Ciao amore, ciao*, mais par suite d'une cabale se classa seulement en douzième position. Humilié et furieux, Luigi Tenco rentra à l'hôtel sans assister à la fête qui suivit l'attribution des prix. Quand elle le rejoignit plus tard dans la nuit,

Dalida découvrit son corps inanimé. Il s'était tiré une balle dans la tête.

Un mois après jour pour jour, Dalida tenta à son tour de se supprimer en absorbant une importante dose de barbituriques. Elle resta soixante-douze heures entre la vie et la mort.

Hélas, cette macabre série n'était pas close. En 1972, Dalida rencontra Richard Chanfray, un aventurier qui affirmait être la réincarnation du comte de Saint-Germain, un alchimiste ayant fréquenté la cour de Louis XV. Petite vedette médiatique, invité de-ci de-là sur les plateaux de télévision, il fut présenté à Dalida par Pascal Sevran. Je fis peu après sa connaissance au cours d'un dîner. Il était beau garçon en effet mais, pour en avoir croisé un certain nombre dans ma vie, je repérai tout de suite l'imposteur et le gigolo.

Quand je suggérai à Dalida qu'elle était mal embarquée, elle protesta. Elle ne détestait pas le parfum de mystère que dégageait Richard Chanfray. Pour tout dire, il l'amusait. Elle vécut avec lui une relation chaotique avant de s'en lasser.

Trois ans après leur rupture, on retrouva le cadavre du pseudo-comte de Saint-Germain dans une R5 stationnée sur les hauteurs de Saint-Tropez. Il s'était suicidé par asphyxie en branchant un tuyau sur le pot d'échappement de la voiture, entraînant sa nouvelle compagne dans la mort.

Dali avait un problème dont une femme doit se garder, surtout si elle fait notre métier : la peur de vieillir. Le temps qui passe lui était insupportable. Je me souviens que nous avions décidé de faire de la gymnastique toutes les deux dans un club qui venait d'ouvrir à Paris.

Au moment de l'inscription, on nous donna des fiches à remplir, nom, prénom, âge, etc. Regardant par-dessus mon épaule, Dali me dit : « Tu mets ta vraie date de naissance, toi ?

– Bien sûr ! Pas toi ?

– Ah ça, sûrement pas ! »

À la fin des années 1970, Dalida voulut se renouveler, chanter *à l'américaine*, entourée de boys, avec changements de costumes, strass et paillettes. Elle me demanda conseil. Je lui dis : « C'est une bonne idée et tu réussiras très bien. Mais si tu te lances là-dedans il faut que tu aies une bonne habilleuse. Cinquante pour cent de la réussite de ton numéro, ce sera l'habilleuse. Puisque j'arrête la revue, je te conseille d'engager la mienne, tu ne trouveras pas mieux. »

C'est ainsi que Jacqueline Maleco, qui m'avait accompagnée dans tous mes spectacles, passa avec armes et bagages dans le camp de Dalida. À vrai dire, ce transfert m'arrangeait. D'une part je n'aurais pas voulu que Jacqueline se retrouve sans travail, et d'autre part j'étais un peu lassée de notre collaboration. Elle faisait merveilleusement son travail mais, avec le temps, son zèle protecteur finissait par me peser. Prendre un peu de distance nous ferait du bien, quoi que je fasse dans l'avenir.

Jacqueline devint donc l'habilleuse, mais aussi la confidente, la consolatrice de Dalida, celle qui répond toujours présent en cas d'urgence, à tel point qu'elle finit par vivre à demeure avec elle dans l'hôtel particulier de Montmartre. C'est elle qui, le 3 mai 1987 en fin d'après-midi, découvrit le corps de Dalida, qui s'était donné la mort la nuit précédente en avalant des barbituriques – mieux dosés cette fois – avec un grand verre de whisky.

Elle avait laissé un mot ainsi rédigé : « La vie m'est insupportable. Pardonnez-moi. »

Heureusement, grâce à Orlando, son frère cadet, Dalida, loin d'être oubliée, demeure aujourd'hui présente dans la mémoire du public français et international. Orlando a réenregistré beaucoup de chansons de Dalida, conservant sa voix mais modifiant les orchestrations et même parfois les rythmes. Il a fait vivre son répertoire, l'a intelligemment modernisé, si bien que Dalida, éternellement jeune, reste connue et aimée par un public sans cesse renouvelé.

*

Toute sa vie, Johnny m'a appelée Marraine. Les quelques minutes au cours desquelles je l'avais présenté aux téléspectateurs, le 18 avril 1960, dans l'émission d'Aimée Mortimer *L'École des vedettes*, marquaient symboliquement pour lui l'instant où sa carrière avait débuté. Il y avait entre nous cette relation si particulière qui naît d'une admiration et d'un respect mutuels entre personnes de générations différentes. Il disait : « Quand je pense que ma marraine a connu Elvis ! » Je songeais : « Il n'y a jamais eu, en France, de vedette qui réunisse des foules aussi nombreuses et aussi diverses. Il peut tout se permettre, ce Johnny. Le public lui pardonnera toujours. » Qu'on se souvienne des cinq cent mille personnes qui affluèrent sous la tour Eiffel pour le concert qu'il donna le 10 juin 2000 à l'occasion de ses quarante ans de carrière ! Auxquels s'ajoutèrent les neuf millions de téléspectateurs qui suivirent l'événement sur TF1. Un record absolu.

Un tel succès isole. Qu'a été la vie de Johnny ? A-t-il réellement vécu en dehors des moments magiques où il se retrouvait face à son public, à Bercy, au Stade de France, dans les lieux immenses où il se produisait ? Il buvait plus que de raison, il fumait une cigarette après l'autre. À ce point, c'était du suicide.

Où allait-il chercher sa voix ? Soumise à un tel régime, elle aurait dû se dégrader irrémédiablement. Pourtant, il est l'un des rares chanteurs dont la voix, loin de s'altérer avec l'âge, avait acquis, au fil des quatre-vingts albums qu'il enregistra, une puissance, un grain, un velouté insurpassable.

Est-ce l'alcool, la dépression, le désenchantement ? Il paraissait souvent absent, en proie à une mélancolie dont rien ne pouvait le tirer. À sa façon, mieux maîtrisée, plus dissimulée, Sinatra dégageait le même sentiment de solitude et de désillusion. L'un comme l'autre étaient définitivement prisonniers du mur protecteur qu'ils avaient eux-mêmes bâti. On aurait voulu pouvoir venir à leur secours, les soulager du désespoir où ils étaient plongés, mais c'était impossible.

Le succès engendre un sentiment de déception qui fait dire à la fois « Ce n'est que ça ? » et « Qu'est-ce que je peux espérer de plus ? ». Maurice Chevalier – dont on n'imagine pas à quel point il fut mondialement populaire – était lui-même un grand dépressif. Je me souviendrai toujours d'une scène dont j'avais été témoin, un soir qu'il chantait au Sporting à Monte-Carlo. Le public, snob, mal élevé, dînait en conversant bruyamment. À un moment, Maurice s'interrompit. « Eh merde ! » fit-il, et il sortit de scène. Ce n'était pas un coup de colère ou un caprice de star, mais l'expression d'une profonde lassitude. Un silence embarrassé s'empara de la salle. Soudain une voix, dix voix, puis toute l'assistance se mit à scander : « Mau-rice, Mau-rice ! » Au bout d'un instant, Chevalier revint sur scène et termina son tour de chant, sans le cliquetis des fourchettes et des couteaux.

Cher Johnny. En décembre 2009, j'étais en voiture entre Las Vegas et Los Angeles quand le téléphone sonna. C'était Laeticia. « Johnny a été hospitalisé d'urgence. Il est au Cedars-Sinai à Los Angeles ! – C'est incroyable, je suis sur la route. J'arrive tout de suite. »

Johnny avait subi fin novembre une opération du dos à Paris. Bien imprudemment, alors qu'il souffrait beaucoup, il avait insisté pour regagner son domicile de Pacific Palisades à Los Angeles. Ravagé par la douleur, il mélangeait médicaments et alcool pour tenir le choc. Les médecins, suspectant une infection postopératoire, l'avaient finalement hospitalisé et placé en coma artificiel pour atténuer sa souffrance et faciliter son traitement.

Sans même passer par l'hôtel, je me suis rendue directement au Cedars-Sinai Medical Center, dans le service de soins intensifs. J'ai vu Johnny. Il était incroyablement beau, le visage lisse, il paraissait détendu, apaisé, tel que je ne l'avais pas vu depuis des années.

Le lendemain, les médecins le sortirent du coma. Mais ils durent l'attacher sur son lit. Johnny, brutalement sevré, était en manque d'alcool…

Pour mon quatre-vingt-huitième anniversaire, en 2016, Johnny m'avait appelée : « Line, je suis fatigué. Et si on fêtait ton anniversaire chez moi ? » Nous nous sommes donc retrouvés à Marnes-la-Coquette avec, entre autres, Muriel Robin, Stéphane Bern, Vanessa Paradis et, plus inattendu, le couple présidentiel, Brigitte et Emmanuel Macron.

Quelques mois plus tôt, Johnny chantait à Bercy pour son show *Rester vivant*. Emmanuel Macron était encore ministre de l'Économie. Brigitte avait décidé que nous nous retrouverions au ministère, situé juste en face, pour nous y rendre ensemble. Mais ce soir-là, il y avait un vent terrible et il tombait une petite pluie fine très désagréable. Le temps de traverser le boulevard, nous étions trempés. J'étais dépitée. J'avais passé une heure chez le coiffeur pour faire honneur à mon filleul, tous mes efforts étaient ruinés par cette courte marche !

Durant le concert, Emmanuel était assis devant moi. Enfin, assis, c'est une façon de parler, car je l'ai vu presque tout le temps debout, en bras de chemise, bougeant en rythme et chantant toutes les chansons de Johnny, qu'il connaissait par cœur.

Fin juin 2017, malgré son état de santé déplorable, Johnny était de retour sur scène à Bercy pour le concert des *Vieilles Canailles*. Nous sommes à nouveau allés l'applaudir avec les Macron. Quand nous l'avons retrouvé dans sa loge, il était assis sur une chaise dans la pénombre, totalement épuisé. Il ne distinguait que ma voix et ma silhouette. « Ma marraine ! Qui est avec toi ? – Tu ne les reconnais pas ? C'est le Président et Brigitte ! »

La mort de Johnny fut pour moi un déchirement. Lors de la cérémonie funèbre, à l'église de la Madeleine, Laeticia m'avait demandé de prononcer quelques mots et de lire un court extrait de *Mon plus beau Noël*, une chanson que Johnny avait dédiée à sa fille Jade. Je m'étais juré de maîtriser mon émotion et surtout, surtout, de ne pas pleurer. J'eus bien du mal à m'en tenir à ma décision. C'est lorsque je me suis retrouvée debout, face au cercueil de Johnny, que j'ai pleinement réalisé sa disparition. Délaissant le texte que j'avais préparé, j'ai laissé parler mon cœur : « Mon Johnny, tu avais dix-sept ans, j'en avais trente-deux, c'était en avril 1960, cinquante-sept ans ont passé. Je ne peux pas croire être dans cette situation. Tu vois, le destin en a voulu autrement, mais le contraire eût été plus logique. »

*

Pendant des années, j'ai répété : « Pourvu que je parte avant Loulou ! » J'imagine qu'il se disait la même chose de son côté. De toute évidence, ses chances de l'emporter dépassaient de beaucoup les miennes. Il s'en est allé, me laissant seule.

Maintenant, c'est l'amitié qui me tient debout, ce sont les amis, les vrais. Je me souviens de l'une des premières fois où je me suis trouvée en tête à tête avec Muriel, que je connaissais à peine. C'était, il me semble, à Saint-Tropez, au mariage de Johnny avec Adeline. Nous étions en voiture, j'ai pris sa main. « J'aimerais beaucoup qu'on se revoie, lui ai-je dit.

– Vous devez connaître tant de monde, me répondit Muriel, intimidée.

– Oui, mais de vrais amis, on en a très peu. »

C'est ainsi que Muriel entra dans ma vie pour ne plus en sortir. Pourquoi elle ? Pourquoi ce jour-là ? Ça ne s'explique pas. Avec Anne, sa compagne, elle vient d'acheter une maison non loin de la mienne, dans le hameau de La Jonchère, pour être encore plus proche de moi. Elle m'est devenue essentielle, elle comme quelques autres, peu nombreux, sans qui je n'aurais aucune raison de vivre.

S'il n'y a pas d'amis, il n'y a pas de vie.

*

Toute ma vie j'ai essayé de vivre le plus normalement possible, sortant mes chiens en forêt vêtue d'un jogging, saluant les gens que je croisais et qui, me voyant pareille à eux, avaient à cœur de ne pas se montrer indiscrets. Je n'ai jamais triché, je n'ai jamais voulu me dissimuler pour vivre, je n'ai jamais refusé de faire une photo dans la rue avec quelqu'un qui me le demandait sous prétexte que je n'étais pas maquillée ou pas suffisamment bien coiffée. Je me suis montrée au public telle que j'étais.

De la même manière, j'ai voulu rester simple dans l'exercice de mon métier. Je me souviens d'une fête en plein air où je partageais l'affiche avec Dalida, Mike Brant et Claude François. C'était à Lavaur, dans le Tarn, durant un après-midi entier, devant huit mille spectateurs, dans une ambiance extraordinaire. Chaque artiste avait tenu à se déplacer avec sa propre sonorisation et ses propres lumières, si bien qu'on pouvait à peine bouger sur scène tellement l'espace était encombré de matériel. En ce qui me concerne, je me suis contentée d'utiliser, avec son accord, le dispositif de Mike Brant, à qui je succédais sur scène, et tout s'est très bien passé.

On était en septembre, il régnait une chaleur étouffante. Après une heure et demie d'un show où je chantais et je dansais vingt-cinq chansons, changeant plusieurs fois de costume entre les numéros, j'étais en nage. Soucieuse de ne pas faire attendre la foule qui piétinait dans la poussière pour obtenir un autographe, je me suis rapidement essuyé la tête avec une serviette éponge et j'ai tiré mes cheveux en arrière. Loulou a essayé de me retenir : « Ne te montre pas comme ça, tu vas casser le rêve. » Ce à quoi je lui ai répondu : « S'ils m'aiment quand je suis sur scène, ils m'aimeront au naturel. »

*

Mon optimisme est intact. J'ai survécu à l'AVC, je suis pleinement remise et j'ai bien plus de projets que je ne pourrais en accomplir. En cette fin d'année 2020, je tourne pour la télévision et le cinéma et je songe à revenir au théâtre une dernière fois.

J'aime le contact avec le public, ce public qui me suit depuis plus de soixante-quinze ans. Toutes les générations ont « leur » Line Renaud. Pour les plus âgés la chanteuse, pour les plus jeunes l'actrice ou la femme engagée dans la lutte contre le sida. Je suis fan de mes fans. Leur fidélité incroyable, toutes les marques d'amour que je reçois, c'est ce qui me tient et me donne envie de continuer.

Mes affaires sont en ordre, le Fonds de dotation Line Renaud-Loulou Gasté est sur les rails, Claude et Muriel prendront la relève. En attendant, je souhaite vivre le plus longtemps possible et j'ai même l'espoir de réussir ma traversée du siècle.

J'avais évoqué une partie de ma vie dans *Et mes secrets aussi*, je tenais à vous raconter la suite.

À partir de maintenant, tout ce qui m'arrivera sera à ranger dans le chapitre « bonus ».

Je vous embrasse de tout mon cœur.

Merci la vie.

Remerciements

Line Renaud et Bernard Stora remercient pour leur aide précieuse :

Marie-Annick Déhu, Jacinthe Fernandes, Michael Carton, Jeremy Picard, Claude Chirac, Muriel Robin, Nicole Sonneville, Dominique Besnehard, Annie Nouna, Françoise Barré-Sinoussi, Jean-Valère Albertini, Stéphane Mantion, David Lelait-Hélo, la direction et le personnel de l'hôpital Stell à Rueil-Malmaison et tout particulièrement Francine, Nathalie, Dominique et Eddy ; Antoine Traineau, Martin Pénet, Luc Beraud, Pierre Bideau.

Table

Les Éditions Points s'engagent pour la protection de l'environnement et une production française responsable

Ce livre a été imprimé en France, sur un papier certifié issu de forêts gérées durablement, chez un imprimeur labellisé Imprim'Vert, marque créée en partenariat avec l'Agence de l'Eau, l'ADEME (Agence de l'Environnement et de la Maîtrise de l'Énergie) et l'UNIC (Union Nationale de l'Imprimerie et de la Communication).

La marque Imprim'Vert apporte trois garanties essentielles :

- La suppression totale de l'utilisation de produits toxiques
- La sécurisation des stockages de produits et de déchets dangereux
- La collecte et le traitement de produits dangereux

RÉALISATION : NORD COMPO À VILLENEUVE-D'ASCQ
IMPRESSION : CPI FRANCE
DÉPÔT LÉGAL : NOVEMBRE 2022. N° 147853 (3049321)
IMPRIMÉ EN FRANCE